苏州文博论丛

2023年（总第14辑）

苏州博物馆 编

文物出版社

图书在版编目（CIP）数据

苏州文博论丛 . 2023 年：总第 14 辑 / 苏州博物馆编 . --
北京：文物出版社，2024.6
　ISBN 978-7-5010-8404-3

　Ⅰ . ①苏…　Ⅱ . ①苏…　Ⅲ . ①文物工作—苏州—文集
②博物馆事业—苏州—文集　Ⅳ . ① G269.275.33-53

中国国家版本馆 CIP 数据核字（2024）第 071824 号

苏州文博论丛

2023 年（总第 14 辑）

编　　者：苏州博物馆

责任编辑：窦旭耀
封面设计：夏　骏
责任印制：张　丽

出版发行：文物出版社
社　　址：北京市东城区东直门内北小街 2 号楼
邮政编码：100007
网　　址：http:// www.wenwu.com
经　　销：新华书店
印　　刷：宝蕾元仁浩（天津）印刷有限公司
开　　本：880mm × 1230mm　1/16
印　　张：13　插页：1
版　　次：2024 年 6 月第 1 版
印　　次：2024 年 6 月第 1 次印刷
书　　号：ISBN 978-7-5010-8404-3
定　　价：130.00 元

目　录

太仓沙溪钱家巷唐墓发掘简报

苏州市考古研究所

内容摘要：2023年2月至4月，苏州市考古研究所对太仓市沙溪镇钱家巷西北地块内发现的文物遗存进行了考古发掘，清理唐代墓葬22座、灰坑7个和灰沟3条，出土文物标本105件（组）。本次发掘为进一步研究和认识苏州地区唐代丧葬习俗、墓葬结构演变及相关问题提供了新的实物材料。

关键词：太仓　钱家巷　唐墓

钱家巷唐墓位于太仓市沙溪镇钱家巷西北约200米的新北河北侧、纬二路南侧地块内，南距七浦塘约300米（图一）。为配合该地块出让和基本经济建设，2022年10月至12月苏州市考古研究所组织勘探队伍对该地块进行了考古调查和勘探，发现了墓葬和灰坑等文物遗存。2023年2月至4月苏州市考古研究所对发现的文物遗存进行了考古发掘，累计发掘唐代墓葬22座（图二）、灰坑7个、灰沟3条，出土文物标本105件（组）。现将这批唐墓的相关发掘情况简报如下。

一　墓葬形制概况

22座唐墓均为残墓，墓葬结构被严重扰乱破坏，仅残存墓葬中下部或者底部结构。根据现存结构，可辨其形制均为竖穴土坑墓，其中21座现有或原有

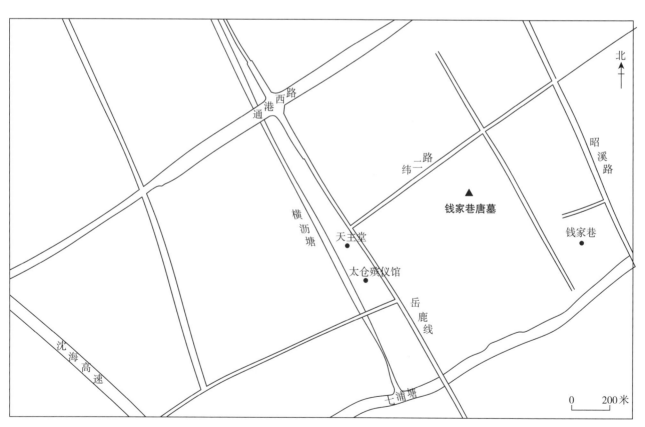

图一　钱家巷唐墓位置示意图

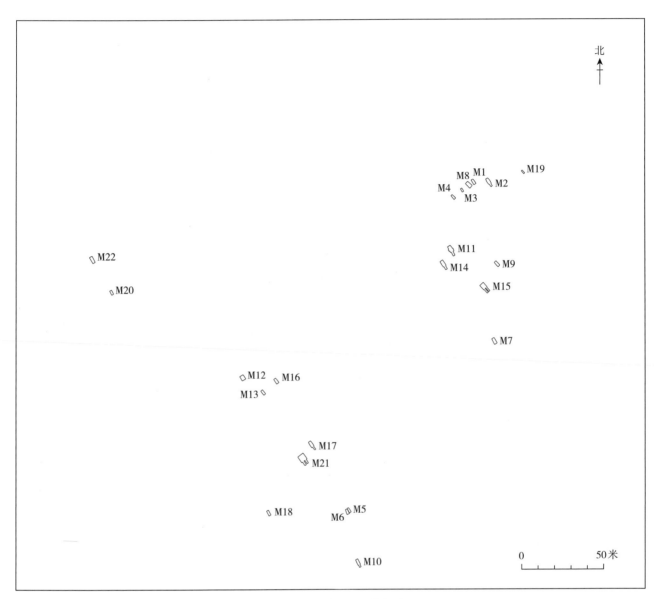

图二 钱家巷唐墓平面分布图

砖砌墓室，仅1座没有砖室结构。

22座唐墓以单室墓为主，有19座单室砖室墓，2座双室砖室墓和1座单室土坑墓。根据砖室的具体形状特征，单室砖室墓的砖室平面结构可分为船形、梯形和长方形等，其中5座船形，9座梯形，2座长方形，3座因残损严重而具体形制不明。单室船形墓均发现有墓道，M2、M11和M14两侧长壁向外弧凸较明显，且M11附带有耳室，M10与M17两侧长壁向外弧凸较缓，墓室底部均铺人字形铺地砖。单室

梯形墓均未发现墓道，M4、M6、M16和M18内底平铺人字形铺地砖，M1、M7、M9和M22内底平铺二横二竖交错式样的铺地砖，M5内底无铺地砖。单室长方形墓也未发现墓道，M13和M20内底平铺二横二竖交错式铺地砖。M3、M8和M12砖室结构仅有零星残存或砖痕，可辨应有人字形铺地砖，但墓室原始形制及壁面结构等均无从推断。双室砖室墓均为左右并列双船形，M15和M17均有左右双墓道，墓底通铺人字形铺地砖。单室土坑墓仅有M19，竖穴

土圹，形制窄小。

二 墓葬及出土遗物举例

（一）砖室墓

1.单室船形

M2 平面整体近似"凸"字形，总长5.97米，方向160°（图三）。

墓葬内填黄褐色花土，夹杂灰斑，质地松软、湿黏，包含较多碎砖块。现存墓葬结构有墓圹、墓室、墓门、封门墙和墓道等。墓圹南宽北窄，近似直壁，底面较平整，长4.17、宽1.36—2、残深0.43米。墓室位于墓圹内，南宽北窄，两侧长壁中部向外弧凸，青砖错缝垒砌而成，内长3.3、北壁内宽0.9、南端内宽1.44、最大内深0.25米。东、西、北三壁整体自下向上由三层单列顺砖、一层长短不一的半截丁砖交错垒砌而成，墓室南端近墓门处两侧及东壁和北壁墙中间位置加宽。墓室内壁面整体较规整，外壁面凹凸不平。墓室底部残存有铺地砖，大体从墓底中轴线处呈人字形错缝平铺至近墓圹边缘处。墓门位于墓室南端，内宽1.44、进深约0.13米，内有封门墙。封门墙与南壁重合，自下向上可辨残存两层单列顺砖和一层长短不一的半截丁砖，厚不低于13厘米。墓室用砖长27、宽13、厚3厘米。

墓道位于封门墙外南侧，北端较南端略宽，土圹结构，呈南高北低斜坡状，残长1.8、宽0.88—1.2、最深0.43米。墓室内未发现葬具及墓主骨骼。在墓室及填土内未发现随葬遗物。

M11 平面近似"凸"字形，总长6.5米，方向152°（图四）。

墓葬内填黄褐色花土，夹杂灰斑，质地松软、湿黏，包含较多碎砖块。现存墓葬结构有墓圹、墓室、耳室、墓门、封门墙和墓道等。墓圹南宽北窄，近似直壁，底面较平整，长4.5、宽1.9—2.16、残深约0.5米。墓室位于墓圹内，南宽北窄，两侧长壁中部向外弧凸，青砖错缝垒砌而成，内长3.58、北壁内宽0.7、南端内宽1.25、最大内深约0.23米。东、西、北三壁整体自下向上由三层双列顺砖、一层丁砖交错垒砌而成，壁厚约26厘米。墓室内壁面整体较规整，外壁面凹凸不平。墓室偏南近墓门处残存有一层规律摆放的侧立丁砖，或为分割墓室前后空间的隔墙残留。耳室位于墓室中南部两侧长壁处，左右各一个。左耳室西、南、北自下而上现存两层半截青砖平铺和一层半截丁砖交错垒砌，底部在墓室铺地砖基础上又纵横交错平铺一层，带西壁厚东西向进深0.54、南北向内宽0.57米。右耳室略小，东、北、南现存一层半截丁砖

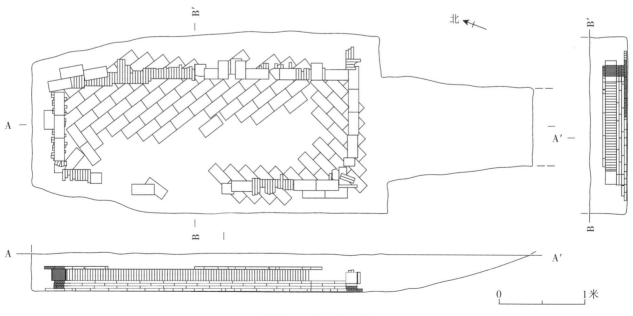

图三 M2平、剖面图

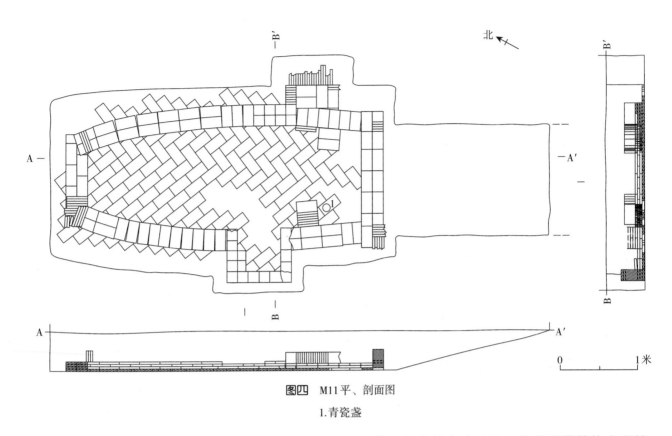

图四 M11平、剖面图

1. 青瓷盏

侧壁，底部结构与左耳室一致，带东壁厚东西向进深约0.52、南北向内宽0.42米。墓室底部有铺地砖，大体从墓底中轴线处呈人字形交错平铺至近墓圹边缘处。墓门位于墓室南端，内宽1.25、进深约0.26米，内有封门墙。封门墙与南壁重合，自下向上可辨残存两层双列顺砖和一层长短不一的半截丁砖，厚约26厘米。墓室用砖长26、宽14、厚3厘米。墓道位于封门墙外南侧，平面近似长方形，土圹结构，呈南高北低斜坡状，残长2.5、宽1.4、最深0.5米。墓室内未发现葬具及墓主骨骸。在墓室底部近西南角处发现1件青瓷盏。

青瓷盏　1件，完整。标本M11：1，敞口微敛，圆唇，斜弧腹，外底向上内凹。内、外底部均可见多个支烧点痕。通体施青釉，外釉不及底。胎质较硬，夹砂，局部有鼓包。口径10.8、底径4.3、高3.6厘米（图五，1；图六）。

M17　平面近似"凸"字形，总长5.98米，方向150°（图七）。

墓葬内填灰褐色花土，夹杂黄斑，质地松软、湿黏，包含较多碎砖块。现存墓葬结构有墓圹、墓室和墓道等。墓圹南宽北窄，近似直壁，底面向上弧起，长3.8、宽1.3—1.5、残深0.55米。墓室位于墓圹内，南宽北窄，两侧长壁中部向外微微弧凸，青砖错缝垒砌而成，内长3.16、北壁内宽0.66、南端内宽0.75、腹部最宽0.94、残存内深0.44米。东、西、北三壁整体自下向上由三层单列顺砖、一层长短不一的半截丁砖交错垒砌而成，三壁因外力挤压和自身重力等原因有向内倾斜和向下凹陷迹象。墓室内壁面整体较规整，外壁面凹凸不平。墓室底部残存有铺地砖，中部较四周略向上弧凸，大体从墓底中轴线处呈人字形交错平铺至近墓圹边缘处。墓室用砖长27、宽13、厚3厘米。墓道位于墓葬南部，平面近似长方形，北端较南端略宽，土圹结构，呈南高北低斜坡状，残长2.18、宽0.82—0.92、残存最深0.55米。墓室内未发现葬具及墓主骨骸。在墓室内西南角发现1件鱼形饰件，在墓道近墓门处的填土内发现2件青瓷碗。

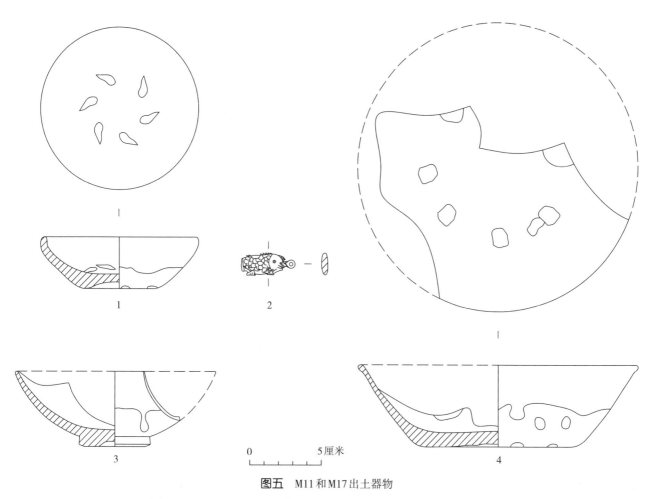

图五 M11和M17出土器物

1.青瓷盏（M11：1） 2.鱼形饰件（M17：1） 3、4.青瓷碗（M17：2、M17：3）

图六 青瓷盏（M11：1）

鱼形饰件 1件，残，疑似骨质。标本M17：1，鱼形，鱼嘴前有圆形穿环，尾部残缺。残长3.7、最宽1.5、厚0.5厘米（图五，2；图八）。

青瓷碗 2件，残。标本M17：2，敞口，圆唇，斜弧腹，玉璧形圈足。内外施青釉，外釉不及底，脱釉严重。灰白胎，胎质较硬。复原口径10.6、复原底径4.9、高5厘米（图五，3）。标本M17：3，敞撇口，圆唇微外卷，斜弧腹，平底内凹。内外底部均可见支烧点痕。内外施酱褐色釉，泛青色，外釉不及底。胎质较硬。复原口径10.3、复原底径10.1、高5.6厘米（图五，4）。

2.单室梯形

（1）人字形铺地砖

M4 开口平面近似梯形，方向140°（图九）。

墓葬内填黄褐色花土，夹杂灰斑，质地松软、湿黏，包含大量碎砖块。现存墓葬结构有墓圹和墓室等。墓圹南宽北窄，近似直壁，底面较平整，长3.1、宽1.2—1.38、残深0.27—0.31米。墓室位于墓

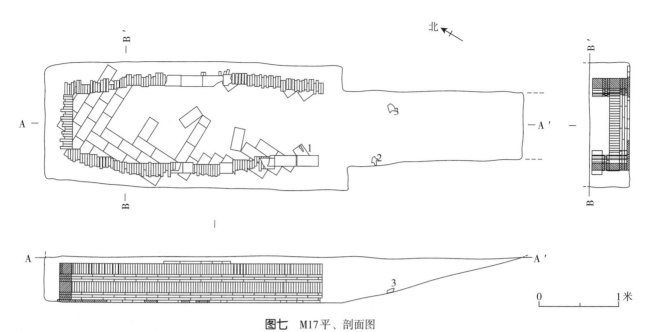

图七 M17平、剖面图

1.鱼形饰件 2.青瓷碗 3.青瓷碗

图八 鱼形饰件（M17：1）

圹内，南宽北窄，两侧长壁斜直，青砖错缝垒砌而成，内长2.58、北壁内宽0.6、南端内宽0.84、最大残存内深0.31米。东、西、北三壁整体自下向上由三层单列顺砖、一层长短不一的半截丁砖交错垒砌而成，并因外力挤压和自身重力等原因有向内倾斜和向下凹陷迹象。墓室四壁内面均较规整，外壁面凹凸不平。墓室底部有铺地砖，大体从墓底中轴线处呈多组人字形交错平铺至近墓圹边缘处。在墓室南端正中紧贴南壁内侧有一砖砌台面，东西长40、南北宽27、高6厘米。墓室用砖长26.5、宽13、厚3厘米。墓室内未发现葬具及墓主骨骼。在墓室南端

砖砌台面上发现1件青瓷盏，在墓室内偏南部居中位置发现1枚铜钱。

青瓷盏 1件，完整。标本M4：1，敞口微敛，圆唇，斜弧腹，饼形圈足。通体施青釉，外釉不及底，脱釉严重。胎质较硬，夹砂。口径10.8、高3.6、底径4.3厘米（图一〇，1；图一一）。

铜钱 1枚，碎裂，锈蚀。标本M4：2，圆形方孔，可辨钱文为"乾元重宝"。直径2.7厘米。

M6 平面近似梯形，墓圹东部被M5西边框打破并叠压，方向160°（图一二）。

墓葬内填灰褐色花土，夹杂黄褐斑，质地松软、湿黏，包含大量碎砖块。现存墓葬结构有墓圹和墓室等。墓圹南宽北窄，近似直壁，底面较平整，长3.5、宽1.2—1.88、残深0.5米。墓室位于墓圹内，南宽北窄，两侧长壁斜直，青砖错缝垒砌而成，内长2.62、北壁内宽0.68、南端内宽0.82、最大残存内深0.47米。四壁整体自下向上由两层单列顺砖、一层长短不一的半截丁砖交错垒砌而成，并因外力挤压和自身重力等原因有向内倾斜和向下凹陷迹象。墓室四壁内面均较规整，外壁面凹凸不平。墓室底部有铺地砖，大体从墓底南端中间位置开始呈人字

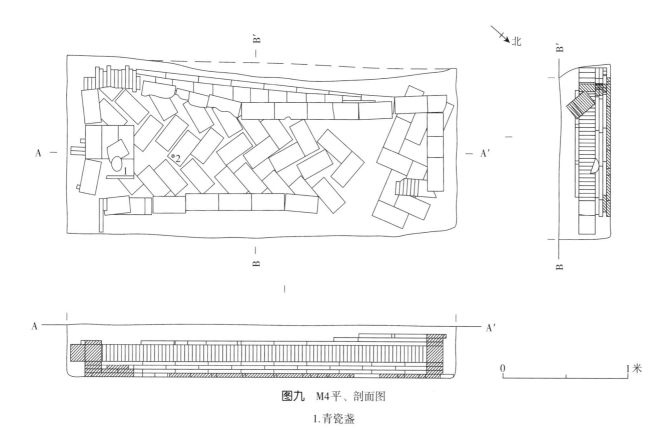

图九　M4平、剖面图
1.青瓷盏

形交错平铺至近墓圹边缘处。在墓室南端正中紧贴南壁内侧有一砖砌台面，现存东西长52、南北宽13、高6厘米。墓室用砖长26、宽13、厚3厘米。墓室内未发现葬具及墓主骨骼。在墓室内中部西壁下发现1枚铜镜，在墓室东南角、砖砌台面东侧发现1件青瓷碗。

铜镜　1枚，完整，锈蚀。标本M6：1，方形圆角，正面微弧，光素。背面正中有一圆座桥形钮，宽缘隆起。最宽13.8、镜厚0.1、缘厚0.3、钮高0.7厘米（图一〇，2；图一三）。

青瓷碗　1件，完整。标本M6：2，敞口，圆唇，斜弧腹，玉璧足。通体施米黄色釉，外釉不及底，局部脱釉。胎质较硬，略显粗糙。口径13.3、高4.4、底径5厘米（图一〇，3；图一四）。

M16　平面近似梯形，方向155°（图一五）。

墓葬内填灰褐色花土，夹杂黄褐斑，质地松软、湿黏，包含大量碎砖块。现存墓葬结构有墓圹

和墓室等。墓圹南宽北窄，近似直壁，底面较平整，长3.6、宽1.4—1.7、残深0.48米。墓室位于墓圹内，南宽北窄，两侧长壁斜直，青砖错缝垒砌而成，内长2.7、北壁内宽0.72、南端内宽0.82、最大残存内深0.22米。四壁整体自下向上由三层单列顺砖、一层长短不一的半截丁砖交错垒砌而成。墓室四壁内面均较规整，外壁面凹凸不平。墓室底部残存有少许铺地砖，可辨呈人字形交错平铺至近墓圹边缘处。墓室用砖长27、宽13、厚3厘米。墓室内未发现葬具及墓主骨骼。在墓室东南角发现1件青瓷粉盒。

粉盒　1件，完整，瓷质。标本M16：1，盒失，仅存盒盖。圆形，顶面向上弧凸，圆折肩，直壁，沿下平整。肩部饰一圈凹弦纹。沿处一圈可见多个支烧点痕。外面通体施青釉，内面无釉。胎质较硬，夹砂。直径9.6、高3厘米（图一〇，4；图一六）。

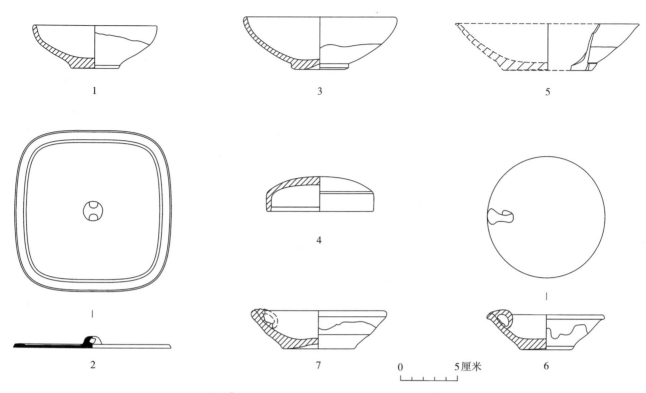

图一〇 M1、M4、M6、M7、M13和M16出土器物

1.青瓷盏（M4：1） 2.铜镜（M6：1） 3.青瓷碗（M6：2） 4.青瓷粉盒（M16：1） 5.青瓷碗（M1：1）

6.青瓷灯盏（M7：1） 7.青瓷灯盏（M13：1）

图一一 青瓷盏（M4：1）

（2）横竖铺地砖

M1开口平面近似梯形，方向133°（图一七）。

墓葬内填黄褐色花土，夹杂灰斑，质地松软、湿黏，包含大量碎砖块。现存墓葬结构有墓圹和墓室等。墓圹南宽北窄，近似直壁，底面中部微向上弧起，长3.3、宽1.28—1.54、残深0.3米。墓室位于

墓圹内，南宽北窄，两侧长壁斜直，青砖错缝垒砌而成，内长约2.72、北壁内宽0.76、最大残存内深0.27米，南端残缺，内宽不详。四壁自下向上由三层单列顺砖、一层长短不一的半截丁砖交错垒砌而成，并因外力挤压和自身重力等原因有向内倾斜和向下凹陷迹象。墓室四壁内面均较规整，外壁面凹凸不平。墓室底部可辨有铺地砖四列，中部偏东一列为横向平铺贯通南北，另三列为二横二竖垂直交错平铺，均铺至近墓圹边缘处。墓室用砖长26、宽13、厚3厘米。墓室内未发现葬具及墓主骨骼。在墓室填土内发现1件青瓷碗。

青瓷碗 1件，残。标本M1：1，敞撇口，圆唇，斜弧腹，假圈足，平底。内底和足端可见支钉痕。通体施青釉，外釉不及底。复原口径15.9、高4.1、复原底径9.1厘米（图一〇，5）。

M7 开口平面近似梯形，方向153°（图一八）。

墓葬内填灰褐色花土，夹杂黄斑，质地松软、

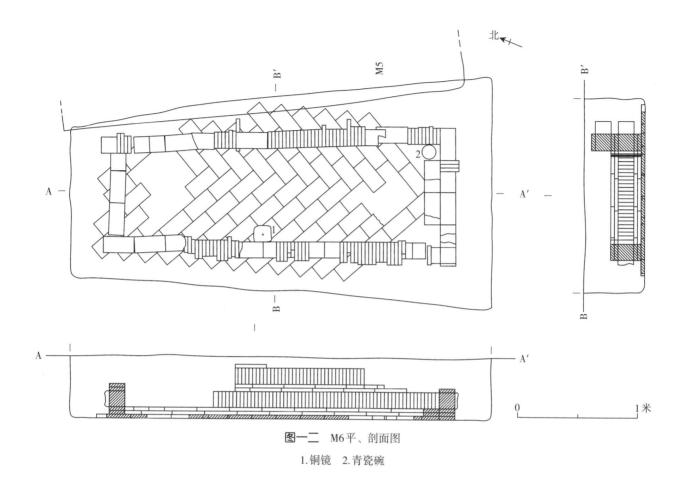

图一二　M6平、剖面图

1.铜镜　2.青瓷碗

图一三　铜镜（M6：1）

图一四　青瓷碗（M6：2）

南宽北窄，两侧长壁斜直，青砖错缝垒砌而成，内长2.8、北端内宽0.88、南壁内宽0.8、最大残存内深0.38米。四壁自下向上由三层单列顺砖、一层长短不一的半截丁砖交错垒砌而成，并因外力挤压和自身重力等原因有向内倾斜和向下凹陷迹象。南壁外侧正中加筑一摞顺砖。墓室四壁内面均较规整，外

湿黏，包含大量碎砖块。现存墓葬结构有墓圹和墓室等。墓圹南宽北窄，近似直壁，底面较平整，长3.8、宽1.72—1.84、残深0.55米。墓室位于墓圹内，

北

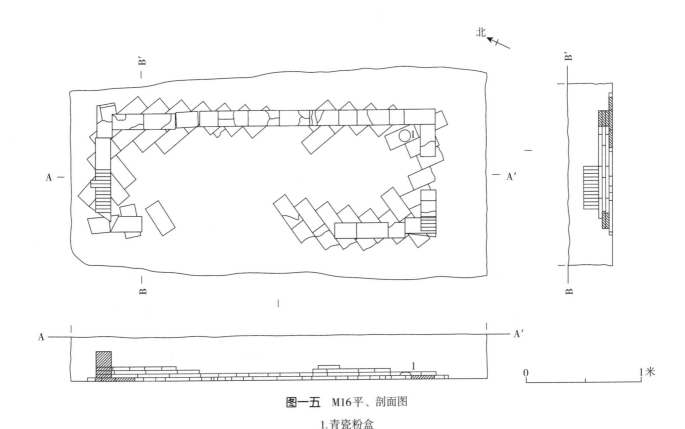

图一五　M16平、剖面图
1.青瓷粉盒

图一六　青瓷粉盒（M16：1）

壁面凹凸不平。墓室底部残存有铺地砖，二横二竖垂直交错平铺至近墓圹边缘处。墓室用砖长27、宽13、厚3厘米。墓室内未发现葬具及墓主骨骼。在墓室西南角发现1件青瓷灯盏。

青瓷灯盏　1件，完整。标本M7：1，敞口，厚圆唇，斜弧腹，饼形足。内壁中上部至口沿处附加一钮环。通体施青釉，外釉不及底，脱釉严重。胎

质较硬，夹砂，器表粘砂。口径10.4、高3.2、底径4.6厘米（图一〇，6；图一九）。

（3）无铺地砖

M5　平面近似梯形，方向150°（图二〇）。

墓葬内填灰褐色花土，夹杂黄斑，质地松软、湿黏，包含大量碎砖块和零星青瓷片等。现存墓葬结构有墓圹和墓室等。墓圹南宽北窄，近似直壁，底面较平整，长3.4、宽1.3—1.4、残深0.35米。墓室位于墓圹内，残缺严重，可辨南宽北窄，两侧长壁斜直，青砖错缝垒砌而成，北壁内宽0.6、最大残存内深0.32米。现存东、西两壁自下向上由两层单列顺砖、一层一块完整两块长短不一的半截丁砖为一组斜放交错垒砌而成。北壁自下向上由两层单列顺砖、一层长短不一的半截丁砖交错垒砌而成。北壁内面较规整，外面凹凸不平，东、西壁两壁内外均有斜向错位凹凸。墓室底部无铺地砖。墓室用砖长26、宽13、厚3厘米。墓室内未发现葬具痕迹，底部偏南发现少许墓主骨骼，残缺腐朽严重，放置

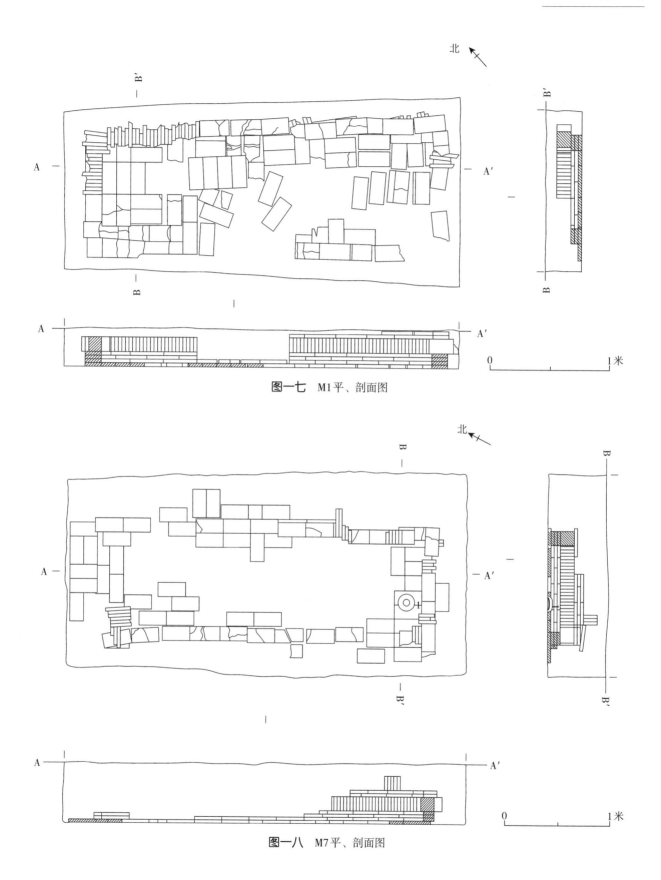

北

图一七 M1平、剖面图

0 _____ 1米

北

图一八 M7平、剖面图

0 _____ 1米

图一九　青瓷灯盏（M7：1）

凌乱。在墓室中部发现1件方形金属饰件。

饰件　1件，残，锈蚀，疑似锡质。标本M5：1，近似方形，两侧有凸脊，正面微弧面，背面边缘凸起。边长约1.55厘米（图二一）。

3.单室长方形

M13　平面近似长方形，方向165°（图二二）。

墓葬内填灰褐色花土，夹杂黄斑，质地松软、湿黏，包含大量碎砖块。现存墓葬结构有墓圹和墓室等。长方形墓圹，近似直壁，底面较平整，长3.35、宽1.4、残深0.47米。墓室位于墓圹内，近似长方形，四壁均较直，青砖错缝垒砌而成，内长2.6、北壁内宽0.65、南端内宽0.67、最大残存内深0.44米。四壁自下向上由三层单列顺砖、一层长短不一的半截丁砖、两层单列顺砖交错垒砌而成。墓室四壁内面均较规整，外壁面凹凸不平。墓室底部残存有铺地砖，二横二竖垂直交错平铺至近墓圹边缘处。墓室用砖长26、宽13、厚3厘米。墓室内未发现葬具及墓主骨骼。在墓室东南角发现1件青瓷灯盏。

青瓷灯盏　1件，残。标本M13：1，敞口，厚圆唇，斜弧腹，饼形足，外底内凹。内壁中上部至口沿处附加一纽环。通体施青釉，外釉不及底，脱釉严重。胎质较硬，粗糙，器表凹凸不平，粘砂较多。口径11.6、高3.3、底径6.5厘米（图一〇，7；图二三）。

M20　平面近似长方形，方向119°（图二四）。

墓葬内填灰褐色花土，夹杂黄斑，质地松软、湿黏，包含大量碎砖块。现存墓葬结构有墓圹和墓

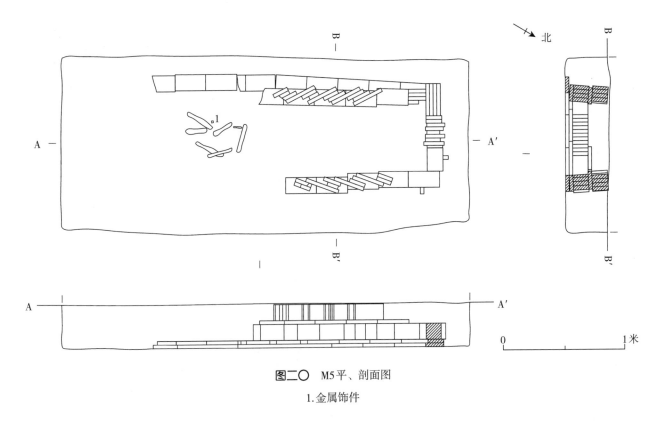

图二〇　M5平、剖面图

1.金属饰件

图二一　金属饰件（M5：1）

室等。长方形墓圹，近似直壁，底面较平整，长
2.9、宽1.3、残深0.6米。墓室位于墓圹内，近似长
方形，四壁均较直，青砖错缝垒砌而成，内长2.21、
北壁内宽0.52、南端内宽0.5、最大残存内深0.52米。
四壁自下向上由三层单列顺砖、一层长短不一的半
截丁砖交错垒砌，四壁之间有交错叠压。墓室四壁
内面均较规整，外壁面凹凸不平。墓室底部有铺地

砖，二横二竖垂直交错平铺至近墓圹边缘处。墓室
用砖长26、宽12、厚3厘米。墓室内未发现葬具、
墓主骨骼和随葬遗物等。

4.左右双室船形

M15　平面近似长方形，总长约6.8米，方向
154°（图二五）。

墓葬内填灰褐色花土，夹杂黄斑，质地松软、
湿黏，包含大量碎砖块。现存墓葬结构有墓圹、墓
室、墓门、封门墙和墓道等。长方形墓圹，近似直
壁，底面较平整，长3.7、宽3、残深0.75米。墓室
位于墓圹内，左、右并列两墓室，均南宽北窄，东、
西两侧长壁向外弧凸，青砖错缝垒砌而成。右侧墓
室结构保存较多，可辨东、西、北三壁自下向上由
三层单列顺砖、一层长短不一的半截丁砖交错垒砌，
逐层微微内收，并因外力挤压和自身重力等原因有
向内倾斜和向下凹陷迹象。墓室内壁面均较规整，
外壁面凹凸不平。左墓室残缺较多，推测其结构如

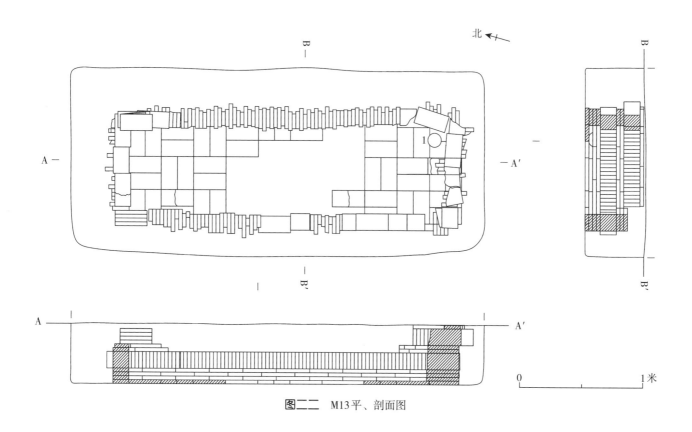

图二二　M13平、剖面图

同右墓室，南端内宽0.85米。右墓室内长2.73、北壁内宽0.7、南端内宽0.86米。两墓室底部均有铺地砖，大致自墓圹底部中轴线呈人字形垂直交错平铺至墓圹边缘处。墓门均位于墓室南端，左侧墓门内宽0.8米，右侧墓门内宽0.86米。两墓室封门墙均与其南壁重合。左封门墙在墓门外，可辨自下向上一层长短不一的半截丁砖、一层顺砖交错垒砌，逐层缩窄，厚约14厘米。右封门墙夹在其东、西两壁之间，结构与左封门墙一致，厚14—30厘米。两封门

图二三　青瓷灯盏（M13：1）

墙外壁面均较规整，内壁面凹凸不平。右墓室封门墙内侧居中借助封门墙结构加宽至封门墙两倍，并在第三层丁砖处形成两个疑似壁龛结构。墓室用砖长30、宽14、厚3厘米。墓道均位于墓葬南端，双墓道，平面均近似长方形，土圹结构，呈南高北低斜坡状，左墓道残长3.1、宽0.96、最深0.75米，右墓道残长3.1、宽0.9、最深0.75米。两墓室内均未发现葬具和墓主骨骼。在两墓室隔墙中部发现6枚铜钱，在右墓室底部偏北处发现1件腐朽漆碗痕迹，另在填土内采集1枚铜镜。

铜钱　6枚，完整，锈蚀。钱文均为"开元通宝"。大小相仿，直径约2.4厘米。

铜镜　1枚，残缺，锈蚀。标本M15：7，椭圆形，残缺一半，正面光素，扁薄。残长2.8、最宽4.2、厚0.1厘米（图二六）。

M21　开口平面近似长方形，总长约6.28米，方向158°（图二七）。

墓葬内填灰褐色花土，夹杂黄斑，质地松软、湿黏，包含大量碎砖块。现存墓葬结构有墓圹、墓室、

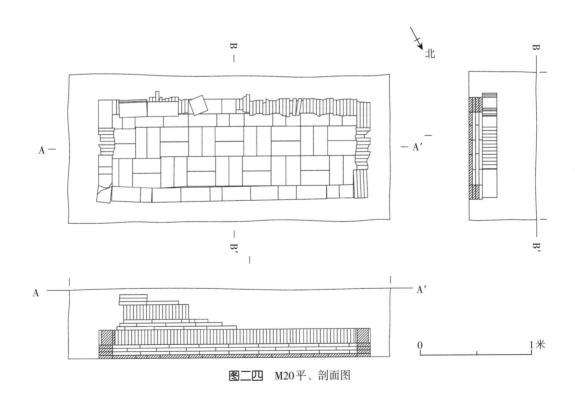

图二四　M20平、剖面图

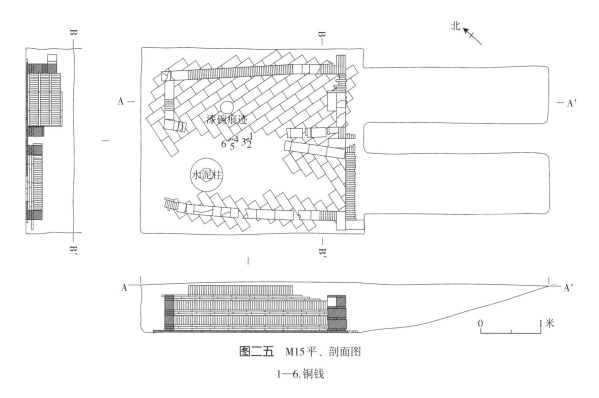

北

漆碗痕迹

6 5 4 3 2 1

水泥柱

0   1米

图二五 M15平、剖面图

1—6.铜钱

墓门、封门墙和墓道等。长方形墓圹，近似直壁，底面较平整，长4、宽3.8、残深0.58米。墓室位于墓圹内，左、右并列两墓室，均南宽北窄，东、西两侧长壁向外弧凸，青砖错缝垒砌而成。左、右两墓室均可辨东、西、北三壁自下向上由三层单列顺砖、一层长短不一的半截丁砖交错垒砌，逐层微微内收，局部长壁面加宽至两倍，并因外力挤压和自身重力等原因有向内倾斜和向下凹陷迹象。墓室内壁面均较规整，外

图二六 铜镜（M15：7）

壁面凹凸不平。左墓室内长约3.16、北壁底部内宽0.76、内部残深0.3米。右墓室内长约3.2、北壁底部内宽0.76、内部残深0.43米。两墓室底部均有铺地砖，大致自墓圹底部中轴线呈人字形垂直交错平铺至墓圹边缘处。墓门均位于墓室南端，左侧墓门仅残存东壁底部结构，右侧墓门形制残缺。左墓室封门墙与其南壁重合，夹在其东、西两壁之间，现存一层丁砖，由完整和长短不一的半截青砖交错排列而成，外壁面均较规整，内壁面凹凸不平，壁厚5—27厘米。右墓室封门墙无存。墓室用砖长27、宽13、厚3厘米。墓道均位于墓葬南端，双墓道，平面均近似长方形，土圹结构，呈南高北低斜坡状，左墓道残长2.28、宽0.96—1.05、最深0.46米，右墓道残长2.28、宽1—1.1、最深0.46米。墓室内均未发现葬具和墓主骨骼。在左墓室中东部发现4枚铜钱。

铜钱　4枚，锈蚀黏结。可辨钱为"开元通宝"，大小相仿，直径均2.4厘米。

（二）土坑墓

M19　平面近似长方形，长2.35、宽0.8、残深0.05米，方向148°（图二八）。

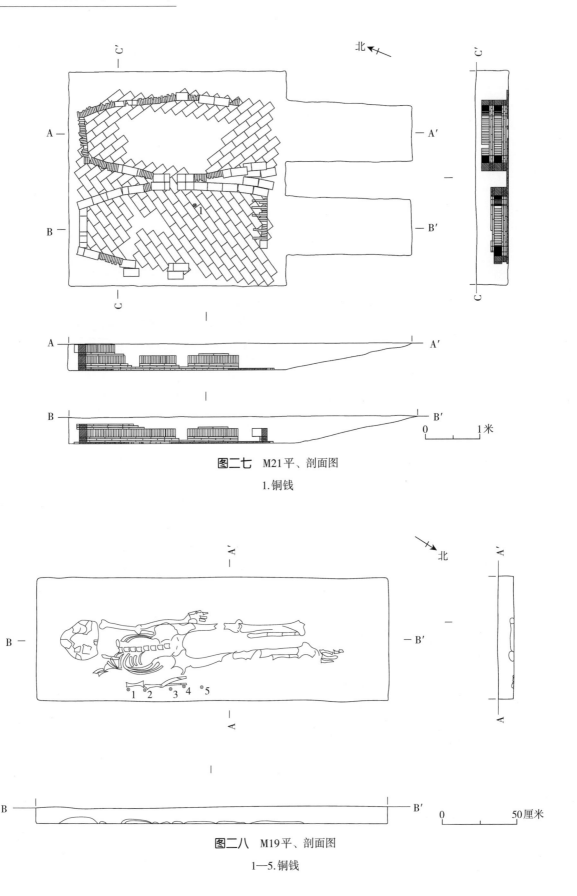

图二七　M21平、剖面图

1.铜钱

图二八　M19平、剖面图

1—5.铜钱

墓室内填灰黑色花土，夹杂黄斑，质地松软、湿黏。竖穴土圹，直壁，底面较平整。墓室内未发现明显葬具痕迹。墓室底部正中发现墓主骨骼一具，碎裂、腐朽残缺较严重。在墓主右臂处发现5枚"开元通宝"，呈南北向一字排列放置。

铜钱　5枚，完整锈蚀。可辨钱文均为"开元通宝"。标本M19：3，直径2.35厘米。标本M19：4，直径2.25厘米。标本M19：5，直径2.45厘米。

三　结语

由于近现代生产活动，钱家巷唐墓所在地块地势低洼，积水较多，地层堆积扰乱异常严重。根据前期考古调查、勘探情况，在整个地块内很难找到连续分布的古代文化堆积层，故本次发掘工作仅围绕已探明的文物遗存进行了有针对性的发掘工作。

本次发掘的22座唐墓类型多样，大都为墓室长3—4.5米的中小型墓葬，从整体分布上看，呈现了大分散、小聚集的特点。各种形制交错分布，鲜有打破关系，墓葬朝向较为一致，小范围内排列整齐，体现了一定的规划和布局。但从墓葬数量和排列方式上看，该处墓葬的延续时间不会太长，或许在两三代人之间，与通常认识的古代以小型家庭或族属为单位的散葬或聚集而葬特征基本吻合。

钱家巷唐墓均被严重盗扰，仅出土了少量青瓷碗、青瓷盏、青瓷灯盏、粉盒、铜镜和铜钱等遗物，且均未发现明确的纪年材料。虽然M4出土的"乾元重宝"在表明其年代不晚于乾元元年（758年）的同时，为该批墓葬的具体时代可能在唐中期左右提供了参考，但是对这批墓葬具体时代的探讨仍需要借助其具体形制结构和出土器物特征。

以往苏州地区发现的唐代墓葬主要有砖室墓和土坑墓两类，多为中小型，砖室墓又以船形为主，少量带有耳室和壁龛等，鲜有梯形和长方形等形制。本次发现形制明确的砖室船形墓7座，砖室梯形墓9座，砖室长方形墓2座，竖穴土坑墓1座。船形墓有双室墓2座，单室带耳室墓1座，都为竖穴土圹，有墓道，内砌砖室，两侧长壁外弧，后壁不外弧，墓底为人字形铺地砖。梯形墓有4座铺人字形铺地砖，4座铺两横

两竖铺地砖和1座无铺地砖，除铺地砖有区别外，都为竖穴土圹单室墓，无墓道，内砌砖室，两侧长壁斜直。长方形墓都为竖穴土圹单室墓，无墓道，内砌砖室，四直壁，墓底铺两横两竖铺地砖。这些特征与近年苏州地区发现的有明确纪年的姑苏区福星小区天宝十四载（755年）M15和贞元十九年（803年）M19[1]、工业园区板桥村贞元六年（790年）M15和元和十年（815年）M10[2]、虎丘宋家坟遗址晚唐墓葬[3]以及虎丘观景二村西贞元八年（792年）M23和大中十四年（860年）M27[4]等等均有较多相似性。M7和M13出土灯盏（M7：1、M13：1）与无锡胥山湾晚唐吴氏墓葬M3[5]出土灯盏（M3：4）形制相似，M6出土的铜镜（M6：1）与河北邢台中兴大街唐代中期M18[6]出土铜镜（M18：3）形制一致。船形墓于六朝时期在长江下游地区出现，发展到晚唐、五代达到鼎盛，墓室的最大宽度处于中部靠前，后壁不外弧，墓壁出现耳室甚至多耳室，墓室铺地砖上层多采用错缝平铺或二横二竖，已少见人字形铺法[7]。由此初步推断钱家巷发现的唐代墓葬时代集中在唐代中晚期。

太仓北邻长江，东接巨海，多由积沙或浚河聚土成阜，是一座元明以来因漕粮海运而迅速崛起的城市。沙溪镇地处其东北部，旧称沙头。据《沙头里志》记载："沙头，沙之头也。昔犹濒海，在唐宋已有村，统称涂松市。"因古时成陆较晚和地缘偏僻等原因，加之今日通过正式考古发掘发现的相关文物遗存比较稀少，通常认为太仓地区在元明以前人烟稀少，缺乏市镇。本次发现不但肯定了沙溪自唐以来人口集聚、已成村落的事实，也佐证了沙溪古镇1300年的人文历史，同时又丰富了苏州地区唐代中晚期墓葬形制类型，为进一步研究和认识苏州地区唐代丧葬习俗、墓葬结构演变及相关问题提供了新的实物材料。

项目负责人：闻惠芬
发掘：张志清　张祥武　周　敏　辛泽宇
　　　郭　鸽　田志程　刘金璐
整理：张志清　信香伊
拍照绘图：周　敏
执笔：张志清　信香伊

注释：

［1］　苏州市考古研究所：《江苏苏州姑苏区福星小区两座唐代纪年墓发掘简报》，《东南文化》2020年第4期。

［2］　苏州市考古研究所：《江苏苏州工业园区板桥村唐墓ⅠM10、M15发掘简报》，《东南文化》2022年第6期。

［3］　苏州市考古研究所：《苏州虎丘宋家坟遗址唐代墓葬发掘简报》，《东方博物》2022年第3期。

［4］　苏州市考古研究所：《2019苏州考古工作年报》，内部资料。

［5］　无锡市文化遗产保护和考古研究所：《江苏无锡胥山湾晚唐吴氏墓葬发掘简报》，《东南文化》2017年第2期。

［6］　邢台市文物管理处：《河北邢台中兴西大街唐墓》，《文物》2008年第1期。

［7］　傅亦民：《论长江下游地区船形砖室墓》，《南方文物》2005年第1期。

苏州市高新区平王村五代墓发掘简报

苏州市考古研究所

内容摘要：2023年9月，苏州市考古研究所在苏州高新区平王村东清理了两座五代时期竖穴土坑木棺墓，出土瓷器、铜器、釉陶器等随葬品，为苏州地区五代时期墓葬研究提供了新材料。

关键词：苏州 五代 竖穴土坑墓 瓷器

2023年9月25日，苏州市考古研究所对苏州市高新区通安镇长途汽车南地块基建施工中发现的两座墓葬进行了抢救性发掘。墓葬位于原平王村东，西北距平王山约350米，东距大阳山西北麓约1.5公里（图一）。

首先对墓葬开口及周边区域进行了平面清理和剖面地层划分，确认墓葬开口于①层（现代层，灰黄色土，厚约40厘米）下，打破②层（唐宋层，灰褐色土，厚约30厘米）及生土（黄黏土，纯净），墓葬上部遭到破坏，原始结构不清，下部保存较好。现将两座墓葬（编号M1、M2）发掘情况简报如下。

一 墓葬形制

两座墓葬均为长方形竖穴土坑木棺墓，并列分布，东西相距1.2米，方向168°。两座墓葬中间地理坐标为北纬31°21′43.6″，东经120°26′07″，海拔2.1米（图二）。

M1墓坑填土黄灰色，疏松湿黏，与壁面可较好分离，壁面竖直光滑。木棺盖板无存，侧板腐朽严重，仅底板较好，系木板拼接而成。墓室头端西侧随葬青瓷碗、碟各一件，碟覆盖于碗上。墓坑长2.3、宽0.75、深约0.78米（图三，1；图四）。

M2墓坑填土黄灰色，疏松湿黏，与壁面可较好分

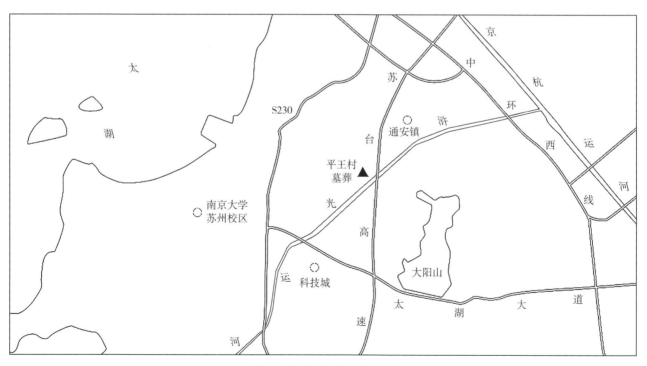

图一　平王村墓葬位置示意图

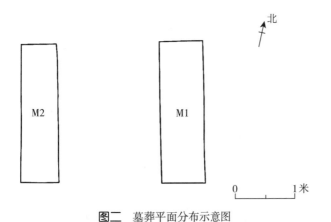

图二　墓葬平面分布示意图

1

2

图三　M1与M2发掘现场

1.M1　2.M2

离，壁面竖直光滑。木棺盖板无存，侧板腐朽严重，仅底板较好，系木板拼接而成。墓室头端东侧随葬有瓷碗、盘、粉盒、铜钗等，碟扣置于碗上，墓室南壁

还有一壁龛，填灰青淤土，内有釉陶四系罐一件。墓坑长2.24、宽0.72、残深0.8米（图三，2；图五）。

二　出土遗物

两座墓葬共有随葬品7件，其中瓷器5件、釉陶器1件、铜器1件。

1.瓷器

共5件，青瓷4件、白瓷1件，器形有碗、盘、粉盒。

碗　2件。

标本M1：2，敞口，尖圆唇，深弧腹，环形圈足略外撇，足圈较大。黄灰胎，施青黄色满釉，釉层薄，釉面密布细小开片，外底一圈四个条状支烧痕，圈足底露胎。口径14.8、底径7.6、高6.8、口沿厚0.2厘米（图六，5；图七，4—6）。

标本M2：3，敞口，圆唇，深弧腹，环形圈足略外撇，足圈较大。灰胎，满施青釉，釉层薄，釉面露砂。内底心稍圆凸，外底心留刮坯痕，内底有支烧痕一圈，圈足底刮釉粘砂。口径15.2、底径7.8、高5.5、口沿厚0.2厘米（图六，6；图八，6—8）。

盘　2件。

标本M1：1，敞口，圆唇，弧腹，矮圈足。黄灰胎，青釉，釉色发暗，釉层薄，釉面多开片，足圈露胎处泛红，足圈及内底各有一圈条形支烧痕。口径13、底径5.5、高3.7、口沿厚0.2厘米（图六，1；图七，1—3）。

标本M2：2，敞口，卷沿，尖圆唇，斜弧腹，圈足，足圈稍外撇，足径较大。白胎，除外底外，通体施白釉，内底心稍圆凸，外底施白色化妆土，足底刮釉粘砂。口沿有多个浅花口。口径13.8、底径7.1、高2.8、厚0.4厘米（图六，2；图八，3—5）。

粉盒　1件。

标本M2：1，整体呈圆形，有盖，子母口，敛口，尖圆唇，弧腹，平底，圈足。浅灰胎，器表通体施青釉，器身、盖顶部划多圈弦纹。口径7.4、底径5.8、通高4.2、口沿厚0.4厘米（图六，3；图八，1、2）。

2.釉陶罐

1件。标本M2：5，系残。直口，卷沿，圆唇，束

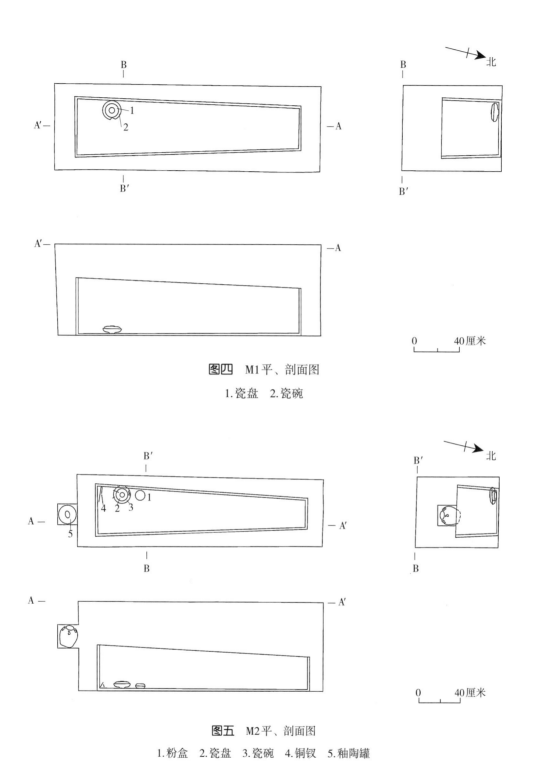

图四 M1平、剖面图

1.瓷盘 2.瓷碗

图五 M2平、剖面图

1.粉盒 2.瓷盘 3.瓷碗 4.铜钗 5.釉陶罐

颈，溜肩，上腹圆鼓，下腹斜收，平底略内凹，肩部置四系。外表施釉不及底，釉色黄绿，釉面剥落，露胎处呈红褐色，器表饰数圈弦纹。口径8.8、底径8.5、

高20.8、口沿厚11.1厘米（图六，7；图八，10）。

3.铜发钗

1件。标本M2：4，"U"形，圆股，素面。长

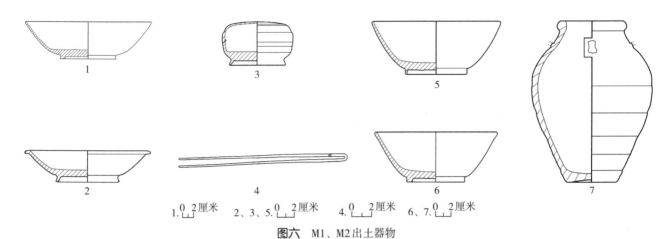

1.0 2厘米　2、3、5.0 2厘米　4.0 2厘米　6、7.0 2厘米

图六　M1、M2出土器物

1.青瓷盘（M1∶1）　2.白瓷盘（M2∶2）　3.青瓷粉盒（M2∶1）　4.铜钗（M2∶4）

5.青瓷碗（M1∶2）　6.青瓷碗（M2∶3）　7.釉陶罐（M2∶5）

图七　M1出土器物

1、2、3.青瓷盘（M1∶1）　4、5、6.青瓷碗（M1∶2）

17、股径0.2—0.3厘米（图六，4；图八，9）。

三　结语

两座墓葬结构简单，随葬品较少，均无明确纪年，属于平民百姓的小型墓葬。墓中出土碗、盘具有矮圈足、大足径、器壁厚度适中、盘口外撇等特点，与连云港吴大和五年墓[1]、扬州五台山五代

图八 M2出土器物

1、2.青瓷粉盒（M2：1） 3—5.白瓷盘（M2：2） 6—8.青瓷碗（M2：3） 9.铜发钗（M2：4） 10.釉陶罐（M2：5）

墓[2]、常州半月岛五代墓[3]等出土瓷器特征较为一致，因此，我们将两座墓葬年代初步定为五代。

M1、M2人骨均已不存，从木棺尺寸看，当为单人葬。其中M2随葬有粉盒、发钗，墓主人应为女性。两座墓葬距离相近、墓向一致、结构相同、随葬品组合相似，以碗、盘为基本组合，且盘扣于碗上，除胎壁较厚的白瓷盘外，随葬器物均有局部打破缺损现象，体现出共同的埋葬习俗。

苏州地区作为五代吴越国的核心区域，发掘的墓葬资料并不丰富，较知名的有七子山五代墓[4]，其墓葬结构复杂，出土物丰富，墓主人可能是拥有较高身份的王室贵族。而同时期的平民墓葬，则鲜有资料刊布。本次发现的平王村五代墓虽只是结构简单、随葬品不算丰富的小型墓，仍不失为探讨吴越国时期苏州地区平民生活状况、埋葬习俗等问题提供了新材料。

项目负责人：程　义

发掘：宁振南　张　鹏　钱法根

绘图：张诗杨　张　丹

摄影：宁振南

执笔：宁振南

注释：

[1]　江苏省文物管理委员会：《五代吴大和五年墓清理记》，《文物参考资料》1957年第3期。

[2]　江苏省文物管理委员会等：《江苏扬州五台山唐、五代、宋墓发掘简报》，《考古》1964年第10期。

[3]　常州市博物馆：《江苏常州半月岛五代墓》，《考古》1993年第9期。

[4]　苏州市文管会等：《苏州七子山五代墓葬发掘简报》，《文物》1981年第2期。

浙江长兴六墩村明墓发掘简报

长兴县博物馆

内容摘要： 2021年3月，在浙江省湖州市长兴县泗安镇六墩村抢救性清理了一处明代墓葬，出土青花瓷碗、陶罐、银簪、铜钱等器物。根据墓葬形制和出土器物推断，墓葬年代大致在明代中晚期。该墓葬的发现，为研究明代墓葬形制、丧葬习俗等提供了新的资料。

关键词： 长兴县　明代　墓葬　青花瓷器

2021年3月，在浙江省湖州市长兴县泗安镇省际承接产业转移示范区园区基础设施建设项目建设过程中发现一处古墓葬（图一）。长兴县博物馆接到报告后，立即组织人员赶赴现场进行勘查。由于墓葬已遭到施工破坏，长兴县博物馆工作人员对其进行了抢救性考古清理，共发掘清理8座明代墓葬。现将本次发掘情况简报如下。

图一　六墩村明墓位置示意图

一　墓葬概况

墓葬位于浙江省长兴县泗安镇新丰村六墩自然村南侧，所在地形属于山前缓坡地带。8座墓葬略呈东西向呈一字形排列，墓葬方向一致，均为176°，分别编号2021CSLM1—M8，下文简作M1—M8（图

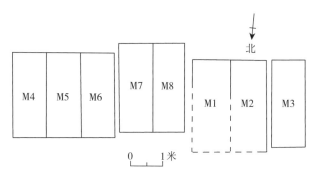

图二　六墩村明墓分布示意图

二）。因地表已被工程施工破坏，墓葬封土以及地面建筑遗迹等情况不明。根据墓葬排列位置，可分为四组。

1.第一组为M1和M2。

M1和M2为长方形砖室石顶墓，两座墓葬并列，中间共用一道墓壁，为合葬墓（图三）。墓葬总长2.7、宽2.2、深0.8米。墓壁以青砖错缝平砌而成，砖长32、宽16、厚8厘米。墓壁上方以石板作盖顶，单块石板长110、宽50、厚14厘米。墓底无铺砖。

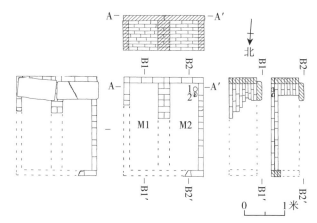

图三　M1和M2墓葬平、剖面图
1、2.青花瓷碗

M1和M2早期破坏严重，仅残存部分墓砖和石盖板。

2.第二组为M3。

其东侧与M2紧邻。M3为长方形石室石顶墓（图四）。墓葬长2.6、宽1.1、深0.84米。墓壁由两层石板垒砌而成，其上覆石板盖顶。石盖板长112、宽50、厚14厘米。墓底无铺砖。因早期破坏较严重，石盖板仅剩一块。

图五　M7和M8墓葬全景

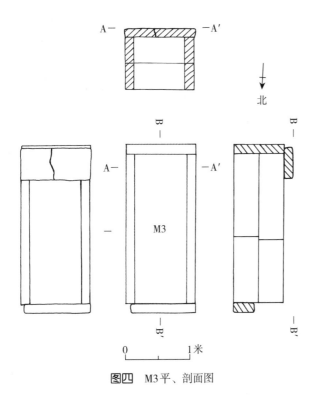

图四　M3平、剖面图

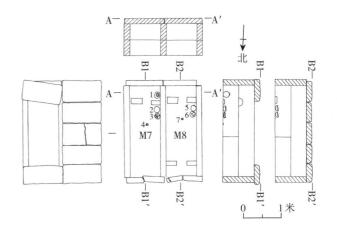

图六　M7和M8平、剖面图

1.釉陶罐　2.青花瓷碗　3.青花瓷碗　4.铜钱

5.青花瓷碗　6.青花瓷碗　7.铜钱

3.第三组为M7和M8。

M7东侧与M6紧邻，M8西侧与M1紧邻。M7和M8为长方形石室石顶墓，两座墓葬并列，中间共用一道墓壁，墓壁南端开一半圆形孔相通，为合葬墓（图五、六）。墓葬总长2.6、宽2.1、深0.82米。墓壁由两层石板垒砌而成，其上覆石板盖顶。用于盖顶的石板尺寸较一致，长约100、宽50、厚14厘米。M7石盖板仅剩两块，M8石盖板完整，共5块。墓底无铺砖，两端各横向放置两块垫棺砖。

4.第四组为M4、M5和M6。

M6西侧与M7紧邻。M4、M5和M6为长方形石室石顶墓。三座墓葬并列，两两中间各共用一道墓

壁，为合葬墓（图七）。墓葬总长2.5、宽3、深0.8米。墓壁由两层石板垒砌而成，其上覆石板盖顶。墓底无铺砖，两端各横向放置两块垫棺砖。

二　出土器物

M1和M3因早期破坏严重，清理未发现器物。其余各墓均有器物出土，有青花瓷碗、银簪、陶罐、铜钱等，共计30余件。下文以墓葬为单位，分别介绍。

1.M2出土青花瓷碗2件。

青花瓷碗　2件。形制、大小基本一致。圆唇，

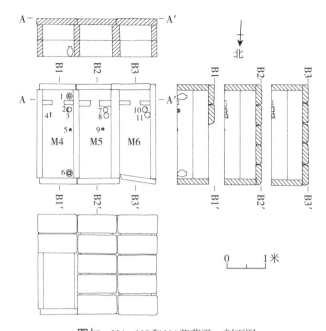

图七 M4、M5和M6墓葬平、剖面图

1.釉陶罐　2.青花瓷碗　3.青花瓷碗　4.银簪　5.铜钱

6.釉陶罐　7.青花瓷碗　8.青花瓷碗　9.铜钱　10.青花瓷碗

11.青花瓷碗

敞口，斜腹内收，圈足，底内有乳突。胎质较白，釉色泛青，通体施釉，足跟无釉。青花发色呈浅蓝色。器身有缩釉点。外壁饰两组相同花鸟纹，碗心饰海螺纹。口沿、碗心、折腹处及圈足处饰数道弦纹。M2：1，口径12.8、底径5.8、高6.5厘米（图八，1；图九）。M2：2，口径12.7、底径5.4、高6.4厘米（图一〇）。

2.M4出土青花瓷碗2件、银簪1件、陶罐2件、铜钱3枚。

青花瓷碗　2件。形制、大小基本一致。圆唇，敞口，折沿，沿面较平，近斜腹，圈足，底内有乳突。胎质较白，釉色泛青，通体施釉，足跟无釉。青花发色呈蓝色。器身有缩釉点。外壁饰成组花卉纹，碗心饰花卉纹。口沿、碗心及近圈足处饰数道弦纹。M4：2，口径11.2、底径4.4、高5厘米（图八，2；图一一）。M4：3，口径11.2、底径4.3、高5厘米（图一二）。

釉陶罐　2件。形制近似。翻唇，敛口，短颈，

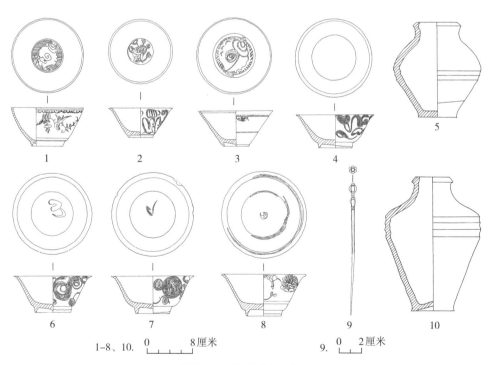

图八 六墩村墓葬出土器物

1.青花瓷碗（M2：1）　2.青花瓷碗（M4：2）　3.青花瓷碗（M5：2）　4.青花瓷碗（M6：2）　5.釉陶罐（M7：1）

6.青花瓷碗（M7：2）　7.青花瓷碗（M8：1）　8.青花瓷碗（M8：2）　9.银簪（M4：5）　10.釉陶罐（M4：6）

图九　青花瓷碗（M2：1）

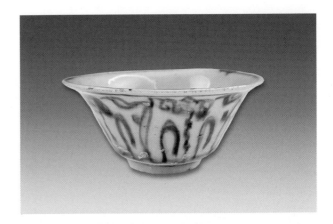

图一二　青花瓷碗（M4：3）

图一〇　青花瓷碗（M2：2）

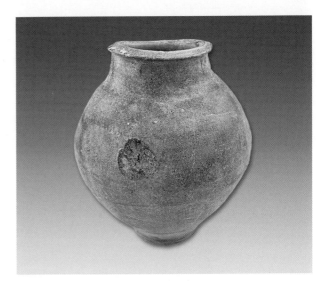

图一三　釉陶罐（M4：1）

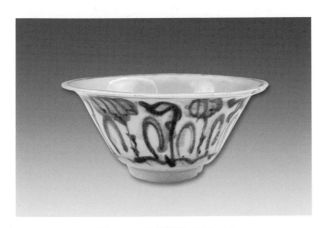

图一一　青花瓷碗（M4：2）

溜肩，鼓腹，平底内凹。胎质较细，胎色棕红。通体施釉，釉不及底，釉色呈黄褐色。M4：1，口径9.8、底径9.6、高22厘米（图一三）。M4：6，口径7.5、底径7.9、高22.8厘米（图八，10；图一四）。

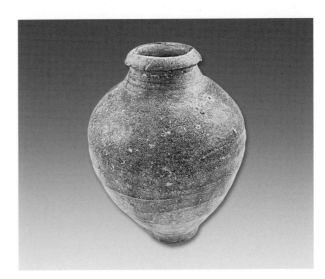

图一四　釉陶罐（M4：6）

银簪　1件。M4∶5，簪首为六瓣花骨朵形，簪身修长，略呈锥状。通长11.4厘米（图八，9；图一五、一六）。

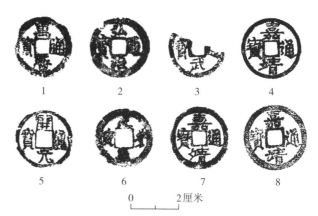

图一七　六墩村墓葬出土铜钱

1.万历通宝（M4∶4-1）　2.弘治通宝（M4∶4-2）　3.□武□宝（M5∶3-1）　4.嘉靖通宝（M5∶3-2）　5.开元通宝（M7∶4-1）　6.元丰通宝（M7∶4-2）　7.嘉靖通宝（M7∶4-3）　8.嘉靖通宝（M8∶3-1）

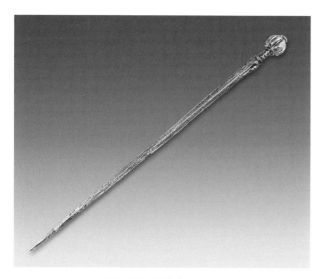

图一五　银簪（M4∶5）

图一六　银簪（M4∶5）局部

铜钱　3枚，M4∶4。万历通宝1枚，M4∶4-1，面文楷书，直径约2.5厘米（图一七，1）。弘治通宝1枚，M4∶4-2，面文楷书，直径约2.5厘米（图一七，2）。其中1枚无法辨识。

3.M5出土青花瓷碗2件、铜钱5枚。

青花瓷碗　2件。形制、大小基本一致。圆唇，敞口，近斜腹，矮圈足，底内有乳突。胎质较白，釉色泛灰，施釉不及底，底内无釉。青花发色呈黑灰色。器身有开片、缩釉点。外壁饰两组花卉纹，碗心饰海螺纹。口沿内外及碗心饰数道弦纹。M5∶1，口径13.4、底径4.9、高5.7厘米（图一八）。M5∶2，口径13.2、底径4.6、高6厘米（图八，3；图一九）。

铜钱　5枚，M5∶3。□武□宝1枚，M5∶3-1，残缺，似为洪武通宝，面文楷书，直径约2.3厘米（图一七，3）。嘉靖通宝2枚，M5∶3-2、3，面文楷书，直径约2.4厘米（图一七，4）。其中2枚难以识别。

图一八　青花瓷碗（M5∶1）

图一九　青花瓷碗（M5：2）

4.M6出土青花碗2件。

青花瓷碗　2件。形制、大小基本一致。近圆唇，敞口，折沿，沿面较平，斜腹内收，圈足，底内有乳突、跳刀痕。胎质较白，釉色泛青，施釉不及底，底内无釉。青花发色呈蓝色泛灰。器身有缩釉点。外壁饰云气纹。M6：1，口径13.6、底径6.3、高5.6厘米（图二〇）。M6：2，口径13.5、底径6、高5.6厘米（图八，4；图二一）。

5.M7出土青花碗2件、陶罐1件、铜钱4枚。

青花瓷碗　2件。形制、大小基本一致。近圆唇，敞口，折沿，沿面较平，斜腹内收，圈足，底内有乳突、跳刀痕。胎质较白，釉色泛青，施釉不及底，底内无釉。青花发色呈蓝色泛灰。器身有开片、缩釉点。外壁饰云气纹，碗心纹饰简约。M7：2，口径14、底径6.4、高6.2厘米（图八，6；图二二）。M7：3，口径14.5、底径6.4、高6.3厘米（图二三）。

釉陶罐　1件。M7：1，翻唇，敛口，短颈，溜肩，鼓腹，平底。胎质较细，胎色棕红。通体施釉，釉不及底，釉色呈黄褐色。口径8.2、底径7、高16.2厘米（图八，5；图二四）。

铜钱　4枚，M7：4。开元通宝1枚，M7：4-1，面文隶书，直径2.3厘米（图一七，5）。元丰通宝1枚，M7：4-2，面文行书，直径2.4厘米（图一七，6）。

图二〇　青花瓷碗（M6：1）

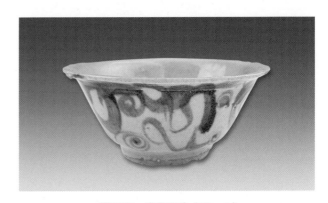

图二二　青花瓷碗（M7：2）

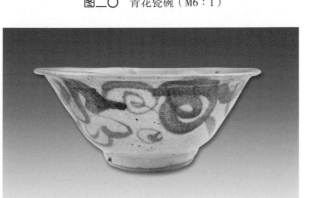

图二一　青花瓷碗（M6：2）

图二三　青花瓷碗（M7：3）

嘉靖通宝1枚，M7：4-3，面文楷书，直径约2.4厘米（图一七，7）。其中1枚无法辨识。

图二四　釉陶罐（M7：1）

图二五　青花瓷碗（M8：1）

6. M8出土青花瓷碗2件、铜钱3枚。

青花瓷碗　2件。形制、大小相似，所饰青花纹饰不同。近圆唇，敞口，折沿，沿面较平，斜腹内收，圈足，底内有跳刀痕。胎质较白，釉色泛青，施釉不及底，底内无釉。青花发色呈蓝色泛灰。器身有开片、缩釉点。M8：1，外壁饰云气纹，碗心饰简约纹饰。口径14.4、底径5.5、高6.5厘米（图八，7；图二五）。M8：2，外壁饰四组相同花卉纹。口沿、内底、折腹处饰数道弦纹，碗心饰简约纹饰。口径15.1、底径6.2、高7.2厘米（图八，8；图二六）。

铜钱　3枚，M8：3。均为嘉靖通宝，M8：3-1、2、3，面文楷书，直径约2.5厘米（图一七，8）。

三　结语

长兴六墩村墓葬规模不大，墓葬形制较为简单，

图二六　青花瓷碗（M8：2）

均为石室或砖室石顶墓，8座墓葬略呈一字形排列，墓葬方向一致，具有明代一般平民家族墓葬的特征。明代家族墓地的墓葬排列方式多样，按照子孙墓葬与祖墓的位置关系可分为一字形、品字形、扇形、错位排列等，墓葬一般为夫妻合葬，常见双室并列或三室并列的合葬墓，墓主身份有官员、乡绅、平民等[1]。明代家族墓葬在太湖周边地区发现较多，与六墩村墓葬形制接近的有江苏常州武进区科教城明墓[2]、江苏苏州吴中区渡村明墓[3]、江苏苏州高新区大墩明墓[4]等，时代均为明代中晚期。

明代中期以后民间用瓷碗陪葬的风俗盛行，碗都安放在墓的圹内棺外，习惯上称为"圹碗"[5]。六墩村墓葬出土的这批青花瓷碗，制作相对粗糙，属于典型的民窑产品。M2出土的2件饰花鸟纹青花瓷碗，与上海宝山区罗泾公社海星大队明墓[6]、江苏江阴明代薛氏家族薛如淮墓[7]、江苏苏州高新区大墩明墓M6等墓葬出土青花瓷碗形制、纹饰近似。薛如淮卒于嘉靖三十七年（1558年），其墓葬年代属明代中期。M8出土的饰花卉纹青花瓷碗，与浙江德清火烧山明墓[8]出土的青花瓷碗，无论形制、纹饰都十分接近，其年代也应相当。

M4出土的银簪，与上海明代宋蕙家族墓[9]出土的银鎏金花朵状簪样式相近，簪首均呈花朵形。据墓志记录，宋蕙夫妇分别卒于嘉靖三十八年（1559年）、嘉靖二十九年（1550年）。亦与江苏无锡明代华复诚妻曹氏墓[10]出土的莲花簪类似，曹氏卒于万历三年（1575年）。

此外，六墩村墓葬中4座墓葬中出土了纪年钱币，也为推断墓葬年代提供了依据。其中M4出土时代最晚铜钱为万历通宝，其年代不早于万历年间。M5、M7和M8出土时代最晚铜钱为嘉靖通宝，其年代不早于嘉靖年间。

根据墓葬形制、出土器物等综合分析，六墩村墓葬的年代大致在明代中晚期。六墩村明墓的发现，为研究江南地区明代墓葬的形制与葬俗提供了新资料。

发掘：何　炜　钱　斌等

摄影：王　晓　钱　斌

绘图：钱　斌　程晓伟

执笔：程晓伟　钱　斌

注释：

［1］ 孙怡杰：《明代家族墓地的考古学研究》，南开大学硕士学位论文，2018年。

［2］ 南京博物院、江苏常州市武进区博物馆：《江苏武进科教城明墓发掘报告》，《南方文物》2018年第3期。

［3］ 苏州市考古研究所：《江苏苏州吴中区渡村明墓发掘简报》，《苏州文博论丛》2017年（总第8辑），文物出版社2018年，第22—26页。

［4］ 苏州市考古研究所：《江苏苏州高新区大墩土墩遗存抢救性考古发掘报告》，《东南文化》2015年第5期。

［5］ 中国硅酸盐学会编：《中国陶瓷史》，文物出版社1982年，第378页。

［6］ 上海市文物管理委员会：《上海明墓》，文物出版社2009年，第153页。

［7］ 江阴市博物馆：《江苏江阴明代薛氏家族墓》，《文物》2008年第1期。

［8］ 周建忠：《德清火烧山明墓出土青花瓷器》，《东方博物》第25辑，浙江大学出版社2007年，第36—40页。

［9］ 上海市文物管理委员会：《上海明墓》，文物出版社2009年，第91—95页。

［10］ 无锡市博物馆：《江苏无锡明华复诚夫妇墓发掘简报》，《文物资料丛刊》第2辑，文物出版社1978年，第137—141页。

甘谷毛家坪遗址K203三号车保护与研究

——兼论出土缴线轴

芦　敏（甘肃省文物考古研究所）

孙　晨（扬州市文物考古研究所）

内容摘要： 2019—2020年甘肃省文物考古研究所对甘谷毛家坪遗址打包提取的车马坑进行了室内解剖、修复，其中2014GMK203三号车较为典型，尤其是其车舆前车轼下区域出土了一套包括箭箙、箭镞、漆弓、缴线轴及线在内的一套田猎工具，其中缴线轴在北方地区鲜有发现，为研究春秋时期秦人贵族田猎工具与丧葬礼仪提供了宝贵的资料。

关键词： 秦墓　车马坑　缴线轴

一　基本情况

毛家坪遗址位于天水市甘谷县磐安镇毛家坪村，20世纪80年代北京大学在此处发现了包括墓葬区和居址区在内的早期秦文化遗址，该遗址的发掘将秦文化的编年上溯到西周时期，为探索秦人早期历史提供了新的思路，开辟了考古学上探索早期秦文化的先河。李学勤先生根据清华简《系年》指出，秦人祖先曾活跃于甘谷朱圉山一带[1]，为秦人东来说提供了有力证据。

2004年，由甘肃省文物考古研究所、陕西省考古研究所、北京大学考古文博学院、中国国家博物馆考古部及西北大学文博学院联合组成早期秦文化联合考古队，开启了"五方合作、探索秦源"的历程，足迹遍及西汉水上游、牛头河流域，并发掘了礼县西山、鸾亭山、大堡子山及清水李崖等一批重要遗址。2012年对毛家坪遗址进行了全面勘探，勘探显示遗址面积约60万平方米，以自然冲沟为界，分成沟东、沟西两部分。沟西的北部为居址区，多被现代村庄叠压，南部为墓葬区，沟东主要为墓葬区。

2012—2016年，早期秦文化联合考古队再次对甘谷毛家坪遗址进行了发掘，其中发现的四座车马坑于2015和2016年进行了整体打包并提取到室内，2019—2020年甘肃省文物考古研究所"甘肃毛家坪遗址车马坑整体提取及实验室考古发掘项目"对其进行了室内清理、解剖、加固和修复，项目首次对春秋秦人车辆进行的保护提取和复原，为了解秦人车辆构造与车马埋藏制度提供了珍贵的资料，同时也为实验室考古与科技保护有机融合积累了宝贵的经验。其中2014GMK203三号车较为完整且具有代表性，其车舆左侧弓缴（图一）在文物保护与科技考古方面具有特殊性和代表性，现将其提取保护、科技分析成果加以简介。

图一　出土箭镞及漆弓

二　K203三号车解剖清理

本项目对K203三号车进行了详细的室内清理工作。K203三号车辆主体由左右轮、左右服、左右骖和车舆等几个部分组成，另外还有马头骨和右轮下殉狗部分。K203三号车从2019年8月4日开始清理，至8月29日清理完毕，用时26天。

在车舆前方车轼下方中部位置发现若干镞，包含铜镞和骨镞，共24件。其中骨镞13件，呈黄白色，有的被铜锈沁成绿色，根据形态可分为两型，A型5件，较细长，截面近三角形；B型8件，较为宽短，截面呈弧边三角形。铜镞11件，均呈铜绿色。根据形态可分为两型，A型1件，双翼，较薄而扁平，镞头部较尖；B型10件，无翼，三棱，铤近圆柱形，根据形态特征可分为三个亚型，Ba型，5件，粗厚，铤较细长；Bb型，3件，较小，较为宽薄，铤较短；Bc型，2件，最小，十分细薄，铤较短。A型与2006年大堡子山M10出土铜镞类似，B型与秦兵马俑所出土箭镞类似。箭镞上部出土时表面有彩绘痕迹，根据形态判断可能为箭箙（图二），铜镞铤下可见腐朽木杆痕迹（图三）。

在车舆前部左下侧发现一件漆弓（图四），呈弧形，残存长50厘米，弓杆宽3厘米，表面为红色漆皮，其上黑彩绘制出简化蟠虺纹。

图四　漆弓

在车舆轼下中部漆弓上方位置发现一块疏松的青绿色物质，内部中空，内有漆皮，当为刻意加工而成。周围被红色线条围绕，可见组成红线的细小线条，周围有两个羊腿骨（图五），腿骨中部有人工磨平痕迹，或与磨弓弦有关。

图二　箭箙痕迹

图五　缴线轴与羊骨

解剖车舆，在车舆之下发现动物骨骼（图六），可见3个牛头骨、7个羊头骨和若干附带前肢骨，摆放无规律，或平置，或侧置，牛头中有两个较大、一个较小，与张家川马家塬墓地M5[2]、M19、M20[3]

图三　箭镞

等墓葬内随葬牛马头骨及肢骨的情况类似，为戎人随葬牛羊头骨葬的体现。

图六 车舆下牛羊头骨及肢骨

三 文物保护

为保护漆弓、箭箙这样较为脆弱的文物，经过反复试验确定采用以下方案处理，并取得了良好的效果。

漆木器稳定性处理拟以聚乙烯醇200（PEG-200）溶液作为稳定处理剂。由于该文物是干燥状态下出土，表面被沙土覆盖，因此需要对漆弓进行整体回潮处理。回潮的方法为使用低浓度PEG-200溶液将表面完全喷涂冲洗并回软。回潮12小时后，漆皮虽有变软，但未能达到回贴要求；此时可继续在漆皮表面喷涂PEG-200溶液直到软化到可以进行回贴的程度。回贴使用的材料可以水溶性的丙烯酸类为主，同时应具有可逆性，保证二次复原时可重复进行操作。现场观察漆皮的保存状况、漆皮厚度等的实际情况，使用注射器、滴管等工具，针对性采取措施进行回贴处理，确保了整体性的稳定，可先作局部试验，观察并调整溶度用量后再进行全面处理。取下表面即将脱落、酥脆的漆皮，记录位置，使用乙酸乙酯水溶液加固剩余结合较好的漆皮进行回贴。

缴线轴用石膏打包提取，先用卷纸包裹本体，剪好的麻片蘸石膏液贴敷表面，等待干燥后移动放置在5%B72封护后托板上。在支撑土上暂时插上铜丝盖上塑料薄膜保湿。

四 科技分析

为了搞清楚缴线轴内部结构和主要成分以及其

性质，我们对其各个部分进行采样并使用显微镜观察，使用专门仪器分析其主要成分。样本来自于车舆前侧板圆形凹窝处（表一）。

表一 毛家坪样品信息表

样品描述	样品照片
样品取自缴线轴凹窝处	

利用数码显微镜对所取样品进行观察分析后，发现纺织品本体保存现状较差，灰化严重，触碰即可断裂。无法通过包埋或切片实现对纺织品纤维种类的有效鉴别。此外，纺织品表面有红色颜料存在，通过红色颜料与纺织品纤维的结合方法可确定，红色颜料为其他器物表面颜料粘连在表面，并非人为染色。

五 性质探讨

通过车辆的清理和解剖，K203三号车车舆前侧箭箙、漆弓、箭镞、缴线轴及箭缴和羊骨的基本面貌展现在我们面前。通过科技分析和对其形制的观察判断，我们认为车舆前侧的这一设施可能为贵族出外弋射的设备，而整个车辆甚至车队也可能是秦国贵族出游田猎的车辆。

弋射，亦称为缴射，是一种发射带绳箭矢的射术。《汉书·司马相如传》颜师古注说："以缴系矰，仰射高鸟，谓之弋射。"弋射即用系着绳子的箭射高处的鸟，因为其主要对象是大雁，故这是一种季节性较强的狩猎活动。宋兆麟先生认为弋射是在弓箭射猎的基础之上受到古老狩猎方法和脱柄镖启发而产生的，与旧石器时代已经出现的飞石索也有一定的相通之处[4]。弋射活动不同于一般射箭的地方即在于系着绳子，一方面为了不让猎物逃跑，另一方面也更加稳定，力求活捉猎物。后世对于这种活动的记载较少，但我们通过战国时期的一些物质图像仍旧能够看到这种现象，如曾侯乙墓衣箱上就发现有弋射图（图七），图中央一棵大树，上面站着三只鸟，右侧一只鸟已经被一支带有线绳的箭镞射穿身体并发出叫声，而在树下有一个人左手持弓、右手正在通过线绳牵拉被射中的鸟。

图七　曾侯乙墓衣箱弋射图

弋射活动中与丝线配套使用的缠绕设备即绕线轴，可将丝线缠绕其上。湖北江陵雨台山M89[5]、随州曾侯乙墓[6]、江苏邗江姚庄汉墓[7]都出土了这类木质缴线轴，其表面有麻线的痕迹。何驽先生认为这类形制的缴线轴即为古代弋射所用缠绕线绳的器物[8]，冉万里先生则将考古发现的弋射缴线轴分为放置在车舆之上和地面上两种情况[9]。本次发现的缴线轴位于车舆前侧轵下，与漆弓及箭镞距离很近，便于

田猎射箭时取用，虽然不同于已经发现的木制器物，但其形态尚存。北方地区土壤埋藏环境不利于保存木制材料，但其外侧缠绕的红色线绳仍旧清晰可见，我们可以判断这一设施即为弋射中缠绕丝线的缴线轴（图八）。而与之匹配的漆弓、箭镞分布在其周围，当处于箭箙之中，是田猎弋射的必备器物。另外，在缴线轴周围还有两件羊腿骨，其中缝表面较为平整，应当是经过打磨或者长期使用打磨留下的痕迹，结合弓箭等设施，我们推测其可能为打磨线绳所用。

图八　缴线轴内部线绳缠绕痕迹

综上，毛家坪K203三号车出土的这一套包括箭箙、箭镞、漆弓、缴线轴的设备反映了当时秦国贵族外出田猎的场景，同时车辆整体形态保存较为完整，为我们了解当时社会面貌和田猎活动提供了宝贵的资料。

注释：

［1］　李学勤：《清华简关于秦人始源的重要发现》，《光明日报》2011年9月8日第11版。

［2］　早期秦文化联合考古队、张家川回族自治县博物馆：《张家川马家塬战国墓地2008—2009年发掘简报》，《文物》2010年第10期。

［3］　早期秦文化联合考古队、张家川回族自治县博物馆：《张家川马家塬战国墓地2010—2011年发掘简报》，《文物》2012年第8期。

［4］　宋兆麟：《战国弋射图及弋射溯源》，《文物》1981年第6期。

［5］　湖北荆州地区博物馆：《江陵雨台山楚墓》，文物出版社1984年，第109页。

［6］　湖北省博物馆：《曾侯乙墓》，文物出版社1989年，第450页。

［7］　扬州博物馆：《江苏邗江姚庄101号西汉墓》，《文物》1988年第2期。

［8］　何驽：《缴线轴与缯矢》，《考古与文物》1996年第1期。

［9］　冉万里：《由弋射之矢看秦始皇陵车马坑》，《大众考古》2015年第1期。

觅峄阳

——考古学视域下汉至六朝时期古琴形制研究

李 湘（ 安 徽 博 物 院 ）
孙 振（宜兴市考古和文物保护中心）

内容摘要：通过系统梳理和考察考古实物资料及图像资料发现，春秋战国至南北朝时期，中国古琴形制发生了四次变革：第一次变革发生在战国晚期，半箱式十弦琴转变为七弦琴，琴身加长变宽；第二次变革在东汉时期，蘑菇状雁足移至琴尾变成固定弦的琴枘，琴体向全箱式琴体发展；东晋时期发生第三次变革，琴枘消失，琴面仍保留了尾岳；第四次变革发生在北朝晚期—南朝陈，古琴形制彻底完成向传世古琴的历史性转变。

关键词：古琴 半箱式琴 独枘琴 汉 六朝

一 引言

古琴，是我国古老的弹拨乐器之一。关于它的起源，文献上说法不一：有认为是伏羲或神农氏"削桐为琴，绳丝为弦"（东汉桓谭《新论》）而制成，有的说是"舜作五弦之琴以歌《南风》"（《礼记·乐记》），也有的则认为是"帝俊生晏龙，晏龙是为琴瑟"（《山海经·海内经》）。究竟如何，至今无解。从《诗经》等文献中可知，至少在两周时期琴已存在，与金石等乐器共同构成了等级森严的礼乐制度。目前，考古所见之古琴实物则时代稍晚，约为春秋、战国、西汉时期，主要分布在湖北、湖南等地的墓葬中，有半箱式十弦琴和七弦琴等形制。这些早期的古琴形制与现存的唐代及其以后的古琴有着明显的区别。从西汉晚期到唐早期，基本很少有完整的古琴实物出土。那么，唐以前的古琴形制是什么样的？它和现代传世古琴又有怎样的关系？这段古琴实物资料匮乏的空白期引起了业内学者的浓厚兴趣。郑珉中、王子初、丁承运、吴

跃华等前辈分别讨论了早期琴制与传统琴制的关系及古琴演变路径，而以上学者的研究较少涉及琴体构件及六朝时期的乐器图像，特别是对魂瓶等器物上的乐器图像的考察较少。因此，早期琴制仍存在可以继续讨论的空间。

两汉魏晋南北朝是中国历史上民族融合和文化艺术、社会习俗的大发展、大变革时期，更是古琴形制演变的关键时刻。本文试图在前人研究基础上，根据最新的考古发掘资料及博物馆实践考察所见实物资料，对汉至六朝时期的文献资料、铜镜、画像砖、陶（石）俑和魂瓶等器类进行重点梳理，以求能还原这段空白期的古琴历史。

二 汉至六朝时期琴器及古琴图像基本概况

1. 考古出土的古琴实物

考古发掘出土的琴体实物十分罕见，主要为两汉时期，目前仅见两例，分别出自马王堆汉墓和海昏侯墓（分别命名为Q1、Q2）。具体如下。

Q1：1973年12月长沙马王堆M3出土，由面板和底板两部分组成。面板由两部分组成，前段可视为琴箱，较宽，其背面有"T"形槽，琴面圆鼓，琴体前端置一条岳山，右侧有七个弦孔。后段为尾板，下置一蘑菇状雁足。底板为活动式，其大小与面板前段音箱相吻合。琴轸设置在面板"T"型槽内，调弦时需将琴面板拿起，调整完毕后再将其放置在底板上。此类琴为半箱式琴，琴面无徽位。琴体长82.4、宽11.5、高7厘米，琴首长50.8、宽11.5厘米，琴尾长31.6、宽5.2—9厘米（图一）。

Q2：2005年海昏侯墓出土，形制与马王堆M3所

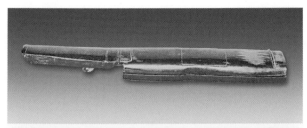

图一　马王堆M3出土半箱式琴（湖南博物院藏）

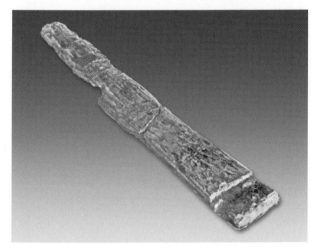

图二　海昏侯墓出土半箱式琴

出相似。琴长84.8、宽13厘米，琴首长52.3、宽17.8厘米，琴尾长32.5、宽10.7—14.2厘米（图二）。

从西汉中期到唐初的八百年间再未见古琴实物出土，其间学界关于琴制、琴史的讨论再度戛然而止。

2.考古资料中的古琴图像

这一时期的古琴图像资料十分丰富，记录了一种有别于西汉时期半箱式琴器的新形制及琴人抚琴（或静止）时的状态。屏息凝视，琴人双指在细弦上轻轻舞动，我们仿佛听到了那优雅、古老的琴音。根据图像特征，大致将其分为立体图像和平面图像两类。前者包括陶（石）俑、魂瓶，后者包括漆盘、铜镜、书画、画像砖等。相比于发掘出土的琴器，

古琴图像对琴器结构的记录也具有不完整的一面。以下做详细介绍。

①立体图像

A陶（石）俑类　8件。笔者有幸目睹辨识部分琴俑，实际上蜀汉地区出土抚琴陶（石）俑形象特别丰富，而大部分琴器细部特征都不明显或存在构件缺失的形象，若不细致辨识，很容易被误认为是古筝一类乐器（图三）。其中有6件形制大小相似，共同特征为全箱式长方形琴体，琴面上横置首岳和尾岳，尾岳左端有一蘑菇状琴枘，个别陶俑所持琴器底部可见琴体支架。根据陶俑所持琴器构造，我们看到其拴弦方式：将弦由琴底向上引出，过首岳、尾岳，然后向下穿过尾岳和枘间的弦孔，再由琴底绕过琴尾，固定在琴枘上。上海博物馆藏东汉抚琴俑（图四）、重庆忠县涂井蜀汉崖墓抚琴俑、海宁市博物馆藏东汉抚琴俑（图五）、长兴县博物馆藏持琴男俑（图六）、重庆中国三峡博物馆藏抚琴石俑（图七）、四川峨眉双福抚琴石俑（图八）等所持琴器均为此形制；而河间邢氏墓出土的北齐抚琴俑、西安南郊草厂坡村北朝墓出土抚琴俑[1]中琴器结构与前6件不同，琴尾的蘑菇状枘

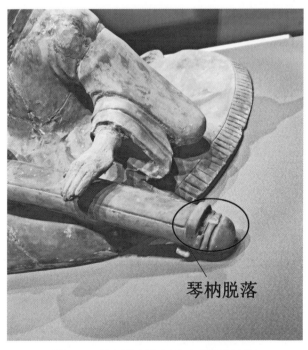

琴枘脱落

图三　抚琴女俑局部图（海宁市博物馆藏）

图四 抚琴女俑（上海博物馆藏）

图六 持琴男俑（长兴县博物馆藏）

图五 抚琴女俑（海宁市博物馆藏）

图七 抚琴男俑（重庆中国三峡博物馆藏）

图八　抚琴石俑（四川博物院藏）

图九　魂瓶上的全箱式独柄琴（六朝博物馆藏）

图一〇　魂瓶上的全箱式独柄琴（青阳县博物馆藏）

已消失，但仍然保留了首岳和尾岳。

B魂瓶　3件。琴人所持琴器与陶俑类结构相似，古琴置于琴人膝上弹奏，末端置地。其中六朝博物馆（图九）与青阳县博物馆藏魂瓶上的琴人正在聚精会神地做动态演奏。六朝博物馆魂瓶上的琴人左手疑似古琴中的"掐起"（滔起）指法，而青阳县博物馆藏魂瓶上的琴人（图一〇），右手残断，左手手指微曲，触弦点似为中指指间偏左侧的半甲半肉处，可能是滑音或者吟猱之类的装饰音，刻画细致入微，生动形象。

②平面图像

A铜镜　3件。分别是美国弗利尔美术馆藏西汉时期伯牙抚琴图铜镜（图一一）、东汉刘氏龙虎车马画像镜[2]（图一二）、美国火奴鲁鲁艺术学院藏东汉时期伯牙抚琴图铜镜（图一三）。三件铜镜的图案里均为半箱式琴，琴体平置于矮桌或几上，琴人踞坐或促膝抚琴。

图一一　铜镜上的半箱式琴（美国弗利尔美术馆藏）

图一二　东汉刘氏龙虎车马画像镜上的半箱式琴

图一四　江西东晋永和八年雷陔墓出土"商山四皓图"漆平盘局部

C画像砖　2件。如竹林七贤与荣启期[4]画像砖（图一五）、南山四皓画像砖中琴[5]（图一六）已为全箱式琴体，王戎与荣启期所弹之琴有肩、颈、额，琴弦和徽位清晰可见。二人均坐于毛毡上，琴头置于膝上，另一侧着地，于山林阔野之中操缦，食指微上翘。南山四

图一三　铜镜上的半箱式琴（美国火奴鲁鲁艺术学院藏）

B漆器　1件。如江西东晋永和八年（352年）雷陔墓出土"商山四皓图"漆平盘[3]（图一四）。琴体均为窄尾式长方形，琴面可见首岳、尾岳、徽位及琴弦。琴人演奏姿势与荣启期抚琴砖画上相似。

图一五　荣启期抚琴图（南京博物院藏）

图一六　南山四皓画像砖

皓画像砖与竹林七贤画像砖上琴人的抚琴姿势如出一辙，应是同一粉本流传下来。另外，这两件砖画中琴人皆为左手拨弦，右手按弦，应为粉本翻转所致。

3. 类型及其他问题

根据以上古琴的形制与结构特征，我们将其归为四个类型。

A型　半箱式琴

在古琴实物和铜镜上可见半箱式琴。包括马王堆三号墓出土的Q1、海昏侯墓出土的Q2、美国弗利尔美术馆藏西汉时期伯牙抚琴图铜镜、东汉刘氏龙虎车马画像镜、美国火奴鲁鲁艺术学院藏东汉时期伯牙抚琴图铜镜。观察以上出土的古琴实物及铜镜中上古琴图像，我们可以得到以下信息：①两汉时期的古琴继承了战国时期古琴形制，仍然为半箱式结构。但是在细部特征方面有所变化：首先，琴体逐步变长，琴尾变宽，整个琴面宽而平整。其次，弦数由十弦减少为七弦，弦间距加大，特别是琴尾部分的弦间距加大，有利于左手演奏技法的出现与右手复杂指法的施展。一部分学者观察到在Q1琴体共鸣箱末端与尾部交界处有磨损痕迹[6]，认为此时已经出现左手按音技法（图一七）。②蘑菇状琴枘的高度与面板和底板相叩合时高度一致，琴枘起支撑作用，从其特殊的构造上看，此类琴应是平置于地面或几上弹奏，若将其置于双膝或将琴头置于膝上弹奏，底板和琴面板则无法完全扣合，影响共鸣箱的音效。因此，在美国弗利尔美术馆藏西汉铜镜的伯牙抚琴图、火奴鲁鲁艺术学院藏东汉铜镜的伯牙抚琴图，琴应是置于某种几案上，这样更适合演奏，而不是在琴人的双膝上。③关于半箱

式琴流行的年代，吴跃华先生认为不能将铜镜图像中的半箱式琴作为其流行年代下限的依据。从目前考古出土的作为半箱式琴存在的间接证据的青铜琴轸和琴轸钥[7]来看，芜湖贺家园M3出土过两枚琴轸钥（图一八），该墓为西汉晚期，至少可以证明在西汉晚期半箱式琴可能还存在过。

图一七　马王堆M3出土半箱式琴上的磨痕（湖南博物院藏）

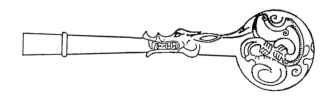

图一八　芜湖贺家园出土琴钥（芜湖市博物馆藏）

B型　独枘全箱式琴

主要见于陶俑或魂瓶上，陶俑包括上海博物馆藏东汉抚琴俑、重庆忠县涂井蜀汉崖墓抚琴俑、海宁市博物馆藏东汉抚琴俑、长兴县博物馆藏持琴男俑、重庆中国三峡博物馆藏抚琴石俑、四川博物院抚琴石俑等等，器物类有六朝博物馆藏三国时期抚琴俑魂瓶、宣城市博物馆藏三国时期抚琴俑魂瓶及青阳博物馆藏西晋时期抚琴俑魂瓶。B型琴最早由丁承运先生发现和定义[8]，也有不少学者并不认可，他们认为B型琴可能是筝或者瑟之类的乐器。在成都天回山崖墓中发现独枘式琴的琴面存在琴码（图一九），其分布与马王堆汉墓出土的木瑟瑟码相同，但是仔细观察发现这件乐器末端的琴枘却位于隐间，是无法用来拴弦的，说明这是一件制作比较粗糙的乐器，匠人并不懂当时的乐器形制。同理，重庆中国三峡博物馆藏抚琴石俑、四川博物院藏抚琴石俑

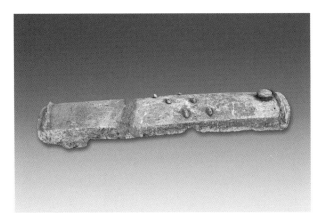

图一九 成都天回山崖墓出土独枘全箱式琴（四川博物院藏）

也存在同样的问题。从上海博物馆藏抚琴女俑的演奏姿势我们发现，此类型是琴无疑，因为大指按弦是古琴的演奏指法（图二○）。

左手大指按压琴弦，四指前伸，似吟或者弹奏短节奏按音

图二○ 抚琴女俑（上海博物馆藏）

相比 A 型琴，B 型琴出现了若干变化：①由于琴器两头都有穿弦孔，那么，首、尾端的弦间距是固定值，隐部的有效音域增长；琴器底部结构不详，综合古琴张弦原理和调音方式，笔者做了如下推测：琴底板上已出现两个出音孔，分别置于琴体首端和琴尾（结构与筑底板上的结构相似），首端出音孔主要是为了方便调弦，从东汉时期开始几乎不见琴轸钥出土，也可能意味着此时已经使用琴轸调音。尾端则是考虑到琴弦要穿过琴体尾部，为了张弦方便，底部开孔是最省事的途径。②琴底板两侧部位设置了支架，便于放置或演奏。③在部分陶俑的演奏姿势上，可看到按音和泛音等古琴技法。通过对以上器物年代的考证，笔者认为，B 型琴大约流行于东汉至西晋时期。

C 型　全箱式琴 I

其图像见于漆器、陶俑和画像砖中，如江西东晋永和八年（352 年）雷陔墓出土"商山四皓图"漆平盘、河间北齐邢氏墓出土抚琴俑（图二一）、西安草厂坡出土北朝时期抚琴俑均属于此类型。C 型琴流行于东晋到北朝时期。尾部琴枘消失，但是尾岳仍然存在。琴面出现徽位，是 C 型琴最突出的特征。古琴的音乐属性与提琴家族相似，均为无品乐器，即便是现代古琴标出的徽位也只是与泛音有着对应关系，那么徽位的出现应该是有着更深层次的含义。笔者推测可能与古琴作为一门专门的乐器被用于教学并得到大规模传承推广相关，徽位便于记录琴谱，也方便乐师指导学生练习，是琴学兴盛和琴艺传承的重要标志之一。黎国韬[9]通过梳理《琴史》《琴书大全》《琴人补》《历代弹琴圣贤》等文献，讨论了魏晋南北朝时期数量众多的琴家、琴艺传播路径及琴派，指出当时琴谱已经被广泛应用。

D 型　全箱式琴 II

见于竹林七贤与荣启期画像砖、南山四皓画像砖上的古琴图像。到南朝时期，古琴形制与唐代及以后的传世古琴形制相似，拴弦方式发生彻底改变，琴弦末端完全固定在琴底部的两个雁足上。尾岳逐渐淡化，移至琴体尾部演变成微微凸起的龙龈，有

图二一　河间北齐邢氏墓出土抚琴俑

效弦长和音域进一步增加，左右手指法也有了更广阔的施展空间。

三　余论

从出土实物资料看，春秋战国至南北朝时期古琴形制经历四次变革：第一次变革大约发生在战国晚期，半箱式十弦琴去掉了多余琴弦变为七弦琴，琴身加长变宽；第二次变革发生在东汉时期，蘑菇状雁足移至琴尾，变成用于固定弦的琴枘，琴体向全箱式琴体发展；第三次变革发生在东晋时期，琴枘消失，琴面仍保留了尾岳；最后一次变革在北朝晚期—南朝陈，古琴形制彻底完成向传世古琴的历史性转变。这是我国先辈辛劳和智慧的结晶。一方面他们勇于探索实践，不断完善和改良斫琴技术；另一方面，他们记录琴谱、广招门徒，传承发扬古老的琴艺，才使得中国的古琴文化源远流长，不断发扬光大。古琴蕴含了中华民族传统文化的精髓和气质，既是我国民族音乐发展历史中最独特的信息载体之一，又是研究中国与世界音乐文化交流的瑰宝。

致谢：本文在写作过程得到了吴跃华先生、左骏老师、夏勇老师、程晓伟老师、吴汶益老师及张伟师弟的帮助，在此表示感谢！

注释：

［1］　《中国音乐文物大系》总编辑部主编：《中国音乐文物大系·北京卷》，大象出版社1999年，第192页。

［2］　黄洪斌：《汉雅堂藏镜图录》，上海辞书出版社2013年，第93页。

［3］　江西省文物考古研究所、南昌市博物馆：《南昌火车站东晋墓葬群发掘简报》，《文物》2001年第2期。

［4］　南京博物院：《江苏丹阳县胡桥、建山两座南朝墓葬》，《文物》1980年第2期。

［5］　河南省文化局文物工作队：《邓县彩色画像砖墓》，文物出版社1985年，第26页。

［6］　吴钊：《追寻逝去的音乐踪迹——图说中国音乐史》，东方出版社1999年，第182页。

［7］　半箱式琴的琴轸较小，马王堆墓出土Q1琴轸高1.5、大端径1、小端径0.8厘米，需借助轸钥来进行定弦和调音。

［8］　丁承运：《汉代琴制革故鼎新考——出土乐俑鉴证的沧桑巨变》，《紫禁城》2013年第10期。

［9］　黎国韬：《琴棋书画杂考之一——魏晋南北朝琴艺传承考述》，《文化遗产》2015年第1期。

安阳郭家湾新村殷商墓地分区研究

华天语（吉林大学考古学院）

内容摘要：安阳郭家湾新村墓地是一处文化内涵较为丰富的殷商时期文化遗存，对于其墓地分区的研究，仅发掘报告有所涉及。本文通过将墓葬空间分布、墓向和随葬陶器组合等葬俗特征相结合的综合分析，对郭家湾殷商墓地的分区进行了更深入的研究，通过以小见大的方式将它们划分为5个墓区。

关键词：郭家湾　墓葬　分区

一　前言

安阳郭家湾新村遗址是一处面积较大、保存较完好、文化内涵较为丰富的殷商时期文化遗存[1]，它位于殷墟保护区的东部边缘，在2000年秋进行了发掘，发掘报告于2020年10月出版。在发掘过程中发现了商代中小型墓葬379座，出土了大量陶、石、骨、蚌、贝器及少量铜、玉、卜骨等随葬品。这些遗存为研究聚居于此的殷商基层民众的生产和生活方式、社会经济和意识形态及聚落形态提供了重要的资料，弥补了殷墟以往考古发掘中缺少中小贵族与平民生产、生活相关材料的缺憾[2]。

目前对于郭家湾新村墓地分区研究的资料较少，仅发掘报告对该墓地墓葬包括头向、面积、葬式、随葬品在内的诸多要素进行了整理和描述，在对随葬品和墓葬进行分期的基础上，对墓地进行了分区和分组的整理研究。发掘者根据379座墓葬的分布位置，将它们分成西、中和东三个墓区，并根据出土的有族氏铭文的铜器进行推测，认为这三个墓区分别属于三个不同的家族。同时发掘者认为，郭家湾新村墓地是殷商时期家族墓地的生动写照，这些墓葬虽然等级不高，但随葬品组合有较强的一致性，表现出很强的家族墓地的特征[3]。

本文以发掘报告和以往有关商代墓葬、商代家族墓地等方面的研究为主要资料，在发掘报告对郭家湾墓地殷商时期墓葬情况详细描述的基础上，对这379座墓葬，特别是其中明确分期的213座进行横向和纵向的梳理，试图揭示出郭家湾新村墓地在历时性变化、分区和人群构成等方面的更多信息，进而从动态的角度考察该地区殷商基层社会的变迁状况，以此来丰富对殷商文化基层平民社会的研究。

二　正文

依据墓地材料探索社会组织结构，是商周考古的重要课题[4]。自"族墓地"的概念被提出以来，学者们对于晚商的墓地，尤其是殷墟墓地的组成模式都有了或多或少的分析。有的学者倾向于殷墟各地点的墓葬是基于血缘关系形成的族墓地，有的学者以材料为依据提出了不同意见，认为殷墟的墓地，特别是中下层的平民墓地，是基于他们生前聚邑而居的情况形成的，即这些墓地是根据地缘关系形成的。后来，学者们将这两种观点结合，出现了把族墓地的范围缩小化，注重成片的墓组和更小的墓群以及在血缘基础上强调地缘的观点。

对于郭家湾新村殷商墓地的形成模式，发掘者根据分布态势将其划为三个墓区，并认为它们分属于三个家族。但仔细观察可以发现，这种划分方法过于笼统和模糊，并且西区和中区过于接近，其分割线不太清晰。因此本文希望将发掘者先前的分区结果暂时搁置一边，对明确分期的213座墓葬以时间为尺度重新进行分布和葬俗的整理，从而观察能否对这片墓葬群的分区和人员构成提出一些新的认识。

本文赞同吴桐在《血缘与地缘：殷墟西区墓地制度再研究》中提出的墓地的空间布局在判断人群及其背后的社会关系上层级的优先性，并部分借鉴了他在这篇文章中使用的分区方法。在对信息全面整理的基础上，本文将按照时间顺序以墓葬分布的疏密程度为主要依据对这些墓葬进行分组，而后将对这些墓葬群包括头向、葬具、腰坑、殉葬、随葬陶器组合在内的葬俗进行分析，观察能否总结出各自的特征和历时性变化（以头向和随葬组合为主），并在此基础上观察是否存在葬俗的共性聚集，进而去探讨郭家湾殷商时期的人群问题。

在发掘报告中，发掘者已将信息明确的213座墓葬进行了分期，其中属于殷墟文化第一期的墓葬共2座，属于殷墟文化第二期和第三期的墓葬各61座，属于殷墟文化第四期早段的墓葬共55座，属于殷墟文化第四期晚段的墓葬34座。用动态的眼光去恢复该墓地墓葬的形成过程后，可以分出33个墓葬群（相对零散的暂时不在考虑范围内），其中每个墓葬群中拥有明确信息墓葬数量大于等于3座的有26个，少于3座的有7个。本文将对明确墓葬信息较多的26个墓葬群进行逐个分析（图一）。

1号墓葬群位于郭家湾墓地西北角，明确信息的墓葬有M469、M473、M478、M475、M477、M470、M463、M454和M457，延续时间为二期到三期及四期晚段。这些墓葬以南向为主（4/9），此外还有两座墓为北向，两座为东向，一座为西向。其葬具流行不髹漆。它们不论分期都很流行腰坑（8/9），但对殉葬没有偏爱（1/8）。从随葬品组合来看，二期、三期墓葬随葬品流行陶豆，基本每座墓均有陶豆出土，到四期晚段随葬品偏爱盘。纵观整个1号墓葬群可以发现，M457在墓向和随葬品的选择上均与其他同时期墓葬有差异，结合它相对远离的位置，本文猜测它可能与本墓葬群的其他墓葬不属于一个群体。而四期晚段的两座墓从相对位置来说更接近M457，但由于这个相对而言更小的墓葬组除了这3座墓葬信息明确外无更多信息，因此虽然本文怀疑它们可能属于另一个群体，但无法进一步分组。

2号墓葬群位于1号南侧，明确信息的墓葬有M413、M405、M407和M402，延续时间为三期到四期晚段。这些墓葬南向和东向各占50%，其葬具偏爱髹红漆，4座墓葬中有3座使用了红漆。它们不太流行腰坑（1/4），但有腰坑的墓葬进行了殉葬。从随葬品组合来看无明显特征，这可能与信息明确的墓葬数量太少有关。

3号墓葬群位于1号东侧，明确信息的墓葬有M500、M502、M515、M516、M535、M499、M508、M512、M517、M501、M513、M503、M504、M509、M529、M518和M506，延续时间为二期到四期晚段。这些墓葬以北向为主（14/17），在葬具的选择上偏爱不髹漆（尤其是四期）。其比较流行腰坑（10/17），且二期均设置有腰坑，到后期占比逐渐减少。在殉葬方面的偏好与腰坑是一致的，二期流行殉葬，5座墓葬中有3座均殉狗，二期以后殉葬的习俗似乎不再流行，仅三期有一座墓葬在二层台殉葬了一条狗。3号的墓葬在二期和三期都偏爱豆，11座墓葬里有9座都随葬了豆，四期早段展现出这个群体从偏好豆到偏好盘的转变，到四期晚段这种转变彻底完成。纵观这17座墓葬的具体情况可以发现，M501不论从墓向、葬具髹漆选择，抑或是殉葬情况来看都具有特殊性，因为其邻近其他前期与同期墓葬，且随葬品的选择与它们较为一致，因此本文推测该墓葬的主人可能与这一墓葬群的其他主人没有亲缘关系，但通过另一种关系（比如婚姻）结合在一起，成为了一个群体。

4号墓葬群紧邻3号，明确信息的墓葬有M484、M485、M490、M495、M496、M507、M482、M494、M487、M493、M483、M492、M486、M481和M489，延续时间为二期到四期晚段。这些墓葬以北向为主（11/15），其余均为南向，在葬具的选择上流行不髹漆。该墓葬群在二期和四期晚段流行腰坑，二期7座墓葬有6座有腰坑，四期晚段2座墓葬均有腰坑，此外还有1座三期的墓葬有腰坑。结合墓向来看，4座南向墓从二期开始就一直没有设置腰坑的习俗。该墓葬群少有设置殉葬的墓葬，仅二期、三期和四期晚段各一。4号的墓葬在二期和三期偏爱豆，10座墓葬里有8座都随葬了豆，四期早段从偏好豆变为偏好盘，到四期晚段则又转变为偏好簋。将4座南向墓单独审视可以发现，它们虽然头向与该墓群其他墓葬不同，且自始至终没有设置腰坑的习俗，但在随葬品组合上与该墓群的北向墓是较为一致的，因此本文推测这4座南向墓的主人应该与二期到四期早段北向墓的主人关系极为密切。此外，观察四期晚段的2座墓葬可以发现，它们在腰坑和随葬品的选择倾向上与前期的北向墓产生了巨大差异，但结合它们的位置（二者距离很远，且分别与前期的墓葬靠得很近），本文认为这种差异可能还是葬俗变异的结果，而非人群改变的结果。

5号墓葬群位于4号南侧，明确信息的墓葬有M446、M447、M437、M441、M440、M444、M438、M430和M432，延续时间为一期到四期晚段。这些墓葬以北向为主（5/9），一、二期墓葬为东向，此外三期还有2座墓葬为南向，它们在葬具的选择上偏爱红漆。该墓葬群仅在三期的墓葬中见腰坑（3/9），且设置腰坑的墓葬均殉狗。5号的墓葬在二期和三期偏爱豆，四期早段开始偏爱盘。结合这些墓葬的分布情况来看，它们可能可以进一步划分为更小的墓组，但因为信息的缺失无法实现。位置接近的M440、M441和M438在葬俗上较为一致，可能具有更亲密的关系。

6号墓葬群邻近5号东南，明确信息的墓葬有M420、M422和M423，全部为四期早段墓葬。这些墓葬的墓向不一，在葬具的选择上流行红漆。3座墓葬均有腰坑，但仅M420的腰坑内殉狗。从随葬组合来看3座墓葬差异较为明显。结合它们的分布位置（各自有一个邻近的墓葬），本文猜测它们可能属于一个大群体下的三个小群体，但因为邻近墓葬信息的缺失，这个猜测无法进行验证。

7号墓葬群位于3号东侧，明确信息的墓葬有M394、M396、M550、M388、M389和M391，延续时间为二期到四期早段。这些墓葬以北向为主（5/6），仅二期的墓葬为南向，它们在葬具的选择上偏爱红漆。该墓葬群共有3个墓葬见腰坑，其中三期1座，四期早段2座，且均为第三等级墓葬[6]，可见对于这个墓葬群的主人来说，腰坑具有较强的等级含义。

3座墓葬均有殉狗，但M389的殉狗不在腰坑里，而在二层台上。7号的随葬组合特征不明显，有以豆为主的，也有以簋和以罐为主的。其中位置接近的M389和M391的葬俗较为一致，它们主人的关系可能更为亲近。

8号墓葬群位于4号东南侧，明确信息的墓葬有M373、M374和M375，延续时间为二期和四期早段。这些墓葬全部为北向，它们在葬具的选择上看不出倾向。该墓葬群仅M375设置了腰坑，因其为第三等级墓葬，因此对于这个墓葬群的主人来说，腰坑可能具有一定的等级含义。3座墓葬均无殉狗。8号的随葬组合从历时性角度来看改变明显，二期以陶豆为主，到了四期早段偏爱簋、鬲和罐。虽然3座墓葬在葬具选择上没有一致性，且从二期到四期早段，随葬组合变化剧烈，但因为三者位置极为接近且距离其他墓葬较远，可暂时将它们的主人看作同一人群，其随葬组合的改变可能更多的是同一族群内葬俗随时间产生的变化。

9号墓葬群位于8号南侧，明确信息的墓葬有M356、M357、M358、M366、M368、M369、M370、M372、M361、M362、M364、M359、M360、M365和M363，延续时间为二期到四期晚段。这些墓葬绝大部分为北向（13/15），它们在葬具的选择上流行红黑漆。该墓葬群至少9座墓设置了腰坑，但均无殉狗。具体观察这15座墓葬的分布，似乎可以进行进一步分组：一组是M366和M368—M370，另一组是M356—M363。第一组包括头向、随葬组合在内的葬俗较为一致，而第二组的随葬组合特征则较为分散，二期的3座墓葬随葬差异较大，三期的墓葬则似乎是延续了M357对豆的重视，到了四期受时代影响较大，出现了巨大的变化。此外M372、M364和M365距离这两个墓葬组相对较远，且在葬俗上与同时期墓葬群内较为聚集的墓葬也有一定的差异，因此本文推测它们的主人在这个群体内可能处于较为边缘的位置。

10号墓葬群位于7号东南侧，明确信息的墓葬有M542、M544、M546、M547、M548和M543，延续时间为三期和四期晚段。这些墓葬均为北向，它们在葬具的选择上偏爱红漆。该墓葬群仅3座墓葬有腰坑，而有殉狗的仅四期晚段1座。其随葬组合以豆为主，到第四期晚段还出现了簋。

11号墓葬群位于10号东侧，明确信息的墓葬有M538、M539、M540和M536，延续时间为二期到四期早段。这些墓葬均为北向，它们在葬具的选择上偏爱红漆。该墓葬群第三等级的墓葬均有腰坑，且其中均有殉狗，这似乎说明这一墓葬群的主人从二期开始就偏好用腰坑和殉葬来展示身份地位。二期和三期其随葬组合以豆为主，到第四期早段变成了以簋为核心。考虑到M536的位置，本文倾向于四期早段葬俗的改变是由于时间的关系。

12号墓葬群位于11号东南侧，明确信息的墓葬有M332、M334、M339、M336、M337、M338、M340和M333，延续时间为二期到四期晚段。这些墓葬绝大部分为北向，仅M339为南向，在葬具上对红漆和红黑漆都有选择。该墓葬群共有4座墓葬设有腰坑，每期1座，无法看出历时性偏好，但腰坑似乎具有一定的等级意义。无殉葬。12号墓葬群的随葬组合统一性较差，分为以簋为主、以豆为主和以壶为主等，同时期的随葬组合基本没有共同点，仅能看出二期的墓葬均对豆较为重视，而随葬组合较为相似的墓葬的分布位置较为分散。

13号墓葬群位于12号南侧，明确信息的墓葬有M553、M328、M330、M331、M552、M555、M314、M554和M556，延续时间为二期到四期早段。这些墓葬绝大部分为北向，仅M328为南向，在葬具上对红漆和红黑漆都有选择。该墓葬群至少有6座墓葬设有腰坑，且基本均为第三等级墓葬，可见腰坑具有一定的等级意义。13号墓葬群从三期开始逐渐流行殉葬，虽然仅3座墓葬有殉葬，但3座墓葬的殉葬品种类相比于郭家湾其他的墓葬均较为丰富，M552甚至有殉人。13号墓葬群的随葬组合以豆为主（6/9），到四期早段开始偏爱簋。M330的随葬组合较为特殊，可能是这一群体的外来人员。

14号墓葬群位于12号和13号东侧，明确信息的墓葬有M323、M324、M326、M321和M325，延续时期为二期到四期早段。这些墓葬均为北向，在葬具髹漆选择上相对而言更偏爱红黑漆。该墓葬群流行设置腰坑，且基本均为第三等级墓葬，到四期早段出现第四等级墓葬设置有腰坑的现象，但因为第四等级墓葬较少，无法确定这一规律在这一墓葬群中是否具有普适意义。14号墓葬群从三期开始流行殉葬，且M321殉葬有3条狗，数量超过了绝大多数郭家湾殷商时期的墓葬。14号墓葬群的随葬组合二期和三期以豆为主，到四期早段开始偏爱鬲和簋。

15号墓葬群位于14号南侧，明确信息的墓葬有M312、M304、M306、M313、M307、M309、M557和M569，延续时间为一期到四期晚段。这些墓葬均为北向，在葬具上对红漆和红黑漆都有选择。该墓葬群一期和二期流行设置腰坑，到三期这一习俗突然消失。无殉葬。随葬组合在四期以前以豆为主，四期流行簋、鬲和罍。15号墓葬群的墓葬从三期开始突然不流行腰坑，而结合该墓葬群一期和二期的墓葬流行腰坑以及该时期第三等级墓葬普遍有腰坑[7]的情况来看，本文认为该墓葬群一期二期的墓主人与后期墓葬的主人可能不属于一群人。同时结合这些墓葬的分布位置可以看到，M306邻近后期墓葬（且不确定是否有腰坑），本文猜测其和邻近的M307、M309可能在这个组群里关系更为亲近。

16号墓葬群位于15号东北方向，明确信息的墓葬有M279、M280、M282、M250、M281和M278，延续时间为二期到四期早段。这些墓葬均为北向，在葬具髹漆选择上流行红漆。该墓葬群三期开始流行腰坑（但因为二期全部为第四等级墓葬，三、四期全部为第三等级墓葬，因此无法判断这个现象是等级差异还是葬俗变化带来的结果），无殉葬。16号墓葬群的随葬组合二期流行以豆为主，三期流行豆、簋、罍，四期早段唯一的墓葬以簋为中心，似乎展现了该墓葬群从偏好豆到偏好簋的转变过程，并且对簋的偏爱从二期（M282）就始见端倪。

17号墓葬群位于16号西南侧，紧邻15号。明确信息的墓葬有M293、M299、M296、M292、M295、

M243、M246、M294和M298，延续时间为二期到四期晚段。这些墓葬绝大多数为北向，此外有M296为东向、M246为南向。在葬具髹漆选择上流行红漆。该墓葬群的墓葬均有腰坑（但因为第四等级墓葬仅2座，对等级意义的判断的帮助不大），其中4座殉葬，且较流行在二层台上放置殉葬品（3）。17号墓葬群的随葬组合在二期和三期以豆为主，四期早段和四期晚段分别以鬲为中心和以簋为中心，而鬲和簋不是一种功用的陶器，可见两段的随葬组合统一性较差。同时观察M243可以发现，M243没有随葬豆，且作为第三等级墓葬不喜欢殉狗，棺的颜色也过于特别，本文猜测其主人可能不属于这个人群。而比其位置更偏远的M246，虽然葬俗不突兀，但墓向与17号墓葬群的绝大部分墓葬相反，本文推测其可能与17号北部的墓葬主人的关系亦较为疏远。

18号墓葬群位于17号东侧。明确信息的墓葬有M234、M235、M233和M239，延续时间为四期早段到四期晚段。这些墓葬均为北向，在葬具髹漆选择上流行红漆。该墓葬群的第三等级墓葬均有腰坑（2），可见腰坑具有一定的等级意义，无殉葬。18号墓葬群的随葬组合基本都以簋为核心，仅M235没有随葬陶簋。此外还偏爱鬲和罐。

19号墓葬群位于18号东北侧，紧邻16号、17号。明确信息的墓葬有M249、M253、M248和M265，延续时间为三期到四期早段。这些墓葬均为北向，在葬具髹漆选择上流行红漆。该墓葬群四期早段的墓葬均有腰坑，但因为四期早段的墓葬均为第三等级，而三期的墓葬均为第四等级，因此无法进一步判断是什么因素对这一葬俗起到了更大的影响。有腰坑的墓葬均有殉葬。19号墓葬群的随葬组合三期流行豆，四期早段偏爱鬲和罍。

20号墓葬群位于19号南侧，紧邻18号。明确信息的墓葬有M153、M229、M236、M225、M227、M230、M242、M244、M222、M231、M232和M257，延续时间为二期到四期晚段。这些墓葬均为北向，在葬具髹漆选择上偏爱红漆和红黑漆，且相对而言更偏爱红漆。该墓葬群有腰坑的墓葬较少（4/12），

二期2座，三期1座，四期晚段1座，二期和三期的第三等级墓葬均有腰坑，可见在这两个阶段腰坑具有较强的等级意义。无殉葬。20号墓葬群的墓葬在二期和三期偏爱陶豆，四期晚段则流行簋和罐。结合分布图可以发现，20号墓葬群的墓葬虽然聚集，但内部相对分散，由于信息的缺失无法进一步分析。而M244相对而言距离20号其他墓葬较远，且葬俗具有一定的特异性，可能与该墓葬群的其他墓主人关系较为疏远。

21号墓葬群位于16号、19号、20号东北方向，距离先前的墓葬群均较远。明确信息的墓葬有M289、M287、M290、M288、M291和M207，延续时间为二期到四期晚段。墓葬大多为北向（4/6），此外M289和M207为南向。在葬具髹漆选择上流行红漆。该墓葬群有腰坑的墓葬多（5/6），但无殉葬。21号墓葬群的墓葬虽然分布聚集，且距离其他墓葬较远，但随葬品的统一性差，M289和M207以鬲为中心，其余墓葬更偏爱簋。结合它们的墓向综合分析来看，M289和M207相对其他墓葬可能具有更深的关系。

22号墓葬群位于21号东侧，紧邻21号。明确信息的墓葬有M165、M166和M163，延续时间为三期到四期早段。墓葬全部为北向，在葬具髹漆选择上偏爱红漆。该墓葬群三期的墓葬均有腰坑（2），但无殉葬。由于22号墓葬群明确信息的墓葬数量较少，因此信息不明晰，但能看出三期墓葬流行随葬陶豆。

23号墓葬群位于22号东南方向，远离前文所述的所有墓葬群。明确信息的墓葬有M127、M128和M126，延续时间为四期早段到四期晚段。墓葬全部为南向，不太流行在葬具上髹漆。该墓葬群无腰坑，无殉葬。其随葬组合始终以陶鬲为核心。M127和M126从分布来说更为接近，葬俗也更为相似，本文推测它们主人的关系相对于M128来说可能更为亲近。

24号墓葬群位于23号东北方向。明确信息的墓葬有M77、M63、M78、M68、M65和M69，延续时

间为二期、四期早段到四期晚段。墓葬大多为南向（3/6），此外有M63为北向，M68和M69为东向，在葬具髹漆选择上流行红漆。该墓葬群流行腰坑与殉葬，并且在某种程度上对殉葬的重视大于对随葬的重视（如M63，无盗扰）。其随葬品自始至终都偏爱陶鬲。邻近的M67既没有腰坑，也没有随葬陶鬲，应该与24号的墓主人不是一个群体。

25号墓葬群位于24号东南方向。明确信息的墓葬有M71、M72、M70和M74，延续时间为二期到四期早段。墓葬头向为南向和东向各占50%，在葬具髹漆选择上偏爱红漆。该墓葬群第三等级墓葬流行腰坑与殉葬，可见它们对于25号墓葬群的墓主人来说具有一定的等级意义。其随葬品组合自始至终都流行陶鬲。M70的葬具颜色具有特异性，殉葬品的种类也更为丰富，但因为其头向和随葬组合与该墓群其他墓葬趋于一致，位置也十分接近，本文倾向于这种特异性可能是该人群表达身份地位的一种方式。

26号墓葬群位于24号西侧。明确信息的墓葬有M58、M119、M59、M75、M80、M113、M115、M125和M57，延续时间为二期、四期早段到四期晚段。墓葬头向大多为南向（5/9），此外有M58、M119和M57为北向，M125为东向，在葬具选择上相对而言偏爱不髹漆。该墓葬群共5座墓葬有腰坑，且大多为第三等级墓葬，但有殉葬的墓葬很少，仅1座。其随葬品组合整体来看偏爱鬲，但从微观来看随葬品的种类相对于郭家湾其他墓葬更为丰富，且统一性不分明。由于它们的分布位置相对分散，且明确信息较少，因此无法进行进一步的分组。

通过对郭家湾新村殷商墓地26个较大墓葬群的分布和葬俗的梳理可以发现，它们若以分布、墓向和随葬组合为主要判别条件，可以进行如下分类：第一个类别墓向大多为南向，随葬组合四期以前以豆为核心，四期以后多以盘为核心。符合这一特征的墓葬群为1号和2号墓葬群。第二个类别为墓向大多为北向，随葬组合四期以前以豆为核心，四期以后多以盘为核心。符合这一特征

的墓葬群为3号、4号和5号墓葬群。第三个类别墓向大多为北向，随葬组合四期以前以豆为核心，四期以后多以簋为核心。符合这一特征的墓葬群为10号、11号和13号墓葬群。第四个类别墓向大多为北向，随葬组合前期（特别是三期以前）以豆为核心，后期多以簋为核心，同时多有鬲。符合这一特征的墓葬群为8号、9号、12号、14号、15号、16号、17号、18号、19号、20号和21号墓葬群。第五个类别墓向大多为南向，随葬组合自始至终都以鬲为主。符合这一特征的墓葬群为23号、24号、25号和26号墓葬群。

同时将剩余的7个明确信息墓葬数量较少的墓葬群纳入视野，具体观察它们的分布和葬俗可以发现，31号和32号墓葬群可以归入第二个类别，33号墓葬群可以归入第四个类别。其余墓葬群的特征与邻近大群的总体特征不相一致，暂时不对它们进行分类。

综上所述，本文以该墓地相对聚集的可以分期的墓葬为研究对象，对该墓地进行了分区的再研究。本文认为相对聚集的小墓葬群根据其共性可以划分为5个大墓葬群，即5个区，其中第一区为1号和2号墓葬群，第二区为3号、4号、5号、31号和32号墓葬群，第三区为10号、11号和13号墓葬群，第四区为8号、9号、12号、14号、15号、16号、17号、18号、19号、20号、21号和33号墓葬群，第五区为23号、24号、25号和26号墓葬群。具体观察这五个区前文所述的特征可以发现，第一区和第二区除了墓向区别较大以外，分布接近，随葬品组合特征类似，因此这两个人群可能一直存在着交流。而第二区、第三区和第四区的早期墓葬的特征十分相似，到三、四期，特别是第四期的时候在随葬组合上出现差别，第二区的墓葬流行盘，第三区的墓葬流行簋，第四区的墓葬流行簋、鬲，因此可以推想，这三个区的人群可能在早期属于一个人群，随着时间的推移逐渐分化，在葬俗剧烈变化的三、四期，出现了三种不同的倾向。而第四区由于接近第五区，本文推测可能它们的主人对鬲的偏爱是与第五区人

群交流的结果。

三 结语

通过将墓葬空间分布、墓向和随葬陶器组合等葬俗特征相结合的综合分析，本文对郭家湾殷商墓葬的分区进行了研究。本文以历时性的空间分布为主要依据，先将郭家湾殷商墓地中信息明确的存在聚集现象的墓葬进行了分组，通过对这些小组特征和共性的研究，将它们归纳为5个墓区，进而通过对这5个区随葬品组合随时间的变化的观察，本文认为它们之间存在交流、分化等关系。

附表

墓葬群编号	分期	墓号	等级	墓向	葬具	腰坑	殉葬	随葬组合
1	二期	M469	4	北	红漆	√		陶觚、爵、豆
		M473	4	北	板灰	√		陶豆，玉璧
		M478	4	南	?	√		陶豆，贝
		M475	4	东	红漆黑板灰	√		陶豆、簋
		M477	3	东	板灰			陶觚、爵、豆
		M457	3	西	板灰	√		陶觚、爵，贝
	三期	M470	3	南	板灰	√	腰坑殉一狗	陶豆
	四晚	M463	3	南	红漆	√		陶盘
		M454	4	南	?	√		陶觚、盘，贝
2	三期	M413	3	南	板灰	√	腰坑殉一狗	陶豆，骨笄，贝
	四早	M405	4	东	红漆			陶鬲
	四晚	M407	4	东	红漆			陶觚、爵、盘
		M402	3	南	红漆黑板灰			陶觚、爵，贝
3	二期	M500	4	北	板灰	√	腰坑殉一狗	陶觚、爵、豆、铜戈
		M502	3	北	板灰	√	腰坑殉一狗	陶觚、爵、豆
		M515	4	北	红黑漆	√		陶觚、豆，铜戈
		M516	3	北	黑漆椁 红漆棺	√	腰坑殉一狗	陶觚、爵、豆，石铲、骨管
		M535	4	北	红黑漆	√		陶豆
	三期	M499	4	北	板灰			陶觚、爵、豆，铜戈，贝
		M508	4	北	红漆黑板灰			陶觚、爵、豆
		M512	3	北	红漆黑板灰	√		陶簋、盘，铜戈
		M517	3	北	板灰	√		陶豆
		M501	3	南	红白漆黑板灰	√	南二层台殉一狗	陶觚、爵、豆，铜觚、爵、鼎、簋、铃
		M513	4	南	红黑漆			陶觚、爵
	四早	M503	3	北	板灰			陶觚、爵、盘
		M504	4	北	板灰			陶觚、爵、豆
		M509	3	北	板灰			陶觚、爵、豆、盘
		M529	3	北	板灰	√		陶觚、爵
	四晚	M518	4	北	板灰	√		陶觚、爵、盘、簋、罐

续表

墓葬群编号	分期	墓号	等级	墓向	葬具	腰坑	殉葬	随葬组合
3	四晚	M506	4	东	?			陶觚、爵、盘
4	二期	M484	4	北	红漆黑板灰	√		陶豆
		M485	4	北	板灰	√		铜戈，玉柄形饰
		M490	3	北	板灰	√		陶觚、爵、豆，铜戈
		M495	3	北	红漆黑板灰	√	腰坑殉一狗	陶觚，铜铃
		M496	4	北	板灰	√		陶豆，贝
		M507	3	北	红漆	√		陶觚、爵、罍、豆，铜觚、爵、鼎、戈、矛、铃、镞、磨石，贝
		M482	4	南	板灰			陶豆
	三期	M494	3	北	板灰	√		陶觚、爵、豆
		M487	3	南	红漆黑板灰			陶觚、爵、豆、罐
		M493	4	南	板灰		南二层台殉一狗	陶觚、爵、豆，贝
	四早	M483	4	北	红漆			陶觚、爵
		M492	3	北	板灰			陶觚、爵、盘，贝
		M486	3	南	板灰			陶觚、爵、盘
	四晚	M481	4	北	红漆黑板灰	√		陶簋、罐
		M489	3	北	板灰	√	腰坑殉一狗	陶觚、爵、簋、盘、小罐、小罍，铜镞，石璋
5	一期	M446	4	东	红漆黑板灰			陶鬲，贝
	二期	M447	4	东	板灰			陶豆
	三期	M437	3	北	板灰	√	腰坑殉一狗	陶觚、爵、豆
		M441	3	北	黑板灰			陶觚、爵、豆
		M440	3	南	红漆	√	腰坑殉一狗	陶觚、爵、豆、盘，玉饰
		M444	4	南	红漆黑板灰	√	腰坑殉一狗	陶觚、爵、豆
	四早	M438	4	北	红漆黑板灰			陶觚、爵、盘
	四晚	M430	3	北	板灰			陶觚、爵、盘、罐，石璋，贝
		M432	3	北	红漆黑板灰			陶盘
6	四早	M420	3	北	红漆	√	腰坑殉一狗	陶觚、爵、簋、罍
		M422	4	南	板灰	√		陶觚、爵、盘
		M423	3	东	红漆	√		陶觚、爵、簋、小簋、鬲、罐、觯，贝
7	二期	M394	4	南	红漆黑板灰			陶簋
	三期	M396	4	北	红漆黑板灰			陶豆
		M550	3	北	板灰	√	腰坑殉一狗	陶觚、爵、罐，铜铃，石斧、璋，蜗牛壳，蛤
	四早	M388	3	北	红漆黑板灰	√	腰坑殉一狗	陶觚、爵、簋、小壶，贝

墓葬群编号	分期	墓号	等级	墓向	葬具	腰坑	殉葬	随葬组合
7	四早	M389	3	北	红漆	√	西二层台殉一狗	陶觚、爵、罐、小壶，铜鼎、簋、觚、爵、戈、矛
		M391	4	北	黑板灰			陶觚、爵、罐，贝
8	二期	M373	4	北	黑板灰			陶豆
	四早	M374	3	北	红漆			陶爵、簋、鬲、罍、小罐，贝
		M375	3	北	红黑漆	√		陶簋、鬲、罐、小罐、小壶
9	二期	M356	3	北	红黑漆	√		铜戈
		M357	4	北	红黑漆	√		陶豆，贝
		M358	3	南	红黑漆	√		陶觚、爵
		M366	4	北	红黑漆			陶觚、爵、豆
		M368	4	北	红黑漆	√		陶觚、爵、豆
		M369	4	北	板灰	?		陶豆，贝
		M370	4	北	黑板灰	?		陶豆
		M372	3	北	红漆	√		陶觚、爵、簋、罍，磨石、石铲
	三期	M361	3	北	红黑漆	√		陶觚、爵、豆，贝
		M362	4	北	红黑漆			陶觚、爵、豆，贝
		M364	4	北	黑板灰			陶豆
	四早	M359	4	北	红黑漆			陶觚、爵、簋、小壶
		M360	3	北	红黑漆	√		陶觚、爵、簋、罐、小罐、罍
		M365	4	南	红白黑漆	√		陶豆，贝
	四晚	M363	4	北	红黑漆	√		陶爵、豆、鬲、簋、罍、罐、小罐、小罍、觚，贝
10	三期	M542	4	北	红漆			陶豆，贝
		M544	4	北	?			陶豆
		M546	3	北	红漆			陶豆
		M547	4	北	红漆	√		陶豆，贝
		M548	4	北		√		陶豆
	四晚	M543	3	北	红漆	√	腰坑殉一狗	陶觚、爵、簋、豆，铜铃
11	二期	M538	3	北	红漆	√	腰坑殉一狗	陶觚、爵、豆，铜戈，贝、蛤
	三期	M539	3	北	板灰	√	腰坑殉一狗	陶觚、爵、豆，贝
		M540	4	北	红漆			陶觚、爵、豆
	四早	M536	3	北	板灰	√	腰坑殉一狗	陶觚、爵、簋、小壶，铜铃
12	二期	M332	3	北	板灰	√		陶觚、豆、簋，铜觚、镞、泡，玉管、鱼形刻刀，贝、螺壳片饰、桿螺
		M334	4	北	黑板灰			陶豆
		M339	4	南	红漆			陶豆，贝

续表

墓葬群编号	分期	墓号	等级	墓向	葬具	腰坑	殉葬	随葬组合
12	三期	M336	4	北	板灰	√		陶簋、鬲、罍、小壶
		M337	3	北	板灰			陶觚、爵、贝
	四早	M338	3	北	红黑漆	√		陶觚、爵、簋、鬲、罐、小壶
		M340	3	北	红漆			陶觚、爵、小壶，玉戈
	四晚	M333	3	北	红黑漆	√		陶觚、爵、簋
13	二期	M553	3	北	红漆	√		陶觚、爵、豆
		M328	4	南	板灰			陶豆，牛，骨镞
	三期	M330	3	北	红黑漆	√		陶鬲、罍，铜铃
		M331	4	北	红黑漆	√		陶觚、爵、豆，铜戣
		M552	3	北	红漆	√	墓室东南角椁盖上殉一人，椁盖上东北角殉牛羊腿，腰坑殉一狗	陶觚、爵、豆、盘
		M555	3	北	板灰			陶豆
	四早	M314	3	北	红黑漆	？	西二层台殉狗，东二层台有兽骨	陶觚、爵、豆，铜铃
		M554	3	北		√		陶簋、弹丸，铜铃、镞，骨锥、蚌泡
		M556	3	北	红漆	√	北二层台殉一牛腿，腿下殉一狗头	陶觚、爵、簋、小壶，蚌泡、蚌牌
14	二期	M323	3	北	板灰	√		陶觚、爵、豆，铜戈，贝，兽骨
	三期	M324	4	北	红黑漆			陶豆，铜饰件
		M326	3	北	板灰	√	东二层台南部殉一狗	陶觚、爵、豆、小罐、小壶，铜铃，贝
	四早	M321	3	北	红黑漆	√	腰坑、棺盖、东二层台各殉一狗	陶觚、爵、簋、鬲、罍、小罍，贝
		M325	4	北	红漆	√	腰坑殉一狗	陶鬲，小铜钺，玉龟、戈，绿松石牌，贝
15	一期	M312	3	北	黑漆	√		陶豆
	二期	M304	4	北	板灰	√		陶豆
		M306	3	北	红漆	？		陶豆、小罐、器盖，贝
		M313	3	北	红黑漆	√		陶豆，铜戈
	三期	M307	3	北	红漆			陶豆，贝、蛤
	四早	M309	3	北	红黑漆			陶簋、鬲
	四晚	M557	4	北	红漆			陶觚、爵、簋、鬲、罐、小罐、罍，贝
		M569	4	北	红黑漆			陶簋、小罍，贝
16	二期	M279	4	北	红漆			陶觚、爵、豆
		M280	4	北	红漆			陶豆
		M282	4	北	红漆			陶簋

续表

墓葬群编号	分期	墓号	等级	墓向	葬具	腰坑	殉葬	随葬组合
16	三期	M250	3	北	红漆	√		陶觚、爵、豆、簋、鬲、罐、罍
		M281	3	北	红黑漆	√		陶觚、爵、豆、簋、罍，铜鼎、觚、爵、戈、矛、铃，铅戈
	四早	M278	3	北	红漆	√		陶爵、簋，铜块，贝
17	二期	M293	3	北	红漆	√	腰坑殉一狗，二层台殉牛腿一条	陶觚、爵、豆，铜锛、铃，兽骨
		M299	3	北	板灰	√		陶豆，贝
		M296	4	东	红漆	√	东二层台殉一狗	陶觚、爵、豆
	三期	M292	3	北	板灰	√	腰坑殉一狗	陶觚、爵、豆，铜戈，贝
		M295	4	北	板灰	√		陶豆
		M243	3	北	红黄白黑漆	√		陶觚、爵、簋，铜戈、铃
		M246	3	南	红漆	√		陶觚、爵、豆
	四早	M294	3	北	红漆	√	南二层台及腰坑各殉一狗	陶觚、爵、鬲
	四晚	M298	3	北	红漆	√		陶觚、爵、簋、尊、罐，铜铃，贝
18	四早	M234	3	北	红漆	√		陶觚、爵、鬲、簋、罐、小罐，铜铃、戈
		M235	4	北	红漆			陶觚、爵、盘
	四晚	M233	4	北	红漆			陶簋
		M239	3	北	红漆	√		陶簋、豆、鬲、罐、小罐、小壶
19	三期	M249	4	北	板灰			陶豆，贝
		M253	4	北	红漆			陶豆，贝
	四早	M248	3	北	红漆	√	腰坑殉一狗	陶觚、爵、鬲、簋、罍，贝
		M265	3	北	红漆	√	腰坑殉一狗	陶爵、鬲、小罐、小罍，铜矛、戈、铃，玉兽头饰，贝
20	二期	M153	4	北	红黑漆			陶豆，贝
		M229	3	北	红漆	√		陶觚、爵、豆
		M236	3	北	红漆	√		陶爵、豆，铜铃、戈
	三期	M225	3	北	红黑漆	√		陶觚、爵、豆、簋、小罍、器盖，铜鼎、簋、觚、爵、戈、矛，贝
		M227	4	北	红漆			陶觚、爵、豆
		M230	4	北	红漆			陶豆，贝
		M242	4	北	板灰			陶豆，贝
	四早	M244	4	北	黑漆			陶罍
	四晚	M222	4	北	红漆			陶觚、爵、簋、罐，贝
		M231	4	北	红黑漆	√		陶鬲、簋、罐、罍，贝
		M232	4	北	黑板灰			陶簋

续表

墓葬群编号	分期	墓号	等级	墓向	葬具	腰坑	殉葬	随葬组合
20	四晚	M257	4	北	黑板灰			陶觚、爵、盘、簋、罐，贝
21	二期	M289	3	南	红漆	√		陶鬲、罐，铜爵
	三期	M287	4	北	红漆	√		陶觚、爵、簋、鬲、罐，铜刀
		M290	4	北	红漆	√		陶豆，贝
	四早	M288	4	北	红漆			陶觚、爵、豆、簋，贝
		M291	3	北	红漆	√		陶觚、爵、盘、簋、鬲、罍，铜戈、玉戈，贝
	四晚	M207	4	南	红漆	√		陶鬲
22	三期	M165	4	北	红漆	√		陶豆
		M166	3	北	红漆	√		陶觚、爵、豆
	四早	M163	4	北	红漆			陶觚、爵
23	四早	M127	4	南	黑板灰			陶鬲
		M128	3	南	红漆黑板灰			陶鬲
	四晚	M126	4	南	黑板灰			陶觚、爵、鬲
24	二期	M77	4	南	红漆	√	腰坑殉一狗	陶鬲
	四早	M63	3	北	红漆	√	腰坑殉一狗，北二层台殉一人，东二层台有牛腿骨	陶鬲
		M78	4	南	板灰			陶觚、盘、鬲
		M68	3	东	板灰	√	腰坑殉一狗	陶爵、鬲，铜戈、镞、蛤
	四晚	M65	3	南	红漆	√	腰坑殉一狗	陶鬲，贝
		M69	4	东	红漆	√	腰坑殉一狗	陶鬲，贝
25	二期	M71	4	南				陶鬲
	三期	M72	3	南	红漆	√	腰坑殉一狗	陶鬲，铜觚、爵
	四早	M70	3	东	红白黄黑漆	√	腰坑殉一鸡，填土内殉一狗一鸡	陶鬲，铜铃，铅戈
		M74	4	东	红漆		西二层台上有羊腿骨	陶鬲
26	二期	M58	3	北	板灰	√		铜戈、凿、锛，玉环
		M119	3	北	红黑漆			陶簋、鬲
		M59	4	南	红漆			陶觚、爵、豆、鬲，贝
		M75	3	南	红漆	√	腰坑殉一狗	陶觚、爵、豆、簋、鬲、罍，玉柄形饰、兽头饰，贝
		M80	4	南		√		陶鬲
		M113	3	南	红黑漆	√		陶觚、爵、豆、鬲、罐、尊，石镰，贝
		M115	4	南	板灰			陶鬲，贝

续表

墓葬群编号	分期	墓号	等级	墓向	葬具	腰坑	殉葬	随葬组合
26	四早	M125	4	东	黑板灰			陶爵、鬲
	四晚	M57	3	北	板灰	√		陶觚、爵
27	二期	M519	4	北	红漆	√		陶簋、小罐
28	四早	M442	4	北	？			陶鬲
	四晚	M480	4	西	板灰	√		陶觚、爵，盘，贝
29	四晚	M448	4	南	红漆			陶罐，贝、蛤
30	四早	M451	4	南	板灰	√		陶觚、爵，贝
31	二期	M383	4	北	板灰			陶豆
	三期	M382	3	南	红漆黑板灰	√		陶觚、爵、豆
32	四晚	M380	3	北	红漆黑板灰			陶觚、豆，铜戈
		M381	4	北	黑板灰			陶觚、盘
33	二期	M317	4	北	红黑漆			陶觚、爵、豆，铜戈
	四早	M319	4	北	板灰	√		陶簋、鬲、罐、小罐、罍

注释：

［1］ 中国社会科学院考古研究所、安阳市文物考古研究所：《安阳郭家湾新村》，科学出版社2020年，内容简介。

［2］ 中国社会科学院考古研究所、安阳市文物考古研究所：《安阳郭家湾新村》，科学出版社2020年，内容简介。

［3］ 中国社会科学院考古研究所、安阳市文物考古研究所：《安阳郭家湾新村》，科学出版社2020年，第228页。

［4］ 王建峰、井中伟：《殷墟孝民屯"族墓地"分区研究》，《中国国家博物馆馆刊》2020年第1期。

［5］ 采自《安阳郭家湾村》考古报告图一五三，略有改动：1③为第一期第三等级墓葬，1④为第一期第四等级墓葬；2③为第二期第三等级墓葬，2④为第二期第四等级墓葬；3③为第三期第三等级墓葬，3④为第三期第四等级墓葬，41③为第四期早段第三等级墓葬，41④为第四期早段第四等级墓葬；42③为第四期晚段第三等级墓葬，42④为第四期晚段第四等级墓葬。细线条为33个小墓葬群，粗线条为5个墓葬区，从左到右依次为第一区到第五区。

［6］ 根据部向平在《商系墓葬研究》中所述，他综合殷墟各个遗址的资料，以墓葬面积为主，结合随葬品和殉祭遗存，将殷墟的商代墓葬划分为四个等级。其中第一等级的墓葬面积为200—400平方米，其墓主身份推测为商王；第二等级的墓葬面积为8—150平方米（包括8平方米），其墓主身份推测为高级贵族；第三等级的墓葬面积为2.5—8平方米（包括2.5平方米），其墓主身份推测为中小贵族；第四等级的墓葬面积在2.5平方米以下，其墓主身份推测是平民。本文涉及相关墓葬等级表述均以此为依据。

［7］ 华天语：《安阳郭家湾新村殷商墓地研究》，《苏州文博论丛》2022年（总第13辑），文物出版社2023年。

钱镛《苏州文物调查保护日记（1954—1955年）》选编

朱恪勤（苏州博物馆）

李　军（苏州博物馆）

内容摘要：钱镛（1914—2015年），字燨和。江苏江阴（今属无锡）人。1932年入上海光华大学附中商科。1935年赴日本留学，入东京日本大学。1949年家居，研习中国传统绘画。1951年入国画讲习班学习，1952年入苏州市文物管理委员会工作。1954年，苏州市文物管理委员会更名为苏州市文物保管委员会。钱镛先生后又转入苏州博物馆工作，直至退休。他的一生与苏州文博事业息息相关。钱镛先生去世后，其哲嗣将其工作日记、书画研究笔记等捐赠于苏州博物馆。兹将相关内容加以摘选并陆续发表，以期为苏州博物馆馆史研究工作提供帮助。

关键词：钱镛　苏州博物馆　馆史　虎丘塔

钱镛先生长期任职于苏州文管会、苏州博物馆，是资深的书画鉴定专家。夫人徐玥为吴湖帆外甥和女弟子。夫妇二人均工书画，富于收藏。自20世纪50年代初，钱镛先生定居苏州，主要从事苏州地区文物的征集、保护、保管工作，负责过双塔、虎丘塔等古建筑维修保护，参与过虎丘塔文物的抢救整理，"文革"抄家物资的清点整理等等。他传奇的一生与苏州文博事业息息相关。吴湖帆捐赠七十二状元扇由其经手，顾公硕捐赠唐寅龙头诗轴，与他捐赠的沈周、文徵明、祝枝山三轴配为一堂，向国庆十周年献礼。

2015年，钱镛先生去世后，其哲嗣将其工作日记、书画研究笔记、各类书籍、部分绘画作品以及其他各种资料捐赠于苏州博物馆，为研究苏州博物馆乃至苏州文化事业发展历程以及当时社会生活状况提供了宝贵材料。目前所保存的钱镛日记共计6册，依次为：第一册，1954年部分，1955年1月2日至1957年2月28日；第二册，1957年3月1日至1959年2月28日；第三册，1959年3月1日至1960年11月30日；第四册，1960年12月1日至1963年12月31日；第五册，1964年1月1日至1966年12月7日，1967、1978、1979、1980、1982、1983各年片段；第六册，1984年6月9日至1988年10月19日，1992年9—10月。其中，1954—1966年间日记保存完整，记录苏州文管会、苏州博物馆情况甚为详细，对于研究这一时期苏州地区文物调查、保护工作以及苏州博物馆的建馆历史具有重要参考价值。兹将相关内容摘选并陆续发表，相信对于研究苏州博物馆的历史不无裨益。

1954年

1951—1954年文物征集到8562件

6月21日

开元寺——报恩寺，有周天球书石碑一块。

吴赤乌中，大帝乳母燕国夫人陈氏舍宅所建，本名通玄。唐明皇以纪年更天下，寺额群择一大寺当之，始名开元，大顺二年毁于火。后唐同光三年钱镠（庄宗923—926）移建城西，同治十二年重修。

6月22日

干将坊、锦帆路口二石牌坊是1606年明万历十月（三十四年所建），东面学道牌坊在1952年因上层损坏、有碍交通安全已由建设局拆去，"学道"二字石牌一块今在干将中心学前面，上刻年份即"万历岁次丙午十月"等字样。西面爱人一坊完整无缺，为顾到交通安全计，需修理。此坊在建后已修理过，因石色有新旧之分，修年不知。

7月3日

与省文管会倪振逵往南外调查孙坚墓。

土墩北面有石碑2块：

1. 刻有"破虏将军孙坚、吴夫人、子讨逆将军策……1921年4月，杨世伟立"。

2. 破虏十四世孙、唐开元十四年唐公德琳……1922年吴中保墓会吴荫培立。

另有一碑反卧，不知字样。现土墩上彭正友（住永安里1号）种植山芋、黄豆等物。

7月17日

上午，与林伯希同往财政局仓库接收文物，有陶、铜、瓷、书画等，内中以铜器四件，为瓿、觯、洗、凿四件最佳，瓿一件为三代器，生坑皮绿。陶器中有鬲一只，有唐三彩等。汉壶、晋壶等，俑四个亦好，内一头已断。有石庐款五彩薄花瓶亦佳。

8月4日

盘门外玻璃厂马娘娘坟事。

阮道全，黄安纲，红庙前15。

张家花园——舒适母所有。

坟在红庙后，庙与坟连。红庙今改为盘溪小学，马娘娘，十三娘子。

摇船头，杜老太太（66）媳说祭台。

张载福堂，张洪乡——即舒适母。张约五十年前买。王敦元（老王），朱公桥弄15号，75岁，说是祭台，7米长，1米阔。民国23、24年，张姓将该土堆掘平，堆中有红色蛇甚多云。

晨八时半，同省文管会朱纲、省博物馆胡继高到盘门外玻璃厂厂基上，调查坟墓事，据当地人民反映，该处是娘娘坟，有的说是祭台，经发掘查勘（七米长，一米阔，一二米深到生土）无墓迹，可能是祭台。以上事，五日向谢局长口头汇报。

8月10日

上午，到马医科42号曲园，由盛平宝（住36）负责出租，书籍等物集中在春在堂。据盛平宝说，有一部分系洪姓者。内有21家租户，10户有租约，11户是转租的。内中书籍有霉烂现象，应即整理。赛金花所用钢琴在内。

10月19日

上午，财政局仓库通知，西北街西北里9号屋，看察有否文物。下午，到司前街，了解拆古玄坛庙门前木刻牌楼，沈金泉是该负责人，拆屋经手人是一个叫顾才兴（营造厂负责人）。顾才祥，侍其巷59号。该牌楼确实有保存价值，嘱其恢复原状。

10月24日

印信纸（毛边1千）4万，打字纸1千、5万2千8百元，标准牛皮信封1千、5万，上艺斋印，约28日交货。

10月27日

下午，到司前街，咨照玄坛庙将牌楼拆下后妥为保护，由文管会接收，谢孝思命。

10月29日

上午十时许，到房产管理处接收文物，有杨龙石刻石章五十余方、孙枝画《踏雪寻梅图》一张，皆为难得之物。有钱叔盖石章三枚，内一枚确实可靠。

太祖高皇帝御制瑞光塔赞碑。崇祯丙子。

11月2日

得社会文化科电话通知，到文化科领介绍信到人事局转关系，由旧文管会转到新文管会（苏州市文物古迹保管委员会）。

11月3日

正式以人事局通知向谢主任报到。下午，到府学前建筑工程学校，了解修理面对龙门牌楼事，该校总务股接谈者为金同志，该校有建筑余款500万元，想以此款交我们替他们代为修理此牌楼，此事我们不能接受，此牌楼修理绝不止五百万元的。顺道至瑞光塔，此塔今在以水泥石炭嵌修下层，使塔不致塔身裂缝变大，由社会文化科经手。

11月4日

今晨六时半开始，参加园林管理处学习小组学习。

11月5日

上午，得卫生局电话，阊门处四摆渡第三人民医院掘地时发现有旧香炉等。下午前往调查了解，据人民医院人事室相同志云，有香炉一只，为顾局长（卫生局）取去，我在地上拾得小陶破香炉一只，年份不久之物，无他物见。

11月8日

下午，与汪星伯先生到西北街天后宫调查古迹文物情况，因天后宫拨与北街中心小学，内中有元碑二块，字迹糊涂难辨别，后有元樟二株，大可数围。

11月9日

下午，到司前街玄坛庙监拆门前牌楼，未取回。

11月10日

上午，到蒋作民家联系购买空心砖事，及苏州灵岩绣谷公墓出土的明代墓志。后到双塔看察修建情况，见顶上有字纹（康百家施财铸造，莲花盘下第3—4西南中铁腐），当设法一一拓下。下午，到府学铁工厂，内有树四棵，因已枯死，要请求砍伐去，以免危险。计宜门前左右二株，明伦堂前一株，明伦前西面靠南一株（此株仅存树身），其他尚有枯枝。后到北寺塔了解柱子倒下事，前日工农速成中学有电话来知照。去了解后，才知塔下层外面东南方有撑角柱一根（是前修理事所撑者），今已为校方重新撑好矣。对双塔意见：1.顶上铁盘换下后由会暂保管，将来陈列塔左近，以教育人民。2.将所有塔顶铁盘所有字纹全部拓下。3.所有碑石、柱石、柱础全部集中整个布置。

11月13日

上午，建筑工程学校来电话云，他们修理门前牌楼，可否用些以前建设拆下的牌楼旧料（现堆于府学大成殿中），谢局长答应可以用些。

11月23日

上午，到文化宫运旧木料到狮子林，共计六车，准备打木柜等物。

11月23日

下午，到乘马坡巷直巷十一号薛维云家，了解瓷花瓶情况，因他在11月14日有信与《新苏州》报馆转来本会，此花瓶不佳，无价值。

11月24日

上午八时，到仓街156号蒋作民，运回琴砖大小35块，明墓志16块，讲定价格为150万元，计车四车。九时半，到大新巷杨姓家看铜器等，内有铜镜一面甚好，宣德炉虽多无上物。

11月25日

上午，又到蒋作民家运回琴砖二块，墓志一块，昨今共大、小空心砖37块，墓志17块，价150万元，亦即交与。以人力车一车运回。

11月29日

下午，到办公室接洽关于接收旧式红木家具事，办公室同意文管会接收旧式红木家具，后再将办公室批示送交财政局仓库。

11月30日

下午，与谢孝思、汪星伯到寒山寺，后到白莲泾调查周顺昌墓，今日上午郊区政府王同志有电话来联系说：有周顺昌后人前去区政府，云有人盗墓也。我们去实地了解后，见该墓未见有发掘现象，但墓围上的青石被盗去若干块，墓背后围上有青石浮雕石刻人物一块，此人头新近被敲去，实为可惜，此雕石人想系是周顺昌像。墓前有"明周忠介公墓"石一块，道光二十八年震泽徐荣森立，墓前东西二石翁仲完整，石翁仲二石马东面一跌倒于地矣。

12月1日

上午，与谢孝思富仁坊巷配合税局调查马姓家书画古董漏税事。

12月2日

上午，到财政局仓库接收红木家具22件，同去的沈维钧。沈君今日第一日来会办公。

12月3日

今日整日在富仁坊巷76号马姓家，协助税务局估价事，同去者谢孝思。

12月4日

上午，第一次与园管处及修整委员会办事同志开联席会议。

12月17日

上午、下午在富仁坊巷76号马家看书画，会中预备收购一部分。20日去看一个上午，下午一部分送会。

12月18日

下午二时，本会召开座谈会，有关保护名胜古迹保管事宜。计到有：顾公硕、陈涓隐、钱太初、汤国黎、金兆梓、王德全、汪长炳、纪庸、瞿企丰、蒋吟秋、范烟桥、周瘦鹃、王炎、谢孝思、汪星伯、沈维钧、钱镛、朱宝初。多提了很宝贵意见，五时半散会。

12月21日

马家将书画一部分再送会。下午，请顾公硕、徐沄秋、周瘦鹃来会，审定向马德洪家收购一批书画文物。审定结果，计得王原祁三张、方士庶等数十件（有清册）。

12月22日

下午，与谢孝思到大新巷杨家选购玉器十一件、铜炉若干件。

12月25日

上午，马德洪将会中不准备收购的书画取回，由沈维钧交代之。到南区政府接收到铜镜一个、红砂壶一柄，据他们说，此是今夏大水时在胥门外坟中出土者，详细情形，可到实地了解，由区政府出介绍信到胥门出土地区。下午，请沈维钧先生去的。

12月30日

昨日沈维钧去博物馆筹备处，准备取回前苏州市文管会所移交之参考书一批，发现内中书籍一部分被蛀损。我在上午往看，我所见者计：《山西金石记》（全部损）、《书画汇考》（一部分）、《清史列传》（一部分）。据沈维钧说，《陶斋金石录》一部亦全损。谢孝思向王德全提出抢救意见，内中究竟蛀去多少，要在取回后方能得一确数。

1955年[1]

1月3日

下午，沈维钧将向博物馆筹备处取回参考书一部分。

1月7日

上午，到濂溪坊75号张，去接收看察文物事，财政局仓库来电话也，内中有刺绣小件、线装书籍等，日后方能取回也。夜六时半，学习考试。

1月8日

上、下午与园林管理处、园林修整委员会三个机构开民生生活检讨会。

1月9日　星期日

上午十时，到西花桥巷廿五号张倬家看书画、墓志、碑帖等物，博物馆徐沄秋君亦去，二人相遇于途。看察结果，除明拓《孔宙碑》等二件外，多无价值可言，介绍至博物馆是否需要？苏文管会因重点在地方文献，不可能收购此类文物也。

1月10日

林伯希先生开始来帮忙。

1月11日

上午，到濂溪坊张姓接收文物回来，计红木长台一个、大镜一面、书籍七箱、刺绣件八十余件。

1月12日

下午，到房产管理处看文物，内中有刺绣品，其他没有什么。顺道到盛家浜八号陶姓去看铜器，多系仿造，前日陶家来通知的。

1月13日

开始将家具文物迁移至贝祠第三进内，楼上做仓库，楼下做办公室。

1月14日

下午，到房产管理处接收刺绣品39件等。回会，并到财政局仓库取回绣衣二件。

1月15日

布置办公室，将参考书集中于办公室。

1月16日

下午，与俞子才到寒山寺，天气冷甚。

1月17日

王得庆同志来会协助工作，社会文化科介绍来也。他是在北京学习过发掘的。

1月18日

将办公室迁移至贝祠内。大扫除办公室。

1月24日

今日为春节，下午到会值班。上午天气暖和，下午三时忽下雨。

1月26日

上午，到会值班，天转晴，昨雨一日。（古市巷34号，吴）有祖孙会、状报条。

1月31日

今日下午一时半，在本会召开第一次委员会，市府办公室施主任、市委马统战部长莅会指导，到有正主任谢，副主任王炎、周瘦鹃，以及各委员。委员陈旧林因病未到，蒋澜、萧退闇缺席，我任记录，四时散会。

本会由市府聘定委员廿五人，顾问十七人，名单详后。

2月1日

下午，王处长、谢主任、陈涓隐、我等七人到阊门外山塘街，看察调查名胜古迹等，计到：

山塘街510号陕西会馆，内有大殿、边楼、二边阁，已破烂，可以利用旧材料，地上有石条等，亦可利用。门面已改为民房。

山东会馆在556号对面，门前大门牌楼已被拆去，二旁砖刻尚在，东面是鹿群，西面是马群，内部已被改为仓库，后有清水砖墙门一座，雕刻精致，上有建筑年代：清雍正十年。另有四个石鼓凳，雕刻亦精。此处砖刻可说是山塘街所有砖刻之冠。

545号吕家祠堂，建筑很好，窗格很好。房主为吕伯琴，住古吴路，今租与对面同三和。

603号旧布店有砖刻墙门，乾隆乙丑年代。

614号对河清石刻照墙甚旧，可能明朝的。

662号李家祠堂内有乱方砖，门前有二石狮。

698号砖刻石牌楼。

728号报恩寺，寺大殿已改作仓库，大殿为民国十年仿宋筑，门前有大清石狮二对，已高大，而又旧气，狮子之座，可能明代。

752号石牌坊可利用。

780号有白公堤牌一块，已断，仰卧于780号门前，明代范允临撰书（万历四十年），碑座、碑顶还在。

770号有黄山松一盆，甚奇。

五人之墓、葛言墓是一墙之隔，葛言墓碑为文震孟所书，甚佳。我们最近准备修筑这二墓，以此二墓合并在一个墓园内，门前居户要拆去773、774、775、776、777、778、779七号。

2月3日

上午，与谢主任、沈维钧、王国昌等到玄妙观了解损坏情形，准备暂为修理，不使其再损坏下去。玄妙观大成殿东南一墙角内中结构已断，须山门内六个像要做木篱。后到无梁殿，殿内中无损坏情况，殿屋面须除草木，工程较大，将来修整后要开放，现为吴县县政府所占用。后到司前街55号姚太素家看陶器一件，据姚先生说名曰"钟"，要请政府在捐赠的名义下补送金钱若干。

2月5日

上午十一时，到财政局仓库看物，无物可取，带回灯上吊须一束，计二十四个，大部损坏，须加以整理修整方能可用，将来园林灯上可用。

2月7日

上午，到碧凤坊28号沈家看文物，一部分要捐献政府。经我与汪星伯先生审查结果，有陈曼生字四条、潘祖荫、吴云等对联较为有价值，余不足取，另有花盆、银杏木板等，送园林管理处，下午去车回。

2月8日

上午，与王德庆同至穿心街报国寺，看石刻《书谱》译文等43块，亦碧凤坊28号沈家所捐。前十三年，沈祖棻父沈楷亭改存于该寺，据该寺负责人性寂和尚说，石刻已于1951、1952年间为解放军在对面空场上砌厕所用了，经我等前去看察，确有一部分砌厕所用了，但在外面走廊下地上亦有一块，我嘱性寂和尚究厕所用了多少，在别处还有多少，调查一下，约下星期二再去查看。

2月11日

周王庙各班负责人将其所保管的前周王庙玉器等物一百余件，移交于本会保管，下午二时开始移交，工商联亦派代表参加，内中以大碧玉青蛙及银帽、象牙马踏凳等物为最好。

2月15日

汉文改革方案草案讨论会下午在本会开会，到有三十余人。

2月25日

9时到周瘦鹃家，与伊同到阔家头巷萧退闇家，面请他明日下午来开会，萧不在，约明日以人力车去接。

最近一星期多来，与林伯希做登记总账工作，到昨天为止已登了六百余号。

2月26日

今日天雨，上午王处长来告，我被决定评为23级。下午二时，本会召集第一次委员、顾问联席会议，到有委员、顾问三十余人。午后一时，到阔家头巷接萧退闇来会开会，会议开至五时一刻完毕，通过上半年工作计划，并通过调查研究组、征集保管组、文物审查组人员。组长由沈维钧、钱镛、谢孝思担任，园林布置组由郑子嘉担任组长。

2月28日

北园有人送来棺中出土的饰物，无保存价值。据来人云，有小铜镜一面为博物馆取去了。

3月1日

新币今日起发行，一万对一，一个好的改革。夜七时，开政治生活会议，对胡瀛洲同志帮助很多。回家十时矣。

3月4日

今日下午二时，范烟桥、顾公硕、周瘦鹃、汪星伯、陈涓隐等来会，讨论关于导游苏州小册事，段炳果做主席，太主观。

3月5日

本日发薪金，我提升为23级，原25级也。沈维钧、王德庆到江苏师范学院了解方塔及出土黑陶罐地方。

3月11日

上午，省文管会派蔡述传同志来会了解苏州古建筑目前损坏情况，部分准备不修的须加以保养。下午，我与王德庆陪同蔡同志去玄妙观查看。朱金海来会修红木椅子。

3月12日

上午，到玄妙观看蔡同志，再到文化宫找王德庆。请王德庆陪蔡同志去开元寺、文庙等地去调查，我即回会。

3月13日

上午九时，到章师母家看看如何布置情况，因章太炎迁葬于杭州，苏州组织一送葬委员会，谢孝思为副负责人，正负责人为市长，要我去帮忙数天也。谢孝思亦来，看了一会，同至人民路古欢室买红木橱三顶，七十元整。下午，在周瘦鹃家看梅花，有王言、谢孝思、汪星伯、段炳果，主人备茶点款待。

3月14日

下午天雨，到章师母家，讨论送章太炎棺落葬事，协商会陈静同志亦来，大部物品向协商会借。

3月15日

上午，到章师母家，后到协商会与俞啸泉先生写苏州本市要发的帖子。在十时左右，浙江省政府办公室来电话，需延期，因此苏州送葬亦只能延期也。本定十六日下午二时公祭，提早晚餐，由汽车送到火车站，由火车运往杭州，杭州十九日举行公祭，廿日下葬。下午，我回会工作，沈京似书橱四顶他送来会，要一百元。

3月16日

上午，本会谢、沈、王、我四人讨论调查研究、征集保管问题，并对四月份应做工作的要求。

3月18日

下午，到平门外木材公司看他们的工地上平地时发现的明清时墓穴，本会沈维钧及王德庆同志在看察挖掘也。

3月20日

上午，初级学习小组到枫桥华丰纸厂参观，先在留园集合，在园内兜了一个圈子，到纸厂已九时一刻。后到寒山寺，到家已十二时半矣。今日星期日，午时已微雨，午后天雨不止，坐在家半天。

3月24日

上午，与林伯希到项德洪、张博渊家整理书籍、文物，她准备捐献于文管会也，内中碑帖甚多，裱工佳而内容不大好，多是近拓本也，书籍亦无佳本，书画亦是如冯超然之流，他们的热情，我们是敬佩的，下午亦在整理。上午，沈维钧到木材公司去清理所被掘出的坟墓，下午来会，计得到铜镜三个、银饰物数件。有墓志三块、地券二块。

3月25日

上午，仍到张博渊家，下午整理完成。将书等八箱运会，夜学习。林伯希同去。张家有书箱八只，画橱一顶，箱每只一元，橱十元，合用之物也，经谢主任同意买回。

3月26日

下午，到《新苏州》报社，取回砖刻，内只有二块较好，他们在地下掘出的。

3月27日

下午，到章太炎太太家，商量29号公祭事。

3月28日

上、下午在章师母家布置。

3月29日

上午七时半，到章师母家，十时半举行公祭，刘副市长主祭，到有教育家、文学家甚多，来参加签名者有七十五人之多，仪式简单而隆重。公祭礼成后，由汪旭初先生作简单关于章太炎先生事略介绍。下午一时三刻，将棺材用汽车运到火车站，适大雨，送客由公共汽车载运，三时半许回到章家，晚饭后回家。天雨不止，明日到杭州。

3月30日

晨七时半，到锦帆路章家，与汤国黎等坐车到火车站，坐九时零一分慢车到申，转赴杭州。火车十二时一刻到申，再乘二时四十三分车去杭，到达杭州晚八时三十六分，杭州章太炎治葬委员会杜时霞先生来接，夜即宿于浙江省招待所红楼，与火车站咫尺之间。今天晨雨，午后阴，夜又雨。

3月31日

晨，治葬委员会浙江方面委员吴山民、沙孟海来红楼询问苏州举行仪式情况。下午一时，到车站迎接章太炎灵柩到凤山殡仪馆，后与施则敬、徐福、郁慧钟四人坐小汽车到孤山，访林和靖墓，到西泠印社，再到灵隐，大殿在修建中，回到岳坟，大殿

亦在修建中，五时半到家。今天上午雨半天，下午阴，夜又雨。

4月1日

晨九时，我们由红楼移到金城饭店省招待所居住。十一时五十分，到车站接汪旭初、谢孝思、周瘦鹃、范烟桥、金兆梓等八人由苏来参加公祭、下葬典礼。下午，与汪、谢、范、周等六人坐船到三潭影月，再到西泠印社，到中山公园坐船而回。雨中游湖，另有一种滋味也。

4月2日

上午，坐公共汽车到六和塔，已修整完好，外形十三层，内只七级，与谢孝思二人登顶，雨中再坐公共汽车到虎跑吃茶。山门口瀑布，雨后更见美观，坐车花港看鱼，西郊公园甩在地，新近开辟。天见晴，经苏堤，步行六桥，到楼外楼午餐，已一时半矣。饭后，再到灵隐，看瀑布，较虎跑更好，灵隐前亦新辟园地。五时半到家，晚浙江方面治葬委员会请吃晚饭，今天周游者有范、周、周太太、谢、汪、张子平七人。

4月3日

晨八时一刻，到凤山殡仪馆，迎灵柩到南屏山麓，墓地即在明张苍水墓的北旁。十时主行公祭，由马一浮主祭，到有来宾七八十人，十一时半礼毕，坐车返金城饭店。午后，步行经白堤到孤山，到博物馆，到西泠印社茶，五时半到家。同游有汪、谢、周瘦鹃、周太太、张子平六人。夜，在湖滨散步片刻，夜色蒙蒙，另有一个景色。

4月4日

晨，乘六时四十分车返苏。十二时许，到上海西站下车，到孟刚处稍坐。到湖帆舅处，本预定六时三十分车返苏，额满改乘八时四十八分车，到苏抵家十一时半矣。

4月7日

请潘声一、韦均一二人来会整理登记所有书籍，先上总登记册。上午，到协商会清算到杭州所付账目，陈静同志主其事（会计）。

4月9日

下午五时，到火车站集合，市人民委员会干部

组织到上海参观苏联文化展览会也。文管会与园林合为一小队（第十三），总共人数有四百余人，我队二十余人，谢主任与沈维钧多参加，坐八时许火车，到上海已十时半许，坐汽车到四马路浙江路鹿鸣旅馆，十一时许矣。

4月10日

上午八时半，整队入展览会场参观，看众拥挤，重工业及文化表演出苏联社会主义的成就，给我们对祖国社会主义建设的信心。十一时半，到邦瑞兄处，适外出未遇。吃午饭后，到博物馆参观。四时经大马路到火车站，已五时矣，五时卅分入站，六时卅分开车，到苏州九时过矣。

4月11日

上午，到东北街张宅取回空心砖一块，倪云林画山水横幅刻石一块，张宅捐赠的。下午，到郊区政府取回画五幅，无大艺术价值，要否接收，要大家来决定。

4月12日

上午八时，到文联开苏州市工艺美术品陈列问题会，主要以苏州现有商品如刺绣、缂丝、绸缎等等为陈列对象，地点在怡园荷花厅及牡丹厅二片，顾公硕主持一切，要在五一前基本完成。下午，《苏州导游》编审组审查材料，范烟桥、胡觉民等来。

俞钰来会办公，新苏师校长职调来。

4月13日

今天晨考时事，我得98分，第一名。晚上考政治经济常识第五章，按大组讨论考试法，不记分。

4月14日

下午，到张博渊家接收文物，彼捐赠也，同去的是林伯希，无好物，书画供园林。朱金海来修理木雕刻。

4月15日

上午，到张博渊家去取回文物，同去的是林伯希。木工来做开窗工作，王立成营造厂（王汉平）。

4月16日

上午，与冯家麟到大新巷杨家去（收买）看红木框、红木家具等物。有上海文管会沈令欣同志等

六人来会访问。

4月18日

上午，本会召开行政会议，决定在22号开第二次委员会议，并决定每逢星期一上午召开行政会议，并检查三月来的工作。

4月19日

下午，与陈涓隐到虎丘商讨布置问题。上午在文化处开陈列苏州工艺陈列室问题。

4月20日

上午，到吴县政府接洽关于光福圣恩寺文物事及藏经事，他们意见由博物馆筹备处、市文化处、市文管会、吴县文化科会同商量做出决定来处理。昨日市文化处段东战说，得省文化局指示，圣恩寺藏经由苏州图书馆接收，文化处意见市图书馆暂无力保管，由文管会保管也。

4月21日

下午，与汪星伯到虎丘计划布置问题。

4月22日

下午二时，本会召开第二次委员会，谢主任到统战部开会，由王炎副主任主持，报告过去三个多月的工作，以及通过四、五、六三月工作计划，四时半散会，苏州市工艺陈列室决定移到本会办公室前面二进陈列。

4月23日

与曹颂清到拙政园计划画窗心问题。杭州文管会有七人到苏州参观，住新苏饭店。晚七时与沈维钧同去拜访。领队为张惠言先生，他们定后日到文管会参观，明日到博物馆筹备处看江苏省出土文物展览会。

4月25日

虎丘胡亚平来取家具，布置虎丘。

4月26日

虎丘胡亚平继续来取家具。上午，到大新巷杨去接洽向他们收买一批家具及镜框事。苏州市工艺品陈列室的橱柜、家具来会装配。

4月27日

上午，与冯家麟到大新巷杨家，决定向他们收买物品价格。夜，邦瑞兄来舍访。

4月28日

晨，到皇后饭店看徐森玉、谢稚柳、孙邦瑞，他们是来苏州顾氏看画。午后，徐、谢、孙三位来会，二时同到博物馆看范氏捐赠的唐、宋二诰，并看太平天国文物。四时许，到东中市朱义大看梁柒山画，五时返会。拙政园去计划布置。

4月29日

晨及午后到拙政园计划布置。晨十时，又到房产管理局仓库看文物，有反革命分子刘俊卿的东西甚多，据房产管理局赵梦渔谈物有百余件。我仅看青花瓶数件、琢玉数件极有价值者，须经市长批示方能接收也。沈维钧到东中市徐光家接收捐赠图书。另有工人十人来会清洁前二层房子。

4月30日

忙于布置拙政园，夜在拙政园听谢主任报告关于"五一节"的当前时局的认识。

5月2日

今日补假一日。昨日是星期日，上午到会，因工艺陈列室布置也，下午值班。

5月4日

天平山来人取去墙上挂件等，用船装去。

5月6日

浙江博物馆馆长沙孟海等五人来会参观。

5月7日

文化处来会主持的苏州工艺陈列室即将完成，顾公硕代表文化处借去玉件、刺绣、小泥人等，有借据，谢主任同意。今晨，谢主任与王炎等到无锡，转南京，去参观。下午，寒山寺僧来取去大小供桌五只，前贝氏祠内神龛前物也。另有吴画等挂件。近几天会中人多手乱，我昨天向谢主任提议，提高警惕。因工艺陈列室正紧张阶段也。今天早晨，谢主任行前知照天平、虎丘的布置问题要加紧进行。

5月8日

午后，到虎丘看看布置情况，在油漆。

5月9日

今天星期一，上午到天平山去看布置情况，同行段炳果。由汽车到木渎，步行到天平，在天平午饭，饭后回城。途经无隐庵，进去一看，环境甚好，景亦好。到绣谷公墓，取回该处出土的墓志三块、篆盖一块，内一块系唐寅书、都穆撰施绎的墓铭也，难得之物，言明车资为六元，约在三五日内送会。到山塘34号访陆尹甫先生，陪同到东面街头处去柳家看窗格及砖刻，砖刻之精且完整无损，远在阊门外山东会馆之上，窗格、挂落之精美无比，此处即遂园故址，园已废矣。四时卅分乘车返。夜，在市六中补选区人民代表二人，十时半返家。

5月12日

上午，到财政局仓库看文物，接收回来陶煮、陈摩画二幅等，此等之物，园林中可用。

5月13日

上午，到房管局准备去接收文物，并将市政府同意批示带去。但房管局认为该项文物系代管性质，尚需考虑也，即4.29日去看的那批文物也。

5月16日

上午，到财政局仓库，与陈同志到景德路工商联内（严姓）取到朱木椅六只、茶几四只（上项家具即交天平山）。下午，到房管局造文物细册，以便接管该项文物，内中青花瓷器及琢玉器最多。

5月17日

上午，继续到房管局进行造细册，约二小时毕，即回会。

5月18日

上午十时，与谢主任、徐主任坐小汽车到寒山寺，到留园，到虎丘，看布置情况。寒山寺缺物甚多，请负责人果丰和尚下午到文管会来研究。在留园午饭，到虎丘，再顺路到西园。因西园在开始修建，并要计划第二步工程，四时半许返抵会，寒山寺僧果丰来取去书画（文管会拨出）及家具等。

5月19日

下午，到桃花桥弄29号蔡德明家看书画，多是伪品及无名之物。因蔡欠税，区政府介绍我们去看看：可有值得收买一些之物否？

5月20日

下午，到寒山寺去看布置情况。

5月21日

本定今日上午到木渎柳家再去看窗格、砖刻等物，后因市府要过去及现在文管会的工作状况材料，与谢主任整理半日，抄写送出。近来我对布置工作，觉得顾问过多，关于拨送家具，以及修理多种物品，或由文管会拨出书画等，虽有谢主任的指导和支持，但总觉得过多顾问，如不虚心反是成为多事。从下星期起，应该提高注意这一点，帮园林的忙是可以的，是主人翁态度，但对文管会工作应不影响。自四月底以来，园林布置工作影响本位工作不少，要注意之，应深刻地检查一下。

5月23日

今天下午，开行政会议，决定在星期六下午28日开顾问委员会议，准备讨论重点为拙政园东园扩建设计问题。

5月24日

上午，到财政局仓库，与陈同志同到阊门取回砖台一张、红木椅六张、书52册等。下午，将星期开会通知发出。

5月25日

到马德宏家催缴前所买的红木五斗橱二顶，尚未交货也。

5月26日

今天下午，领导决星期六（廿八日）要开的顾问委员联席会议，决定为三十日下星期一举行。

5月27日

上午，与林伯希同到房管局接收前天所接洽的一批文物，一直搞到下午方才装箱完毕，叫车装回。下午起，本会与园林合开民主生活会，晚饭后继续举行。对拙政园东园扩建问题意见很多，无计划，返工浪费。得马德宏来信云：红木已到苏州，在漆，漆好即交会。

5月28日

全日将房管局接收回的文物整理，准备登册。

5月30日

今日下午，举行委员顾问第二次联席会议，会议上报告三月来的工作情况，并对扩建拙政园东园计划草案作了讨论。

5月31日

上午，与园管处举行欢迎陈涓隐到园管处就副处长职会议。枫桥区政府来知照，有群众百余人在开狮子山石头，应作为处理，本会派沈维钧持公函到郊区工作委员会去接洽。

6月2日

有群众来反映：有杨公毅、庞美南等在去年伪造唐伯虎山水人物画一张。后经我了解，去年在十月间（谢说），杨公毅向朱稚臣借得唐伯虎一张，与庞美南合作临摹，后将临摹画叫装裱工谢庚保做旧，后将此做旧的画设法叫连海泉装入原来的唐伯虎画的旧壳内，将原画取出换出来，今是否已卖出尚不得知，做旧的图章是杨文元所刻，庞、杨二位送给谢十三元、任五元，杨刻图章五枚（南京解元、虎痴、朱稚臣三枚，共五枚），得七元。

6月3日

发出通知，定下星期一开鉴定文物小组会议，调查小组为：谢孝思、周瘦鹃、王言、陈涓隐、顾公硕、孙履安、吕凤子、汪星伯。

6月6日

上午九时，鉴定文物小组会议，到有：汪星伯、顾公硕、陈涓隐、周瘦鹃、谢孝思、王言、孙履安，记录林伯希。首由谢主任提出鉴定办法，修整通过，后由我报告现有文物情况。今天要鉴定将总登记册所登的1053号，另加最近房产管理局所接收的203号，直至下午五时许方完毕。开会并通过收购文物原则及办法。

6月8日

上午，到财政局仓库，同到阊门外接收到破坏椅子（有红木，有树木）十一只，只能做修坏了。

6月10日

今日上午、下午与园林管处合并检查半年来的工作问题，对园修整方面提出意见很多，尤以无计划一点。

6月12日

今天星期日，下午与俞子才、张子静、徐玥到虎丘。徐玥已有廿年不到了，倒是一件奇事。第三泉及剑池在挖深，第三泉与岸边水痕已有丈深，尚未见泉眼，剑池亦与岸水痕有丈深，已有泉眼。一般人说双钩洞下有吴王墓门，今要搞一个彻底，看其究竟也。到后山，景甚佳，大可修理一下。

6月14日

今夜七时半，第一次召集关于园林业务学习。

6月16日

下午六时，与顾公硕、沈维钧同到钮家巷潘去看旧床一只，再参观纱帽厅，此处是潘世恩宅，今还属其后代所有，厅东面一大厅前有砖刻门楼一座，古朴另有种格调，应保存之物也。

6月18日

上午，与谢、陈、郑、冯、汪到虎丘，看察剑池北头掘出一洞。洞中有青石四块，似石础，另有小石，将洞阻塞，致洞内仅能容纳三四人。此洞之究竟，要研究后可定。我意此洞本与剑池相通，是剑池的一部分，后来此洞之上层要建筑房屋，故将此一部分洞穴阻塞。按此洞之上层，即塔前大殿的基地。

6月20日

上午，会中开例会、行政会议。下午，开虎丘发现剑池下洞座谈会，到有王言、谢孝思、郑子嘉、汪星伯、胡觉民、陈涓隐、沈维钧与我，决定向省汇报请示办法。

6月24日

下午，召开驻会委员座谈会，计到潘声一、俞啸泉、张晋、胡觉民、林伯希、韦均一、陈涓隐。刀一把，今日林伯希在民间工艺陈列室储藏物箱中找到。

6月30日

下午，到财政局仓库取回红木家具三件、铜炉等，花盆要卖钱，取回了十三只。

7月2日

今天举行第三次委员全体会议，报告半年来工作总结，五时半散会。

7月5日

下午，开生活会议，检查各人的缺点，我对汪国兴不能及时加帮助和批判，应该以后要改进的，

对反映韦均一私听团组织生活情况到会来传讲一事，王言处长对我提出赞扬，王言嘱谢主任向韦均一提意见。

7月7日

午后，顾公硕来会，谈及今日上午韦均一在协商向张召南谈园管处团组织生活事。我即将此事向王、谢二主任反映，此人学习多年，私听团组织生活已不应该，在外传讲更是荒唐，希望领导加如何制止。夜，开园林第二次业务学习会议，汪星伯讲。

7月10日

上午，与徐玥到拙政园，会有几位委员等在见山楼吃荷花茶也。其法以茶叶包了放在将开的荷花内一夜，明晨取出泡制，其味有荷香。再到博物馆，看江苏省水利展览会及出土文物展览会，得到知识不少。

7月11日

上午，开行政会议，讨论今后工作问题。

7月13日

今天上午八时，在新苏州报社听问题解答报告，二小时完毕，天气凉爽。近来保管工作因天气关系，分类登记进度不快，书画、铜器、玉器三类登记提贴号完毕，明日准备开始刺绣分类贴号。

7月14日

晨七时四十分，到高师巷俞伯平医师家，俞医捐赠文管会物品，俞钰同志已先在，由我带回《良友》画册90册及《美术生活》25册等，另有金砖台、泥像等，约明日去取。周顺昌后人一位老太太来会访问，因前曾向伊〔借〕一部周氏谱未还，彼准备卖入会中。明日请胡觉民先生去接洽，尚有周顺昌像四轴。

7月15日

上午七时半，到高师巷俞医师处，取回金砖台二只、绿毛龟一只、红眼、象牙板，贵重也。另有汕头泥人戏《白蛇传》《封神榜》二出。下午，到财政局仓库，继到公安局总务科，在通关坊7号，内有嵌八宝挂屏，一已损，可打收条收取。

7月16日

今日，谢主任、俞钰、沈维钧三人到虎丘去看察，我一人在家。

7月18日

今日，周顺昌后系周佩英，决定将周氏家谱及周顺昌小像三幅、石刻周顺昌画一幅，卖与会中，经手人胡觉民。户口上姚庸叔来证明，价为五十元，照顾性质。

今日开行政会议，例会也。我提关于图书文物总得要鉴定小组委员通过，已然有了这一个制度，必须遵守，近来关于收购图书方面有不守制度倾向，我必须提出。前日谢主任云，收购图书只要请潘声一、沈维钧通过即可，潘、沈二位非鉴定委员，不能做决定的。

7月20日

下午，到桃花坞60号内去接收红木家具，再到西百花巷去接收红木家具，财政局通知也，共计接收到廿三件。上午，谢主任与沈维钧到法院去接收书籍。下午，沈与林伯希去取回，共有六百余册，是反革命分子马振麟物。马前在苏南文管会、博物馆筹备处，作风恶劣，逃不过人民的眼睛，此等书籍多为贪污所得。

7月21日

上午，到西门水仙庙，去看察神船一只，无大价值，没有保管的意思。此船博物［馆］取去陈列，本会同意。

7月22日

上午六时，在市府大礼堂开声讨潘汉年、胡风大会。

7月23日

上午七时半，在新苏报社听全面展开节约运动报告。下午，文化处来电话，西门外三山会馆附近有坟墓被掘，请沈维钧、胡觉民前去看察。

7月25日

上午，开行政会议，讨论全面节约问题。下午，到建筑工程学校去了解有旧屋一间要拆（前文庙部分），同意拆去，该屋已在学校范围之内。有清咸丰时代的为伍子胥所立的纪念伍子胥点将台碑一块，在工人宿舍大礼堂前（东向）亭内，日后要请沈维钧再去详细了解，我匆匆不及细看，字甚小而多。

7月30日

本星期起理论学习暂时停止，改为学习全面节约问题。拖延很久的沈祖棻及张博渊捐献文物收条，今日发出，张在上海（送与其□杭德洪，杭在申，迁大井巷15号）收条退回，改日再送。

8月2日

下午，到阊门新马路建筑工程学校去看查有无文物，财库通知。看的结果，多无价值。

8月3日

上午，徐沄秋来会借工艺品，博物馆筹备处在十月一日要开江苏省工艺美术展览会也。我会已借去大碧玉青蛙、玉八仙牌等。下午，到刺绣工场去取工艺文物如刺绣等，该批文物，是文联民间工艺组所收集的物，今该组将此项物交文管会（因多是旧文物）。顾公硕经手所收集，内中多佳品，尤以刺绣小品［为多］。

8月4日

下午，再到刺绣工场取回橱三顶及泥人等。

8月5日

上午，业务学习开始，每星期五一次，二小时，由俞钰组长，先学习中央所颁布有关文物法令，驻会委员一齐参加。下午，到刺绣工场，将所有接收物全部取回。

8月6日

上午学习，展开全面节约的检查和批评与自我批评。下午，取陆廉夫、程瑶笙画屏各四条去布置拙政园玉兰堂，刚修整完成也。此处将做招待室，不经常开放。

8月8日

上午，到西百花巷24号徐景禹家去看玉器小般式，徐有玉器小般式一套甚为出名，今日仅取出昆剧暗戏八套，如以拐杖、铁镶巾为《赛愿》；以灯挂、草鞋为《夜课》；折扇、僧帽为《游殿》；以方天戟、木梳为《梳妆掷戟》；以感应篇（一本书）、腊千为《达旦》；方翘纱幅、笛为《劝农》；茶壶、琵琶为《弹词》；拂尘、僧笠为《渡江》，全部小白玉、珊瑚、玛瑙等制成，来价五百元，价格惊人，我希望能将所有玉器物件全部取出一看，然后再讨论价值，同去的是沈维钧。

8月10日

今日，沈维钧、胡觉民到南门外青旸地粮食仓库取回钱币二百八十余斤，大部为宋代，有元明代少许，另有陶器十余件，为该地所出土。该地今在建造仓库，由该地建造负责单位前来通知，出土详情已不能知，因该物已出土很久了，我们告知他们，对地下出土物品应该注意。

8月11日

青旸地粮食仓库出土大陶罐一只，灰陶、席纹，中部有二分直径圆破孔一个，无大碍，苏州有此大器出土，难得之物也。初步鉴定为汉器，此物出土后，为龙池庵僧取去，今自该庵取回，可见一般人对出土文物的重视，随便乱取，应好好宣传也。

8月13日

今日上午学习，各人检查过去浪费。

8月15日

今日星期一，下午开行政会议，讨论关于集体领导问题。

8月18日

上午，与沈维钧到青旸地基建第三工程队即建粮仓看出土文物情况，出土有蚁鼻钱百余个，另有布币几个，可惜多已损坏，另破陶器二件，残缺。

8月20日

上午到会学习，下午请假回家。晚到章师母汤国梨家，因阵雨，未久留。

8月22日　星期一

中午与顾公硕、徐玥在朱鸿兴吃面，后在怡园茶。下午，开行政会议，决定建议鉴定小组收购绣袋六只，二元；《书道全集》五册，每册一元五角；张庚画《仿倪云林狮子林图》卷，十元。为节约，夜在狮子林荷花厅，听节约粮食定量启发报告，七时半到九时半，适大雷雨，家时雨微细了。

8月23日

今天上、下午登记雕刻分类。昨天上午，博物馆徐沄秋、华开荣来查旧文管会交与他们的文物，

发现号数与实物不符，是否造册时弄错的，要请求查原始册。

8月30日

朱金海修理小泥人还够条件，将顾公硕所捐的及文联所移转的修理一下，计工资五元整。

9月1日

黄慰萱从怡园调来会帮助工作，编制在园管处，各尽所长也。上午，曹颂清、谢根宝、唐文彬来会，协议装裱书画、刺绣一批，并议价格。朱金海来会清洁玉器，周王庙玉器经清洁后，更觉美观。

9月5日

星期一，上午行政会议，决定星期六开委员会，上一个因天热未开。朱金海来修理红木座子，玉器经清洁后，因号头不清爽，从新贴号。

9月7日

午后，范烟桥先生来会，借去《唐六如全集》八册、《近代史资料》三期一册。昨日，徐沄秋来会，经借去刺绣大幅祝寿图、苏制泥人戏四出，今日送借条来，博物馆筹备处开工艺展览会用。

博物馆前借去，1955.8.3

嵌八宝屏　4块　锡壶四把　戏帽三顶——是工艺陈列室的

白玉八仙牌10块　冷金笺10张　碧玉青蛙1只

庄群来领取，沈维钧点交的。今天送来借条，为借艺字9号，借号为15、16。

9月8日

文学山房江学诗送来《三吴采风类记》十卷一部，来价50元，少不卖，此书对苏州地方文献有些价值。星期二经顾公硕等鉴定，认为在此全面节约之时，价格须细细考虑，要还价，星期二之事也。今日文学山房江学诗来问情形，我对以：①此书是铲板（钱谦益的是铲去了），十卷硬装为廿四册（资本家以为册数多一点，可多卖一些钱），加以全面节约之时，要还价。②五十元还价要等主任来决定。③此书是苏州文物，本会不买，以后你们卖给私人或公家，请告诉一声本会。江学诗前今二次来会，态度傲慢，资本家的脸孔十足，他不知资产阶级已

经在和平的开始消灭也。

9月9日

近数星期来，尽量将分类登记定在九月内基本完成，昨天交白露，但天久不雨，闷热非常，昨日到九十余度（编者按：华氏温度，下同），夜更甚，生平未遇过。今晨微雨后，午后仍热，昨夜起生风，很难过。

9月10日

上午自学。下午二时半，开第四次全体委员会，会上一月未开，以天热故也，五时即散会，天气仍热。

9月11日

下午，到会值日，夜在汤国黎家晚饭，天气热至九十五度，交白露后所少见的，天久不雨。

9月13日

昨日的行政会议，改在今日举行。昨日谢孝思出外验收天平、香雪海等修建工程，沈维钧、胡觉民到横山烈士墓前调查坟墓，结果此墓已前人发掘过，一无所得，此墓因在公路上也。今日分类登记图片，今天欲雨不雨，较风凉天旱甚，应下雨。

《三吴采风类记》五十元买了，谢孝思主张必买，我大不主张。

9月14日

今日，谢主任因病请假。晨六时，从家中出门时，在戒严中，捉反革命分子也。六时十分通行，分类登记。

9月15日

博物馆筹备处王德全来电话，要借红木镜框一只、小［红木镜框］四只，凭借条来借去。

9月17日

上午，到曹颂清、唐文彬、谢根保处了解裱画情形，唐已裱好，在板上，曹、谢二处尚未完全动手，在裱私人的，此种思想上有问题，我略略教育一下，如不改，将不给予裱。

9月18日　星期日

上午，顾公硕、汤国黎来舍，大家谈谈政府肃反斗争是必要的、及时的，否则反革命分子又在猖獗起来了。

9月20日

上午，中区政府徐国仁来会通知，要求同到人民路85号王彦强家抄查，对有文物价值的物品亦予以登记，查到扇面册一部，计151幅，内容是明清二朝之作，颇为整齐，有唐寅竹金扇、文徵明山水等，多可予以研究者。王姓前在故宫博物院十五年之久，解放后才退休，其他无佳物。回会已一时卅分了，中区颜绍武同志同去。此家有王仁堪的字颇多，另有王仁堪印一盒，不知是否是他的子孙，下午一时许方回。

9月21日

上午，到新华书店去接洽买参考书一批，如《安阳发掘报告》等。

9月23日

下午，会中大扫除，停止办公，迎接十月一日的国庆节也。

9月24日

下午，自学第一个五年计划。

9月26日

上午，将上面楼上的文物整理一下，以备国庆有人来参考。下午，省文化局副局长朱褉来会参观。

9月27日

上午，与谢主任、俞钰商讨第三季度总结及第四季度工作打算，下午王处长要到人民委员会汇报也。

9月29日

下午，到博物馆筹备处看江苏省民间工艺美术展览会，走马观花，未及深究，觉得中以宜兴砂器、沈寿刺绣观音一幅为上，玉器大部分是旧文管会所交与者，象牙亦然。

9月30日

今日中秋节，狮子林开放夜园四天，庆祝国庆也。

10月8日

今晨精神恢复，到会办公。天气温度下降，晨家中只有五十五度左右。今年热得如此长，冷得如此快，旱得如此久不雨，奇矣。下午，因精神不济，回家休息，请假半天。夜七时，有以工资分计工资改为货币计工资动员报告，我亦请假。

10月10日　星期一

上午开行政会议，我向沈维钧提了一意见，因为他说不同意买《安阳发掘报告》，但这书的买是他签的意见，有字条可证。该书三册为五十元，但图书馆有的，在此全面节约之时，可缓一步买。沈君在买时同意而今又否认，这是不应该的，不负责任也。会议决定星期五开鉴定小组会议（第二次）。

10月13日

今日下午，召开苏州名胜古迹城区调查第一次汇报，得到很多资料。

10月14日

今日下午，召开第二次鉴定小组会议，并修整鉴定办法，鉴定文物按分类进行，较为便利，加沈维钧、潘声一为鉴定委员，连前周瘦鹃、孙履安、顾公硕、陈涓隐、汪星伯、王言、谢孝思共九人。

上午业务学习，我讲关于仰韶、龙山、小屯三文化系的概要。

10月16日　星期日

上午，与谢孝思、顾公硕等八人到顾树生（荫亭）家看书画，无一佳品，且多系伪品，仅有绢本观音一幅，无款，大约是宋元之间画，决（绝）不能在南宋以上。

10月19日

下午，开分类鉴定小组会议，到汪星伯、顾公硕、陈涓隐、谢孝思。今天鉴定印章百余块，不好的，再作二次落选。后天星期五开第五次委员会议，通知发出。

10月20日

下午，继续开分类小组会议，鉴定图章。三个多月不下雨，天气干旱。

10月21日　星期五

下午，开第五次全体委员会议，由谢主任报告第三季度工作，及第四季度工作打算，由俞钰报告调查

名胜古迹情况，由王言报告修虎丘塔的打算。二时半开会，五时十分散会。上午，业务学习，瓷器。

10月26日　星期三

下午五时半许，天忽雨，不五分钟即止。晚六时五十分，听本市第三季度总结和第四季工作打算，第三季度主要任务是：①全面增产节约，②肃清一切反革命分子。第四季度是要为发展国民经济的第一个五年计划而奋斗。八时半传达完毕，谢孝思传达，地点在荷花厅。

10月27日　星期四

下午，召开修理虎丘塔第一次专家会议，省朱禊副局长、曾昭燏（南京博物院院长）、陈忱白（省文管会副主任）等来苏指导。今天上午开始天雨，虽不大，可庆喜，时落时止，至半夜放晴。夜，听关于自传报告，由王言处长做，九时完毕。

10月28日

上午，到财政局仓库接洽事，因1953年园林修整委员会向第一文化馆借的家具一批，要转账，由文管会出收［据］与财政局换还前借条。俞钰丧父，请假一星期。

10月29日　星期六

下午，虎丘塔修整会议，改在虎丘开会。

10月31日　星期一

上午，开行政会议，决定我及顾公硕、陈涓隐研究陈列室橱的问题，俞钰销假。上午到西白塔子巷45号杨姓家，接收回红木搁几一只，财政局仓库通知也。

11月1日

二日来，我在整理关于出借、拨交以及关于征集、保管各项支出账目总账，如收集图书、文物，以及修整文物费用等。

11月2日

向新华书店预购《全国基本建设工程中出土文物展览图录》及《唐代雕塑选集》二书（蒋炳熹），前者为38元，后者为4.3元。

11月3日

昨夜五时半下办公时，有临顿路旧书贾来反映

云，南石子街潘家在卖旧书，以斤论价，卖与纸厂去还原，甚为可惜，要去了解一下才好。我回答，你这个意见很好，明天决定派人去了解。

11月4日

今日下午，去月声庵，在仁孝里十二号，去看察潘家书的情况。此书是潘博山所有，现由潘家嵘经管，有书二百多箱，蛀腐不堪，彼云：政府如要，可尽量供献，尽先由政府选择。我会去俞钰、潘圣一、尤墨君、沈维钧四人，取回书378册。今上午业务学习，瓷器。

11月5日　星期六

上午，决定对潘家书籍还要去彻底看察一次，凡有用书籍均须设法或捐或卖，由会收回，请顾公硕去协助，决定下午去。下午，到市政府去听毛主席关于农业合作化问题报告。

11月7日

下午，与谢主任到仁孝里12号潘家了解书的情况，该书有二百余箱之多，堆于一佛殿内，底层已蛀去很多，甚为可惜，我会请顾、潘、沈等去改，有保存价值予以收买，免得流散于外。回家顺路到洪钧家去看察一下，破旧了，旁为洪氏家祠。俞钰假。

11月8日

上午八时许，开了一个座谈会，关于潘书籍收买、保存的选择问题，因为书太多，而本会经费以及条件有限，决定对有参考价值者、与苏州地方文献有关者，予以先收买。又，潘氏是地主家庭，要向居民委员会了解一下，是否可以出卖问题。九时半，我到悬桥巷居民委员会了解潘氏情况，与该会张琴珍同志接谈，他说要与派出所联系后方可回答，约在下午通电话。下午一时零五分来电话，说是可以卖的。

后十时半许，我又到古吴路居民委员会去了解，因潘家嵘住在古吴路十号，据主任委员周说，此事要向上问了，才能回答，约在明天听回音，是否可卖的问题。

潘家今天派顾公硕、沈维钧、潘圣一、尤墨君、

林伯希、陆尹甫、韦均一去选择书籍，可以快一些也，可全面一些也。上星期六所取回潘家书籍中，内有许多潘世恩、潘曾莹的手稿手写本，甚为可贵。俞钰假。该书大部为潘景郑之物。

11月9日

上午，到古吴路居民委员会问潘家嵘卖书事。该处云，款暂勿付出。饭后到北区税务局问潘家嵘买发票事，他说，潘是来完税买发票，如免税是要居民委员会证明的，潘是完税买发票。又到长春巷派出所云，他说要公安分局的转介绍信，方可了解。后又到仁孝里所属的街道办事处去了解，他说潘家嵘户籍在古吴路，应向古吴路了解，卖东西的出面人，要根据户籍的。回会后，与谢主任商量，决定叫潘家嵘出居民委员会出卖书证明书后，我会再付款收买，此事由顾公硕转告。今天去潘家理书的有顾公硕、韦均一、林伯希、陆尹甫、沈维钧。

11月10日

上午，到财仓库，与陈叶明同志同到十梓街外宾招待所接洽接收文物事，因有何亚农遗有文物一批，在他家的阁楼上。他的房子已捐献与政府，何家将该批文物捐赠与文管会，他们已有信与市府办公室，今财政局通知我们前去看察、了解文物情况也。到招待所，经营人不在，约明天十时再去。

下午，到古吴路居民委员会，他们已证明仁孝里书籍为潘家嵘所有也，仁孝里居民委员会亦有证明文件来。二时半许，俞钰将第一批书价51.09元送与潘家，今日顾、林、尤、韦、沈、陆仍去改选书籍，今日可毕。

11月11日

上午八时，到后房子内与贝氏代表劳克明接洽装电灯事，共装廿五个灯头。九时许，到财仓库，与陈叶明到招待所，乃爬山阁楼看察文物情况，楼上物品复杂零乱，颇难下手，内中可以改一些东西，而招待所的人，有些本位主义，决定再约期与谢主任一齐去取，较为妥当，初定为下星期三上午八时。

11月12日

下午学习，自学毛主席的农业合作化问题。

11月14日

下午，到留园看看菊花展览会，觉得布置陈列大为不妥。我本来亦是展出工作人员之一，因会内工作繁忙，不能去协助工作，极为不安。到西园，发现有以千百块七巧板拼成的大供桌一只，可贵可宝，式样甚古，劳动工人的结晶品也，嘱该寺人好好保护。谢主任在协商会开会议四天，今天完毕回会。

11月15日

昨晚起雨，至今午后四时许乃止，佳雨也，来年定可丰收，温度下降。下午开行政会议，决定星期五开鉴定小组会议，商讨潘家书的收购问题、陈列文物问题，以及搬家问题。

11月16日

上午，将星期五的鉴定小组会议通知写好发出。下午四时，到护龙街古董店看看文物情况，多数古董店生意很差，没有好东西，今天请临时工二人来清洁后面房子，准备搬家工作。

11月18日　星期五

上午，到房管局仓库去看文物，在乱纸书堆中拣出抄本等书籍146册，以及秦绶章的殿试册、学政敕令等，倒是很有价值的文物。八时去，十一时半方回。昨天房管局高修智来通知的，今天是褚德志同志陪同的。

11月18日

下午二时，开鉴定小组第五次会议，决定了关于民间工艺陈列室的物品调整问题、专题及成立刺绣馆问题、本会成立陈列室问题。并成立了五人小组，专为成立陈列室问题，顾公硕为召集人，其他是汪星伯、陈涓隐、张晋及我。对收购潘家嵘书籍再一次精选作出了决定，对后面房屋分配使用方面，亦作出了决定，五时散会。

11月21日

本会办公室，今天开始向后层迁移，首将书籍运送，并结合了校对工作，一切由我指挥，唯房子仍感狭小，目前涂了再说。

11月22日

会中要搬移，而我又要交际处接收何亚农家属所捐的文物，上午与汪星伯先生、黄慰萱三人同去。何家有东西的，有古墨二箱，约二三百锭，自明到清；有铜戈、剑、爵等数十件亦好，有赵子昂书褉帖、沈石田花卉册、张长史书册、傅山信札册、项圣谟画册等，多是佳品，不易多得之物。从九时清理到十一时，因交际处有事了，清点到十二时许叫车拖回，已十二时三刻矣。

11月23日

全国人民代表要到苏州来视察，文化部长郑振铎亦在内，或许要到会视察，因此我会对搬家要暂缓数天，并将何家所捐来的文物充实楼上陈列内容。

11月24日

继续将小件不必要东西向后移。

11月26日

上午，郑振铎（文化部副部长）、省文化局朱褉副局长等来会视察，并对文管会的主要工作做了指示：①在乱书、破书中找寻有价值的书；②在乱铜废铁中找寻有价值的文物。并指示对潘家的书要全部取来。在楼上库中视察一周，对何氏所捐文物表示欢迎，但对沈石田册、张长史册，认为有问题，不真的东西，子昂兰亭亦有问题。借去《太湖志略》一册，十时许乃去。

有昆山县周庄乡镇政府自由卖出图书一批，卖与本市狮林寺巷68号龚姓旧货商，昨日为文化处所悉，通知我们去了解，此事为郑部长、朱局长所悉，责成全部由政府收回，苏州专署派人来了解，并决定由专署出钱收回，以此一例，江南文物书籍不知要散失多少，应好好重视也。

11月28日

上午，将办公室迁移到后进办公。

11月29日

上午，开行政会议，讨论对潘家书的收购以及其他事项，决定将潘家的书全部取来收购。

12月1日

上午，开会讨论本年度工作概要（1—11月），以及来年工作的打算，要向文教办公室汇报也。昨、今二天，将何亚农家物加以初步整理。

12月3日

下午，与木工顾水龙、朱伯祥订立做木橱合同，计做木橱六顶、平盘六只，共七十七工，每工二元计，12月25完成。王德庆来，他在省文管会，为了关于车坊坟墓事，准备发掘，谈了二个钟头，学习到很好的知识。

12月5日　星期一

今天木工来锯旧木，打储藏室玻璃橱用也。上午，将储藏整理一下，将征集来的、未登记的东西加以分开，以便将来易于分别。前天将何亚农遗物整理一下，计有一千零七十九件。第二批，计划本星期去接收。下午四时，到祥大源玻璃五金号去接洽买打橱玻璃。

12月8日

本定上午八时到新苏州报社听私改报告，但因为录音片不清，只得回会工作。下午，将未登记的文物整理一下，准备登记。昨天登记了一天。

12月9日

上午，到狮林寺巷68号龚姓旧货贾家内选书，该书为周庄镇政府所卖出的，本定专员公署来买，该署无钱，仍要我会收购，共703斤，每斤1角，书的内容价值并不大，重视遗产也。潘家嵘的书，亦是今天开始去运回，总共作三十五担计，每担十三元，不足照扣，超过不补，由韦均一、林伯希、陆尹甫等去看，虫蛀太利（厉）害而无价值的书，不运回。漆工华友梅来会，开始将前办公室房子的皮门漆白及粉刷墙壁，包与他为五个工。

12月10日

上午，到仁孝里潘家去指导将书装箱、装车，因昨天书的装回，浪费箱的空间，及人力车装得不足，浪费车钱也。书到下午全部取回，总数为四十七担，俞钰、沈维钧等多在工作。下午半天，学习对私营工商业社会主义改造。

12月12日

上午，开行政会议，决定所有狮林寺巷68号龚兴荣向周庄乡政府所买的书籍全部收回，因中央下令查究此事也，书计十九担，每担七分五厘。夜，

听关于私改学习报告，六时半到八时半，到家九时。

12月13日

上午，到房产管理局仓库（司长巷27号）看文物，有伪李嵩等四轴画，取回。下午，到中区政府（观前区）取回清代佩刀四把、古老手枪二支等。

12月14日

下午，开政治生活会议。会上，谢孝思提出认为我与沈维钧多有格格不入的情形。我以为我与沈君在思想上没有这种想法，但在工作上我对沈君有意见的，而且有了即提，如图书登记问题、《安阳发掘报告》的沈君提否认提出购买问题，以及最近龚兴荣书的收购问题，会上的决议而沈君已在一起开会而竟然不知，真使我莫明其妙也。沈君耳不便，可能亦是一个原因，但他的糊涂亦是一个原因。一般人好像我对沈君提的意见多而觉得有些格格[不入]，但我提意见是为了工作，为了要把工作做好，同志之间的关系应该相互帮助的。后来沈君发言，亦承认与我没有意见。因为夜要听报告会，要延到明夜再开，季慧谋与郭淑英、陈志昌有些意见也。夜，新苏州报社听时政报告（七时），关于与东德民主国签订的好协定的好消息也。

12月15日

今日，请工时二名来，出清最前进的门房二小间，以便放书。夜六时半，继续昨天的政治生活会议，九时胜利完毕。

12月16日

上午，业务学习，后到景德路、人民路西城隍庙，到唐仲方刻碑工作者处去了解情况，他们有砖刻《攀云阁帖》一部要卖，约有砖百卅余方，价每块三角云。午后，到十梓街公园路口徐家去了解卖书情况，有人反映他家书卖，了解结果，徐梅有书十余箱，准备装到上海去，不卖的。《攀云阁帖》是清代钱梅溪临汉碑所刻的帖。

12月19日

上午，叫临时工二人到仁孝里潘家嵘取书箱回会，大概要二天多工夫方能运完，计箱一百五十只、架四只、橱二顶。

12 月 21 日

昨今二天，对文物未登记者进行登记。

12 月 22 日

本定今天下午一时到交际处接收何氏所捐何亚农遗物，因交际处不空，延期再去。下午，与鲁七到图书馆去看书籍做的陈列橱，今日完工，准备明天叫华友梅漆。

12 月 24 日

上午，学习讨论党对私改的方针政策。下午，修整委员会召开虎丘灵岩塔抢修问题。

12 月 26 日

上午，开始登记何亚农家属所捐文物。天久不雨，昨夜起雨，今日整不止，佳雨也，天将变冷，似欲雪。

12 月 27 日

上午，到房产管理局接收文物，接收到景泰蓝罗汉二个，甚古；铜炉一只，亦好，另有反光镜照相机一只，适合拍静物用，介绍顾公硕去看了一看，决定设法接收回会应用（谢主任与刘局长接洽）。

12 月 30 日

上午，登记。下午，到房管局接洽镜事，要文管会付代价，改日再进行。到财政局仓库接收回花瓶三只、印盒一只，都是瓷的，另瓷痰盂七只、腊笺纸，要买的，本会极缺乏痰盂也。昨日午后一时半，徐玥来会，同往汪星伯先生处看病。俞钰缺米，商于我，前天调度他三斤，今天又调度他三斤，前后共六斤。

12 月 31 日

今天是 1955 年最后的一天，上午本来是学习，因大家工作忙，改到来年三号上午举行。上午、下午把储藏室整理整理清爽，新年或有人来看看也。

注释：

[1]　当时市长为王东年，后为李芸华。

汉代两京地区壁画墓男子首服初步研究

王 涛（南京大学历史学院）

内容摘要：两京地区作为汉代统治的腹心地带，代表了汉代的主流意识形态，而服饰作为"重礼仪、兴教化""分尊卑、别贵贱"的物质载体在其中发挥了重要作用。本文在系统梳理汉代两京地区壁画墓考古资料的基础上，通过考古类型学研究方法，并结合文献记载对汉墓壁画上的男子首服进行初步分析。研究表明：冠是汉代男子首服中最主要的类型，帻在西汉中晚期以后大为流行，进贤冠是汉代较为常见的一种冠式，西汉时期男子戴冠多不加帻，东汉时期则在冠下加帻。汉代成年男子在正式场合须戴冠，是身份地位的象征，身份低微的人不能戴冠，只能戴巾、帻等。

关键词：汉代 两京地区 壁画 男子首服

首服是中国古代服饰的重要组成部分，最为显眼和鲜明，在古代男子二十岁行冠礼而为成人，《仪礼》首篇即为《士冠礼》。可见，举行冠礼是男子一生中不可或缺的大事。汉代男子首服主要有冠、帻、帽、巾等，在实物、遣策、帛画、俑（主要为陶俑和漆木俑）、画像石（砖）、壁画等考古资料中或多或少都可以看到汉代男子首服的身影。

两京地区作为汉代统治的中心地带，发现了数量众多、题材广泛、风格独特的壁画墓，这一地区的墓室壁画能够较好地反映汉代服饰的基本情况，故笔者选取壁画上的男子首服来进行分析研究。鉴于笔者才疏学浅，对壁画中男子首服的辨别与分析可能存在错误之处，不当之处，恳请方家斧正。

一 男子首服形制分析

汉代两京地区墓室壁画中男子首服主要有：进贤冠配帻、▯形冠配帻、单独戴冠不戴帻、单独戴帻不戴冠、竖棍形冠配帻、弁、帽、巾、裸髻、环形髻等，以下分开进行介绍。

A型 进贤冠配帻

进贤冠是古代公侯、文史、宗室成员的常备礼冠。《后汉书·舆服志》中对这种冠式的具体形制和使用等级进行了细致描述："进贤冠……文儒者之服也。前高七寸，后高三寸，长八寸。公侯三梁，中二千石以上至博士两梁，自博士以下至小史、私学弟子皆一梁。宗室刘氏亦两梁冠，示加服也。"[1] 在汉代，进贤冠常与介帻配合使用。《独断》卷下说："元帝额有壮发，不欲使人见，始进帻服之，群臣皆随焉；尚无巾，如今半帻而已。王莽无发乃施巾。故语曰：'王莽秃，帻施屋。'"[2] 自汉元帝始，戴帻渐成风气，进而流行在冠下加帻。两京地区汉代壁画墓中进贤冠下衬介帻的情况仅出现在洛阳市东北郊朱村2号墓[3]、山西夏县王村东汉墓[4]、陕西省旬邑县百子村东汉墓[5]三处，墓葬年代均为东汉中后期，结合其他汉画资料可知，西汉男子所戴进贤冠不加帻，而东汉却在冠下加帻。

洛阳市东北郊朱村2号墓墓室北壁男墓主人头戴一梁进贤冠，下衬介帻，面目慈善，阔鼻大耳（图一，1）。

洛阳市东北郊朱村2号墓墓室南壁安车出行图中车主头戴一梁进贤冠，下衬介帻，颌下长须，注视前方。

山西夏县王村东汉墓前室西壁甬道口南侧壁车马出行图中导骑头戴一梁进贤冠，下衬介帻。

陕西省旬邑县百子村东汉墓后室西壁着皂衣男子头戴一梁进贤冠，下衬介帻，发髻结于脑后（图一，2）。

陕西旬邑县百子村东汉墓前室西壁南侧画面中墓主人笼袖端坐，头戴一梁进贤冠，发髻结于头顶。

陕西旬邑县百子村东汉墓前室西壁北侧画面中右侧属吏头戴一梁进贤冠，下衬介帻，发髻结于脑后（图一，3）。

陕西旬邑县百子村东汉墓前室北壁西侧一皂衣男子头戴一梁进贤冠，下衬介帻，发髻结于脑后（图一，4）。

陕西旬邑县百子村东汉墓后室西壁素衣男子头戴一梁进贤冠，下衬介帻，发髻结于脑后（图一，5）。

陕西旬邑县百子村东汉墓后室西壁最北端下部

1   2

3   4

5   6

图一　进贤冠配帻[6]

1.洛阳朱村2号墓墓主人画像

2—6.陕西旬邑百子村东汉墓人像

车马出行图中一男子头戴一梁进贤冠，下衬介帻，发髻结于脑后（图一，6）。

B型　▢形冠配帻

据孙机考证，这种冠帻搭配的形制即汉代的武弁，武弁又叫武冠或武弁大冠，一般为武职官吏所戴。汉代的将领们常常戴着武弁大冠上阵杀敌，后武弁大冠逐渐退出了实战领域，在偃师杏园村首阳山电厂汉墓[7]前横堂南北两壁二骑吏和山西夏县王村东汉墓甬道东段拱券顶上一红衣男子所戴冠帻可以看出，原来结扎得很紧的网状的弁，此时却变成一个笼状硬壳嵌在介帻上，装饰性不言而喻。

洛阳八里台汉墓[8]墓室前山墙左、右侧高大男吏，均头戴▢形冠配帻（图二，1、2）。

陕西旬邑县百子村东汉墓后室西壁一跪坐红衣男子头戴▢形冠配帻（图二，3）。

陕西旬邑县百子村东汉墓墓门内甬道东壁一男子头戴▢形冠配帻，持盾，佩剑（图二，4）。

偃师杏园村首阳山电厂汉墓前横堂南北两壁二骑吏均戴▢形冠配帻（图二，5、6）。

荥阳市王村乡苌村汉墓[9]前室中部车马出行图中导前骑吏戴▢形冠配帻。

山西夏县王村东汉墓甬道东段拱券顶上一红衣男子头戴▢形冠，下衬红色介帻。

C型　单独戴冠不戴帻

洛阳八里台汉墓墓室前山墙横梁右侧五人均戴二梁进贤冠，冠带结于颔下（图三，1、2）。

洛阳西汉卜千秋墓[10]墓顶平脊上伏羲头戴一梁进贤冠，发髻结于脑后（图三，3）。

洛阳浅井头西汉壁画墓[11]墓顶平脊上伏羲头戴二梁进贤冠，发髻结于脑后（图三，4）。

洛阳烧沟61号汉墓[12]墓室后室的隔梁前壁横梁上一幅考证为"二桃杀三士"的历史题材类壁画中案左立一人，头戴进贤冠，冠带结于颔下；其左跪一人，发髻结于脑后，头戴三梁进贤冠。

洛阳烧沟61号汉墓墓室后室的隔梁前壁横梁上一幅考证为"孔子师项橐"的历史题材类壁画中一须发斑白的老者鼓掌大笑，发髻结于头顶靠后，戴

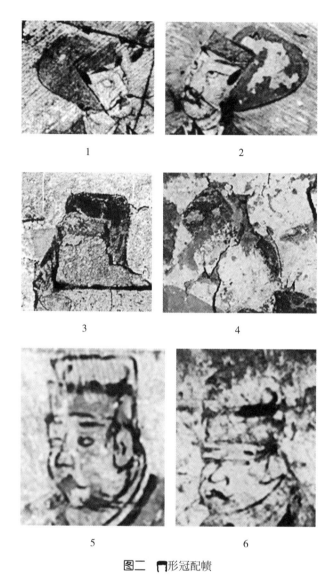

图二　◯形冠配帻

1、2.洛阳八里台汉墓男吏画像　3、4.陕西旬邑百子村东汉墓
男子画像　5、6.河南偃师杏园村首阳山电厂汉墓骑吏画像

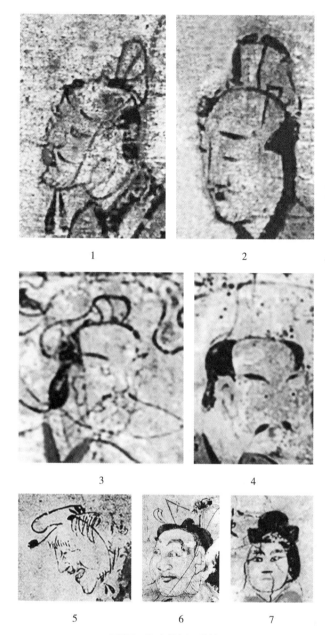

图三　单独戴冠不戴帻

1、2.洛阳八里台汉墓人像　3.洛阳西汉卜千秋墓伏羲画像
4.洛阳浅井头西汉壁画墓伏羲画像　5.洛阳烧沟61号汉墓老
者画像　6.河南新密后士郭村西3号墓男子画像　7.陕西旬邑
百子村东汉墓男子画像

冠，冠带结于颔下（图三，5）。

河南新密市后士郭村西3号墓[13]中室一着
红绿袍男子头戴一梁进贤冠，冠带结于颔下（图
三，6）。

荥阳市王村乡苌村汉墓前室上部一侧立老翁戴
进贤冠，浓眉大眼，颔下蓄须。

陕西旬邑县百子村东汉墓后室西壁一站立红衣
男子头戴高冠，发髻结于脑后（图三，7）。

D型　单独戴帻不戴冠

《后汉书·舆服志》中说："秦雄诸侯，乃加其武
将首饰为绛袙，以表贵贱，其后稍稍作颜题。汉兴，
续其颜，却摞之，施巾连题，却覆之，今丧帻是其制
也。名之曰帻。帻者，赜也，头首严赜也。至孝文乃

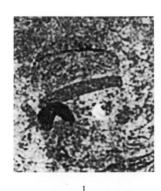 

1   2

图四　施"绛被袏"

1. 山西夏县王村东汉墓属吏画像

2. 陕西旬邑百子村东汉墓"邠王力士"画像

高颜题，续之为耳，崇其巾为屋，合后施收，上下群臣贵贱皆服之。文者长耳，武者短耳，称其冠也。"[14] 秦汉武将头部施"绛袏"，在咸阳杨家湾汉墓和汉阳陵陪葬坑出土的俑类中可以看到头部着绛袏的武士俑，在两京地区汉墓壁画上也可以找到其踪迹，如山西夏县王村东汉墓甬道南壁上栏众属吏均头戴巾帻，头部着绛袏（图四，1）。陕西旬邑县百子村东汉墓墓门外甬道东壁"邠王力士"发髻结于头顶，头部着绛袏，左手持盾，右手扬剑（图四，2）。

帻在西汉中晚期后广为流行，东汉时期，上至皇亲贵胄，下至随从小吏，单独着巾帻的形象非常普遍。原先只是"卑贱执事"戴的帻，贵胄显要在其平常家居之时也常使用。《后汉书·马援列传》李贤注引《东观记》曰："援初到，敕令中黄门引入，时上在宣德殿南庑下，但帻坐。"[15] 又《后汉书·舆服志》引《晋公卿礼秩》曰："大司马、将军、尉、骠骑、车骑、卫军、诸大将军开府从公者，着武冠，平上帻。"[16]

西安理工大学西汉壁画墓[17]墓室东壁中部偏上骑马狩猎图中一男子头戴白色巾帻。

西安理工大学西汉壁画墓墓室东壁中偏下部马上人物头戴介帻，作拉弓射箭状。墓室东壁中下偏北部人物头戴介帻，左手持弓，右手执鞭（图五，1）。

西安曲江翠竹园一号墓[18]西壁北部一武士头戴巾帻，脑后结髻，怀抱一长环首刀（图五，2）。

新密市打虎亭村西 2 号墓[19]中室东段券顶西起第五幅藻井南侧的骑马武士，头戴平上帻（图五，3）。

新密市打虎亭村西 2 号墓中室南壁东段上部迎宾图中主宾、轺车御手均戴平上帻。

偃师高龙乡辛村西南汉墓[20]中室西壁南侧庖厨图中部一男子为庖丁，头戴巾帻。

偃师杏园村首阳山电厂汉墓北壁、前横堂南北两壁骑吏、御夫、车主多头戴介帻、平上帻（图五，4—6）。

洛阳市东北郊朱村 2 号墓墓室南壁导车图中三人均头戴平上帻（图五，7）。

河南新密市后士郭村西 1 号墓中室北壁西侧燕居图窗内左侧一男子头戴白色平上帻，中室北壁中部窗内右侧一男子头戴白色平上帻（图五，8、9）。

荥阳市王村乡苌村汉墓前室中部车马出行图中御手、车主均戴平巾帻（图五，10）。

山西夏县王村东汉墓前室西壁甬道口南侧壁第四栏"进守长"车马出行图中导骑、御手、车主均戴介帻（图五，11、12）。

山西夏县王村东汉墓甬道南壁上栏众属吏均头戴平巾帻，额前着绛袏（图五，13）。

山西夏县王村东汉墓前室东壁中部帷帐内端坐的男性墓主人头戴平上帻。

E 型　竖棍形冠配帻

荥阳市王村乡苌村汉墓前室上部一驯马男子头戴一竖棍形冠配帻。

F 型　戴弁

《释名·释首饰》说："弁，如两手相合抃时也。"[21]《后汉书·舆服下》载："委貌冠、皮弁冠同制，长七寸，高四寸，制如覆杯，前高广，后卑锐。"[22] 可见弁应是外形似两手扣合、下丰上锐的椭圆形帽子。在荥阳市王村乡苌村汉墓前室上部可以看到一男性长者头戴弁，慈眉善目（图六）。

G 型　戴帽

由于汉代重视冠冕，所以帽子就不受人们的重视，

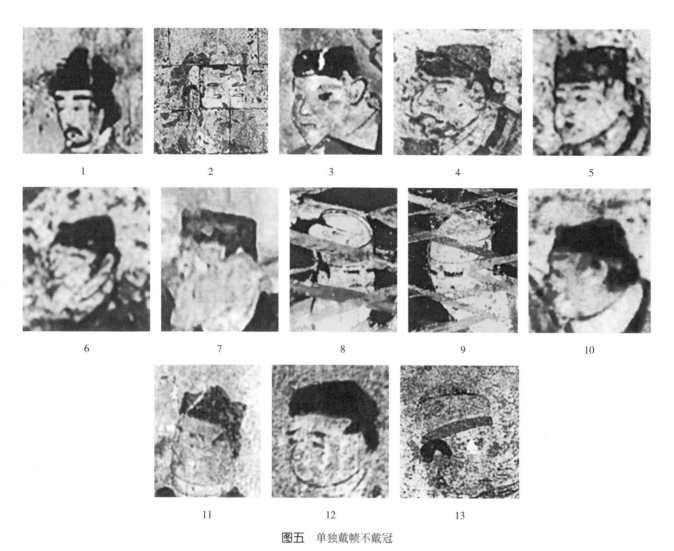

图五　单独戴帻不戴冠

1. 西安理工大学西汉壁画墓人像　2. 西安曲江翠竹园一号墓武士像　3. 河南新密打虎亭村西2号墓武士像

4—6. 河南偃师杏园村首阳山电厂汉墓人像　7. 洛阳东北郊朱村2号墓人像　8、9. 河南新密后土郭村西1号墓男子画像

10. 河南荥阳苌村汉墓人像　11—13. 山西夏县王村东汉墓人像

图六　戴弁

但是在汉代农事活动中，仍可以看到帽的踪迹。《尚书大传·略说》："周公对成王云：'古人冒而句领。'"[23]《淮南子·氾论训》："古者有鍪而绻领，以王天下者矣。"高注曰："'鍪，头着兜鍪帽'是也。"[24] 可见帽在远古时期就已经出现。《说文·冃部》："冃，小儿及蛮夷头衣也。"段玉裁注："小儿未冠，夷狄未能言冠，故不冠而帽。"[25]《后汉书·耿弇列传第九》："安得惶恐，走出门，脱帽抱马足降。"[26] 在山西平陆县枣园村汉墓[27]墓室北壁西段上层中就可以看到一农夫头戴白色尖顶小帽，驱车耧播的情景。这种帽子样

图七　戴帽

图八　戴巾

式与画像石中所见胡人帽的式样基本相同，农夫是否为胡人，鉴于材料比较单一，我们暂且存疑。

山西平陆县枣园村汉墓墓室西壁上层一短衣赤足的农夫，头戴圆顶帽，右手扶犁，左手扬鞭。

荥阳市王村乡苌村汉墓前室中部车马出行图中随从骑吏戴白色尖顶小帽（图七）。

山西平陆县枣园村汉墓墓室北壁西段上层中一农夫头戴白色尖顶小帽，驱车耧播。

H型　戴巾

《释名·释首饰》载："二十成人，士冠，庶人巾。"[28]汉代成年男子在正式场合须戴冠，是身份地位的象征。身份低微的人不能戴冠，只能戴巾、帻。如河南新密市后士郭村西3号墓前室东壁一着绿袍男子头缩绿巾，作躬身状（图八）。

陕西旬邑县百子村东汉墓前室北壁西侧一红衣男子头裹皂巾，作射箭状。

I型　裸髻

西安理工大学西汉壁画墓墓室东壁中偏北部一狩猎者发髻结于脑后，徒步追逐野猪。

西安曲江翠竹园一号墓北壁墓门西侧门吏头梳球形髻，面容丰满，弯眉修长，双目凝视，鼻阔唇红，八字须，络腮胡（图九，1）。

西安曲江翠竹园一号墓西壁北部一武士头梳小圆髻，发髻结于脑后，颔下结缨，腰系长剑（图九，2）。

洛阳八里台汉墓墓室前山墙右侧一男子头梳球形髻，两侧发髻上翘，左手持节，右手持斧，迈步向前（图九，3）。

洛阳烧沟61号汉墓墓室后室后山墙一跪坐男子，头顶结球形髻，手持一角形器（图九，4）。

洛阳烧沟61号汉墓墓室后室的隔梁前壁横梁上，一幅考证为"二桃杀三士"的历史题材类壁画，右手伸向盘中取桃者，发髻结于头顶，插黑色发簪于头顶。

山西平陆县枣园村汉墓墓室北壁西段上层中一老者头顶缩髻，扶杖蹲坐于树下栖息。

洛阳北郊石油站家属院689号墓[29]中室西壁上部常仪擎月图中，常仪为人首蛇身，头顶缩髻，脑后垂髻，留有八字胡须（图九，5）。

新密市打虎亭村西2号墓抛丸图中，两男子均独缩发髻，内插长簪（图九，6、7）。

新密市打虎亭村西2号墓中室券顶北侧角抵图中，二力士顶缩独髻，粗眉大眼，阔鼻络腮（图九，8、9）。

荥阳市王村乡苌村汉墓前室上部一男子单臂按于马背，双腿腾空，顶缩独髻。

新安县铁塔山汉墓[30]后室上部右侧男侍头顶结髻，插云头式发簪，双手持物荷于肩上（图九，10）。

陕西旬邑县百子村东汉墓墓门外甬道东壁"邠王力士"发髻结于头顶，左手持盾，右手扬剑（图九，11）。

陕西旬邑县百子村东汉墓前室南壁东侧画面右下方一牧童头梳高髻，发髻结于头顶（图九，12）。

陕西旬邑县百子村东汉墓前室西壁北侧画面中左侧属吏矮小，头梳高髻，发髻结于头顶（图九，13）。

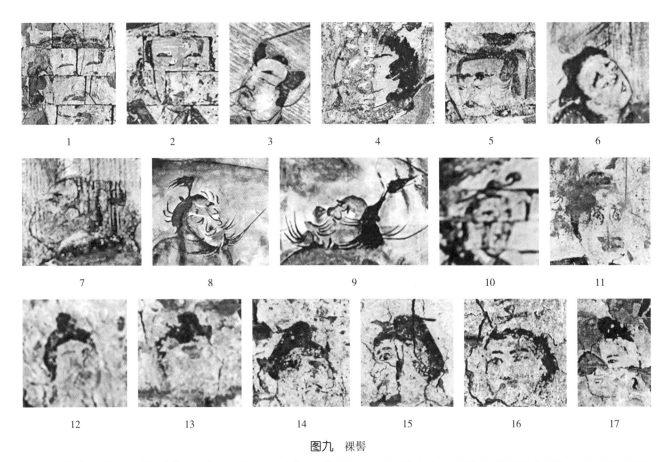

1	2	3	4	5	6
7	8	9	10	11
12	13	14	15	16	17

图九　裸髻

1、2.西安曲江翠竹园一号墓人像　3.洛阳八里台汉墓人像　4.洛阳烧沟61号汉墓人像　5.洛阳北郊石油站家属院689号墓常仪画像
6—9.河南新密打虎亭村西2号墓人像　10.河南新安铁塔山汉墓人像　11—17.陕西旬邑百子村东汉墓人像

图一〇　环形髻

陕西旬邑县百子村东汉墓前室东耳室南壁庖厨图中二跪坐男子头梳发髻，插簪，发髻结于脑后（图九，14、15）。

陕西旬邑县百子村东汉墓前室东耳室内北壁左侧第四人头梳发髻，发髻结于脑后，头上部题"益

金子"三字，应为人名（图九，16）。

陕西旬邑县百子村东汉墓前室东壁东耳室北侧树下一较为矮小男子头梳发髻，发髻结于头顶（图九，17）。

J型　环形髻

洛阳新安县磁涧里河村砖厂汉墓[31]空心砖上神

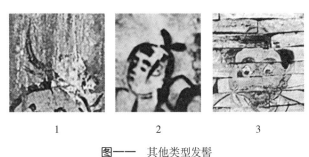

| 1 | 2 | 3 |

图一一　其他类型发髻

1.西安交通大学西汉晚期墓人像　2.河南荥阳苌村汉墓儿童像
3.河南新安铁塔山汉墓墓主人像

怪人首龙身，头绾环形髻，发髻结于脑后，上插簪，两鬓垂发（图一〇）。

西安交通大学西汉晚期墓主墓室顶部星象图中，青龙左侧跪坐男子头梳环形发髻，推测可能为仙人特有发髻。

K型　其他类型发髻

西安交通大学西汉晚期墓主墓室顶部星象图中双人舆鬼图中紫衣人物披头散发（图一一，1）。

洛阳烧沟61号汉墓墓室后室的隔梁前壁横梁上一幅考证为"孔子师项橐"的历史题材类壁画中，项橐梳双丫髻。

荥阳市王村乡苌村汉墓前室上部一儿童头梳倒"丫"字形小髻（图一一，2）。

新安县铁塔山汉墓[32]后壁墓主人凭几而坐，头顶发式较为奇特，突目朱唇，络腮胡（图一一，3）。

山西夏县王村东汉墓前室东券顶下部一羽翼仙人骑一振翅大鸟，一羽翼仙人侧立在一大鱼脊背上，二者均头戴三叉形冠。

二　使用人群探析

通过以上对汉代两京地区汉墓壁画中男子首服的形制分析可知，汉代男子首服主要有进贤冠配帻、▯形冠配帻、单独戴冠不戴帻、单独戴帻不戴冠、竖棍形冠配帻、弁、帽、巾、裸髻和环形髻等多种形式，类型多样，各类首服均有较为固定的使用人群和等级表征。

进贤冠是汉代较为常见的一种冠式，西汉时期冠下多不加帻，东汉流行在冠下加帻，主要见于东汉中晚期壁画墓中，使用人群主要有墓主人、导骑和属吏等；▯形冠配帻（或可称武弁大冠）一般为武官所戴，流行于西汉中晚期至东汉晚期，壁画中的武士、骑吏均佩戴此冠；单独戴冠不戴帻的情况主要流行于西汉中晚期至东汉晚期，上自"公侯"，下至"小史"均流行这种情况；帻在西汉中晚期后广为流行，东汉时期，上至皇亲贵胄，下至随从小吏，单独着帻的形象非常普遍。依据外部形态的差异可将帻分为介帻、平巾帻和平上帻三种，其中与进贤冠配合使用的叫介帻，使用人群既有墓主、车主、燕居人物等较高等级人员，也有武士、庖丁、骑吏、御夫、马夫等较低等级人员。戴弁者身份等级较高，如苌村汉墓前室上部一男性老者，从其着黄色长袍来看，地位应不低；戴帽、戴巾者等级较低，多为农夫或普通百姓。裸髻者人物庞杂，既有武士、小吏，也有侍者、杂耍人物等。环形髻、三叉形冠可能为仙人特有的发髻。儿童多梳双丫髻。

三　结语

综上所述，进贤冠下衬介帻的情况多见于东汉中晚期，且多见于墓主画像中，墓主具有一定的身份地位。帻在西汉中晚期以后大为流行，及至东汉时期，社会各阶层均流行戴帻。▯形冠配帻的形制应为汉代的武冠，从西汉中晚期开始出现，并进一步流行于东汉时期，使用者多为武士、骑吏等。此外，在汉代农事活动中，还可以看到戴帽的情况。

总的来看，冠在汉代社会有着非常重要的作用，同时也是身份地位的象征，西汉时期男子戴冠一般不加帻，而到了东汉时期则在冠下加帻，单独戴冠者身份一般来说比单独戴帻者要高。

注释：

［1］　〔南朝宋〕范晔：《后汉书·舆服志》，中华书局1965年，第3666页。

［2］　王念孙：《广雅疏证·释器》，中华书局2019年，第549页。

［3］　洛阳市第二文物工作队：《洛阳市朱村东汉壁画墓发掘简报》，《文物》1992年第12期。

［4］　山西省考古研究所等：《山西夏县王村东汉壁画墓》，《文物》1994年第8期。

［5］　陕西省考古研究所：《陕西旬邑发现东汉壁画墓》，《考古与文物》2002年第3期。

［6］　本文用图皆采自徐光冀主编：《中国出土壁画全集》，科学出版社2011年。

［7］ 中国社会科学院考古研究所河南第二文物工作队：《河南偃师杏园村东汉壁画墓》，《考古》1985年第1期。

［8］ 黄明芝：《洛阳汉墓壁画·八里台》，文物出版社1996年，第1—105页。

［9］ 郑州市文物考古研究所、荥阳市文物保护管理所：《河南荥阳苌村汉代壁画墓调查》，《文物》1996年第3期。

［10］ 洛阳博物馆：《洛阳卜千秋墓发掘简报》，《文物》1977年第6期。

［11］ 洛阳市第二文物工作队：《洛阳浅井头西汉壁画墓发掘简报》，《文物》1993年第5期。

［12］ 河南省文化局文物工作队：《洛阳西汉壁画墓发掘简报》，《考古学报》1964年第2期。

［13］ 河南省文物研究所：《密县后士郭汉画像石墓发掘报告》，《华夏考古》1987年第2期；安金槐：《河南密县后士郭三号汉墓调查记》，《华夏考古》1994年第3期。

［14］ 〔南朝宋〕范晔：《后汉书·舆服志》，中华书局1965年，第3670、3671页。

［15］ 〔南朝宋〕范晔：《后汉书·马援列传》，中华书局1965年，第830页。

［16］ 〔南朝宋〕范晔：《后汉书·舆服志》，中华书局1965年，第3668页。

［17］ 西安市文物保护研究所：《西安理工大学西汉壁画墓发掘简报》，《文物》2006年第5期。

［18］ 西安市文物保护研究所：《西安曲江翠竹园西汉壁画墓发掘简报》，《文物》2010年第1期。

［19］ 安金槐、王与刚：《密县打虎亭汉代画像石墓和壁画墓》，《文物》1972年第10期。

［20］ 洛阳市第二文物工作队：《洛阳偃师县新莽壁画墓清理简报》，《文物》1992年第12期。

［21］ 〔清〕孙诒让著、汪少华整理：《周礼正义》，中华书局2015年，第1971页。

［22］ 〔南朝宋〕范晔：《后汉书·舆服志·委貌冠皮弁冠》，中华书局1965年，第3665页。

［23］ 皮锡瑞撰：《尚书大传疏证》，商务印书馆2015年，第310页。

［24］ 〔汉〕刘安编、刘文典撰：《淮南鸿烈集解》，中华书局2011年，第419页。

［25］ 〔汉〕许慎：《说文解字》，中华书局1963年，第4781页。

［26］ 〔南朝宋〕范晔：《后汉书·耿秉列传》，中华书局1965年，第717页。

［27］ 山西省文物管理委员会：《山西平陆枣园村壁画汉墓》，《考古》1959年第9期。

［28］ 〔汉〕刘熙撰、愚若点校：《释名》，中华书局2020年，第68页。

［29］ 洛阳市文物工作队：《河南洛阳北郊汉墓》，《考古》1991年第8期。

［30］ 洛阳市文物工作队：《洛阳新安铁塔山汉墓发掘报告》，《文物》2002年第5期。

［31］ 沈天鹰：《洛阳博物馆新获几幅汉墓壁画》，《考古与文物》2006年第5期。

春秋吴王余祭、余眛纪年再探析

刘　光（南通大学文学院）

柴晓荣（南通大学文学院）

内容摘要： 吴国君主世系自寿梦始有清晰的纪年。然余祭、余眛的在位年数，文献记载有分歧：《春秋》《左传》记载余祭在位4年，余眛在位17年；而《史记》则记载余祭在位17年，余眛在位4年。学者或借助新出青铜兵器、简帛资料极力论证《史记》记载为是，然本文经过辨析认为其相关论据皆不足取，余祭、余眛在位年数仍当以《春秋》《左传》记载为是。

关键词： 余祭　余眛　《左传》　《史记》

春秋中后期，僻处东南的吴国煊赫一时，成为当时的霸主。吴国的王名、世系、纪年等问题，学者借助新出青铜兵器、简帛资料等材料已取得较大成绩。吴王余祭、余眛的纪年问题，世载互歧，学者或有新见，聚讼纷纭。笔者不揣简陋，对此问题略作探析，以就教于方家。

一

关于余祭、余眛在位年数，史籍有两种不同的记载：

第一种记载是余祭在位4年，余眛在位17年。《春秋》及《左传》皆持此说，相关记载如下：

> 阍弑吴子于祭。（《春秋》襄公二十九年）[1]
> 吴人伐越，获俘焉，以为阍，使守舟。吴子余祭观舟，阍以刀弑之。（《左传》襄公二十九年）[2]

余祭于襄公二十六年（前547年）即位，襄公二十九年（前544年）被弑，则在位4年。此后至昭公十五年（前527年），为余眛在位，即凡在位17年。

第二种记载是余祭在位17年，余眛在位4年。《史记》《吴越春秋》持此说，相关记载如下：

> 十七年，王余祭卒，弟余眛立。……四年，王余眛卒。[3]（《史记·吴世家》）
> 十七年，王余祭卒。余眛立，四年，卒。[4]（《吴越春秋·吴王寿梦传》）

又《十二诸侯年表》于余祭四年（前544年）载"守门阍杀余祭"，然亦将余祭在位年数延长至17年（前531年）。而记录余眛在位为4年，即前527—前524年。

二

关于这两种相异的观点孰是孰非，学者有不同的认识。

第一种观点认为《春秋》及《左传》是，而《史记》非。代表性的观点有司马贞、梁玉绳等。司马贞《史记·吴太伯世家索隐》云：

> 《春秋经》襄二十五年，吴子遏卒；二十九年，阍杀吴子余祭；昭十五年，吴子夷末卒。是余祭在位四年，余眛在位十七年。《系家》倒错二王之年。[5]

梁玉绳《史记志疑》卷八云：

> 春秋余祭在位四年，夷末在位十七年，《表》

* 本文为国家社科基金后期资助项目"东周吴国史料编年辑证与专题研究"（23FZSB002）阶段性成果。

与《世家》倒错二君之年。《吴越春秋》误仍之。而此余祭四年有"守门阍杀余祭之文，何也？盖后人因《史》误书，遂依《春秋》将六字移入四年。"[6]

又卷十七云："余祭四年，夷末十七年，《史》误倒。"[7]

综上所述，传统观点认为，《史记》搞错了余祭、余昧的在位年数，应当从《春秋》及《左传》，即余祭4年，余昧17年。

第二种观点认为《史记》是而《春秋》《左传》非。持此说者以徐建委、程义和张军政、曹锦炎为代表。几位先生从不同的角度进行论述。

徐建委从《春秋》经文本身入手进行分析。

徐建委认为《春秋》及《左传》的相关记载是错简，因而是不可靠的[8]。其论据概括起来有四点：

其一，依据相关记载，认为《左传》襄公二十九年"吴伐越"不可信。《左传》昭公十三年记载"夏，吴伐越，始用师于越也。"据此徐文认为吴越之争不会早于昭公晚年。徐文还进一步推测：从这条预言来看，此时的人亦认为吴越之争始于吴灭之前四十年，即鲁昭公三十二年也，故知《左传》襄公二十九年所载"吴人伐越"之辞不可靠。此段计二十四字，应该正是一支竹简的字数，不知是否为了释经而"错置"于此。

其二，根据州来的归属，判定襄公三十一年"延州来季子"的称谓不可信。并进一步推测此章之所以系于襄公三十一年，乃因二十九年"吴伐越"章也。

其三，《春秋》《左传》将余祭被杀置于季札赴鲁之前，极不合理。其论定的最主要依据是余祭刚刚去世，季札就出访诸国，于当时礼制不合。此说徐建委在另一篇文章中，对此说进行申述[9]。

其四，《史记》对吴国史的记载有其他来源，是与《春秋》《左传》有别的另一历史叙事传统。因此，吴王余祭卒年的记载，并非《史记》之误。

程义、张军政、曹锦炎等先生则是从新出材料

与传世文献合证入手。

程义、张军政结合新近入藏苏州博物馆的"余昧剑"铭文中伐麻、御荆、御越的三次战争的记载，认为这三次战争应发生在余昧被立为"嗣王"之前，即余祭在位时期。……故关于余祭、余昧在位时间的问题，仍应以《史记》为准，即余祭在位17年，余昧在位4年[10]。

其后，程义还对此说进行了进一步的申述，他说：

> 董珊、李家浩等学者认为苏博余昧剑中的"伐麻"之战不一定就是"取三邑（棘、栎、麻）"而去之战，而是文献失载的另一次战争。此说于情于理都不太合理。因为能写在剑铭里的一定是非常关键的事件，而文献记载也应该是非常重要的事件，所以漏载之说，恐难立足。因此，对于余昧、余祭在位年数，我们既有《史记》等文献的记载，又有金文的证据，所以在此，我们就以《史记》为准[11]。

曹锦炎对剑铭进行考释后认为，余昧受余祭之命"伐麻""御荆""御越"的三次军事行动分别发生在昭公四年、昭公十二年、昭公五年，特别是昭公十二年的战争是因楚国伐徐国而引起的。昭公十二年当余祭十七年，据《史记·吴太伯世家》载，"十七年，王余祭卒，弟余昧立。王余昧二年，楚公子弃疾弑其君灵王代立焉"，两剑铭与《左传》《史记》的记载可以互证。因此余昧受余祭之命代为吴王的年代只能卡在昭公十二年楚伐徐的战争之后。所以，《史记》记载余祭在位17年（前547—前531年），余昧在位4年（前530—前527年），完全正确[12]。

综上所述，以上徐建委、程义、曹锦炎等先生从不同角度进行论述，对传统的"以《史记》为非"的观点提出了质疑，对《史记》记载进行了申述。

三

徐建委、程义、曹锦炎等先生的新说虽然有道理，但仍有可以商榷的空间，试分别辨析如下。

（一）徐建委说献疑

第一，徐建委据昭公十三年"夏，吴伐越，始用师于越也"，认为襄公二十九年"吴伐越"的记载不可信。这个说法并不可信。首先，从文本性质来看，"始用师于越"属于"解传语"。关于解传语的性质，王和先生指出：

> 《左传》解经语、解传语问题非常复杂，史料价值高下迥异，且常有各类情况混淆掺杂，很难分辨[13]。

那么此句价值如何，是否符合历史事实，亦未必可以轻下断言。传文"始用师于越"大概是强调《春秋》经文第一次记载了吴越之间的战斗，亦可以理解为吴国第一次将"用师于越"之事告知鲁国[14]，而鲁史书之。杜预注"自此之前，虽疆事小争，未尝用大兵"当是"始用师于越"的正确理解。因此，从这个层面来讲，徐文以此为据来否定襄公二十九年相关记载是靠不住的。

第二，徐文所举"延州来季子"称谓不符合吴楚对州来争夺的史实。此论据亦不可靠。实际上这种称谓"超前"的现象，在史书中多见。因此江永《春秋地理考实》卷四"延州来"条谓：

> 是年，吴未灭州来，而赵文子已称"延州来季子"者，史家之辞，实当称延陵季子[15]。

此论符合史书惯例，据此，则徐文第二条论据亦不足。

第三，徐文认为吴国国君新丧，季札就进行初聘观乐的行为不合理，他论述道：

> 先君卒没未满一月，便出聘于鲁，大观周乐，未言一字国丧之辞，随后又遍游诸国，亦未言及国家之事，唯展风采而已，此何等非常之怪事？[16]

徐先生从情理入手进行判断，有一定道理。然做此判断的前提，是对《左传》"季札观乐"这段文字的性质进行判断。王和先生对此有详细论述，他说：

> 本年所记吴季札聘问列国事，至鲁观乐一段，由古到今脍炙人口。据经言"吴子使季札来聘"，可知确有其事，而具体过程或有夸大传说成分。盖吴、越虽于春秋晚期盛极一时，然兴起既晚，历时又短，故《左传》所记吴、越史事篇幅不多，而有清楚日期者尤少，只有吴师伐楚入郢及越师入吴等数事时间清楚，其余应皆为取自他国史书及辗转传闻。而季札是春秋晚期志行高洁、学识渊博、见解卓越的人物，与师旷、晏婴、子产等皆闻名一时，故而流传后世的传闻传说较多。如本年至鲁观乐，对于各国音乐的评价都精确而到位，足证其精通音律；但许多评论都隐含预言的性质，显然有后世加工附会的成分。而语言文字许多地方都不是春秋风格。……显然绝非实录，而系后世的文学加工及传闻传说。其余聘问列国之事亦如此[17]。

王和先生认为"季札出聘"之事确有其事，然其中论乐之事经过文学加工，非实录。就连徐先生自己，也承认"季札观乐"之记载也非实录。他说：

> 《左传》中的季札观乐也不能当成鲁襄公二十九年的材料来使用。原因在于《左传》所载季札出聘诸国，几乎每到一处，季札都会有语言性的判断，且大多与未来的历史轨迹合辙，故季札之行为或为真，但《左传》的记录晚于实际历史。……《左传》所载季札自鲁至晋的一系列故事，其材料时限，不会早于公元前403年[18]。

既然此段并非实录，而是后世加工之传闻，那么又何来怪异之事？由此来看，此一论据亦缺乏坚实的基础。

第四，至于徐文所谓"另一吴国历史叙事系统"，其依据是《史记·吴世家》《吴越春秋》都只记载"余祭卒"，而未录"阍杀余祭"之事。这一论据实际上也是不可靠的。《史记》在叙述某一历史事件时，往往将其散落在各篇当中，只有将其合观，才能了解完整的史实。《吴世家》中虽然没有记载余祭卒的原因，但在《十二诸侯年表》中，对此做了说明是"守门阍杀余祭"，由此来看，《左传》与《史记》各篇应同出一源，并不存在"不同历史叙事系统"。

综上所述，徐文认为"阍弑吴子余祭"是错简，《史记》关于余祭的纪年无误的观点是站不住脚的。

（二）程义、曹锦炎说献疑

程义、曹锦炎先生说的核心论据是将新出余昩剑"伐麻"事件与《左传》昭公四年"冬，吴伐楚，入棘、栎、麻，以报朱方之役"的记载相印证。此事，《吴世家》系于余祭十年，若依《春秋》系统，则此时已是夷末（余昩）在位时期。

将出土文献资料与传世记载相结合的"二重证据法"是研究古史的有效方法，但是在使用这种研究方法的过程中一定要注重所谓的"度"，要避免过分寻求出土文献与传世文献共同性的情况出现[19]。

此处出现的"伐麻"事件，是否就一定是《左传》昭公四年所记载的那场战争呢？程先生认为能记载在剑铭上的事，都是很重要的事，文献漏载的

可能性不大。从逻辑上来讲，这样的论断是有缺憾的。出土文献所记载的重要事件并不都在传世文献中有记载，就此剑铭而言，铭文所记载的"御楚""御越"之事也应当发生在余祭在位时期，然文献中也没有关于这两件事的记载[20]。因此，将铭文与《左传》文献的记载简单相合是不可取的，也不能得出正确的结论。

综上所述，程义、曹锦炎先生的观点，亦不足为确证。

四

我们认为余祭、余昩的在位年数应当以《春秋》《左传》的记载为是，还可以补充以下两点论据：

其一，《春秋》作为鲁国官修史书，具有较强的可靠性。《春秋》经里所记载的都接近当时的实录。襄公二十九年所载"阍弑吴子余祭""吴子使季札来聘"都是当时国家间的重要事件。依据《春秋》之例，经文记载吴国国君的名字，是由于吴国将其国君卒亡的消息赴告诸国，且鲁与吴有同盟关系，所以"赴以名"[21]。至于"出聘"之事，为两国间的外交活动，其记载错误的可能性几乎不存在。

其二，"阍弑余祭"是战国秦汉间流传比较广泛的事件，不唯《左传》,《公羊》《穀梁》《春秋繁露》以及马王堆出土的帛书《春秋事语》中都有相同的记载，其误记的可能性也是极低的。

综上所述，余祭、余昩在位年数，仍当以《春秋》《左传》为是，即余祭在位4年，余昩在位17年。

注释：

[1] 杨伯峻：《春秋左传注》（修订本），中华书局2016年，第1274页。

[2] 杨伯峻：《春秋左传注》（修订本），中华书局2016年，第1278页。

[3] 〔西汉〕司马迁：《史记》，中华书局标点本修订本，中华书局2013年，第1764、1765页。

[4] 〔东汉〕赵晔著、周生春辑校汇考：《吴越春秋辑校汇考》，中华书局2019年，第10页。

[5] 〔西汉〕司马迁：《史记》，中华书局标点本修订本，中华书局2013年，第1764页。

[6] 〔清〕梁玉绳撰、贺次君点校：《史记志疑》，中华书局1981年，第363页。

[7] 〔清〕梁玉绳撰、贺次君点校：《史记志疑》，中华书局1981年，第838页。

[8] 徐建委：《〈春秋〉"阍弑吴子余祭"条释证——续论〈左传〉的古本与今本》，《北京师范大学学报》（社会科学版）2015年第5期。

［9］　徐建委：《季札观乐诸问题辩证——兼论早期儒家对先秦知识的塑造》，《文学评论》2018年第5期。

［10］　程义、张军政：《苏州博物馆新入藏吴王余昧剑初探》，《文物》2015年第9期。

［11］　程义：《吴国史新证——出土文献视野下的〈吴太伯世家〉》，上海古籍出版社2022年，第58页。

［12］　曹锦炎：《新见攻王姑發皮难剑铭文及相关问题》，《出土文献与古文字研究》（第六辑），上海古籍出版社2015年，第143—149页。

［13］　王和：《左传探源》，社会科学文献出版社2019年，第31页。

［14］　此类告用师之事在春秋时期亦有其例。如《左传》襄公八年记载"晋范宣子来聘，且拜公之辱，告将用师于郑。"即此例。

［15］　〔清〕江永：《春秋地理考实》，贾贵荣、宋志英辑：《春秋战国史研究文献丛刊》（第四册），国家图书馆出版社2009年，第124页。

［16］　徐建委：《〈春秋〉"阍弑吴子余祭"条释证——续论〈左传〉的古本与今本》，《北京师范大学学报》（社会科学版）2015年第5期。

［17］　王和：《左传探源》，社会科学文献出版社2019年，第522、523页。

［18］　徐建委：《季札观乐诸问题辩证——兼论早期儒家对先秦知识的塑造》，《文学评论》2018年第5期。

［19］　笔者曾对此现象有所阐述。参看刘光：《出土文献与吴越史专题研究》，清华大学博士学位论文，2018年，第11、12页。

［20］　曹锦炎先生在《左传》中找出了相应的记载，然殊为牵强，不可信。

［21］　《左传》隐公七年记载"凡诸侯同盟，於是称名，故薨则赴以名"，杜预注云："盟以名告神，故薨亦以名告同盟。"

太平天国原刻印书《建天京于金陵论》刍议

潘彬彬（南京市博物总馆）

内容摘要：《建天京于金陵论》作为太平天国官方刊印的政治宣传书籍之一，在当时主要起到鼓舞士气、争夺舆论主导权等作用。特别是明确了战略定位，稳定了后方基地；协调了高层思想，鼓舞了军队士气；维护了洪杨权威，打击了清廷统治。该印书对于太平天国定都南京、巩固政权具有重要意义。

关键词： 太平天国　建天京于金陵论　定都

1851年（太平天国历辛开元年），太平军于广西金田起义，建号"太平天国"。自此以后，太平天国陆续出版了多种书籍，当时称为"诏书"或"天书""圣书"，后来学者为研究方便，名之为"太平天国印书"或称"太平天国官书"。《建天京于金陵论》作为论证、阐述定都金陵意义的论文集，共收集参与或了解太平天国起义历程的作者如邓辅廷、叶春森、沈世祁、何震川、吴荣宽等人所撰写的同名论文41篇。作者异口同声地歌颂金陵，并从金陵的政治、经济、历史、文化等多角度来论证太平天国为什么要定都金陵。

一　太平天国建都定鼎的争论

（一）建都河南论

进军中原，"欲取河南为家"的倡议始于1852年8月太平军攻打长沙。北攻长沙较之于南返广西可谓战略进取，是役，西王萧朝贵以不足两千之数的弱旅远离大部队进攻长沙，并于次日中炮重伤不治，最终去世。洪杨主力得信率主力部队驰援时已是10月上旬，清军数万人猬集于长沙，太平军攻城难下却要反遭包围，最终只能撤围，于水陆洲大败向荣转向。在撤围前后，太平军领导层对今后的战略方针做了讨论规划。其中，以洪秀全为首的部分领导人"计及移营，欲由益阳县欲靠洞庭湖边而到常德，

欲取河南为家"[1]，"由襄樊一路窜河南"[2]（主要为广西籍女将卞三娘提议，罗大纲等附议）。此后，太平军经由宁乡抵益阳，经湘阴入洞庭湖，并于1853年1月中旬攻占武昌。驻足武昌期间"或言据武昌为伪都，遣兵道襄樊，北犯中原"[3]。虽然后来杨秀清借由"天父降凡"暂时统一了太平军的意见以"专意金陵"，但直到太平天国已经攻克金陵时，洪秀全仍然"心欲结往河南，欲取得河南为业"[4]。

（二）建都金陵论

太平天国建都金陵的政治主张早在金田起义时便已萌发，当时太平军的一大口号是"一打南京，二打北京"，[5]将攻取南京作为首要的战略目标。1952年4月，南王冯云山率军攻取全州途经蓑衣渡时中伏牺牲，太平军改道入湘南、占道州。在此前

图一　《建天京于金陵论》封面（南京市博物总馆太平天国历史博物馆藏）

后，太平军中因骤失南王等因素产生动摇，部分人员欲返战两广。杨秀清提出"循江而东，略城堡，舍要害，专意金陵，据为根本，然后遣将四出，分扰南北"[6]，仍然坚持建都金陵。如果说1852年11月末太平军撤围长沙前，"取江南为业"的计划还只能是空中楼阁，那么当太平军取道宁乡进抵益阳获得了数千条民船，乃至经湘阴入洞庭湖，攻占武汉三镇，"建天京于金陵"的实现概率已大大提升。在进驻武昌时期，依旧是杨秀清主导建都金陵的意见，"或言金陵府饶财富，宜踞为根本，徐图进取，杨秀清主之，遂决意东"[7]，并通过"天父降凡"的形式强行统一了意见。此后，虽经攻克金陵入城前洪秀全的意见反复，但最终实现了"建天京于金陵"。

（三）第三种声音

除"取河南为家"和"建天京于金陵"外，在太平天国发展过程中曾有过其他不同的战略主张，但未言明建都。如全州之役冯云山战殁至攻占道州前后曾有部分人主张返回广西；进攻长沙受挫转而攻占武汉三镇后，石达开提出"先行入川，再图四扰"。但这些都是暂时性的意见或者说是不占主流，未能引起太平军首脑洪、杨重视的暂时性主张。

二 《建天京于金陵论》概述

（一）《建天京于金陵论》的版本与刊印目的

目前为止，现存的《建天京于金陵论》有太平天国癸好三年、甲寅四年和戊午八年三种版本。中国社会科学院近代史研究所收藏的原刻本无封面，附录有"旨准颁行诏书总目"共计21部，卷末盖有"戊午遵改"朱戳。巴黎国立东方语言学校图书馆所藏抄本，其封面题有"太平天国癸好三年新镌"，但从附录的21部"旨准颁行诏书总目"讫于甲寅四年版《天理要论》来看，该版本为甲寅本。澳大利亚国家图书馆藏有一部《建天京于金陵论》，正文前冠"旨准颁行诏书总目"，列书目21部，从最后一部《天理要论》来看，应为重刻本。国内流传的《建天京于金陵论》多为影印或排印的甲寅本、戊午本。

戊午、己未年，太平天国按照洪秀全旨意，于政局动荡之际（天京事变及石达开率部出走）对

图二 《建天京于金陵论》目录（南京市博物总馆太平天国历史博物馆藏）

《建天京于金陵论》等书进行了修改。对照甲寅四年本和戊午八年本来看，戊午八年本的修改，主要是订正此前刻本的错误并对遣词造句进行完善，改正基于太平天国颁行制度下的称谓。

南京市博物总馆太平天国历史博物馆现藏有一部太平天国癸好三年本的《建天京于金陵论》，该书纵25厘米，横14.5厘米，厚0.5厘米，质量88.65克；扉页题"太平天国癸好三年新镌"，半页目录十一行，行二十四字，正文半页十行，行二十四字；左右双栏，上下单栏，上书口镌"建天京于金陵论"；封面一页，诏书总目一页，正文二十九页，共三十一页。2017年在江苏省文物局牵头组织下，南京图书馆、南京博物院等相关单位的古籍专家对这部《建天京于金陵论》原刻印书开展了定级工作。专家们一致认为，这件集中阐述太平天国建都问题的原刻印书，与国内外其他版本相比较，不仅年代较早，而且品相较好，存世稀少，具有重要的文物、文献及历史价值。根据文物定级标准，经慎重研究，确定其为国家一级文物。

《建天京于金陵论》的刊行有其特定的政治目的。其主要目的是为了平息建都争论，特别是"取

河南为家"还是"取金陵为家"的争论。如前所述，金陵城破时，"天王心欲结往河南，欲取得河南为业"。洪秀全作为太平天国最主要的领导人之一，以天王之尊尚未能统一思想，自己尚想要分兵镇守江南，大军直驱中原，更何况麾下数以十万计的军兵，数以万计官吏？因此刊行《建天京于金陵论》，明确定都金陵的政治正确性，阐释普及金陵在军事争夺、地理区位、经济体量、城防攻守、仓库储积等方面的诸多突出优势，分析河南地区在地理区位、水利条件、钱粮供应、敌我态势等方面的相对劣势，便显得尤为必要而迫切了。

（二）《建天京于金陵论》的主要内容

《建天京于金陵论》是论证定都金陵的战略优势，间有提及取河南为业的战略劣势。其中言之有物的30篇，泛泛而谈金陵有"王气"，占"形势"之胜因而定都于此的又占其中三分之一，真正对定都金陵做简要论述的仅有吴容宽、马之沄、叶春森、宋溶生、黄从善、沈世祁等数人撰写的文章。马之沄指出："金陵地连三楚，势控长江，地理不为不延广矣。群山屏围，长江襟带，山河不为不峻险矣。钟阜旋绕如蟠，石城屹立相距，城郭不为不坚固矣。"[8]叶春森指出："金陵为王气所钟，襟三江而带五湖，包东吴而连北越，得其人主，出可以战，处可以守……带甲百万，粟支十年，国家有事，遣大将征之，西通川广，东望浙闽。"[9]这些相关文章就金陵的地理区位、战事攻防、后勤储备、人口资源、王气所钟等作了简要的分析论述，惜乎未能展开进行具体的阐释。

（三）小天堂新释

太平军在起义过程中曾多次提及"小天堂"之说。太平天国历辛开元年七月十九日，天王洪秀全于茶地曾下诏劝勉太平军众"总要个个保齐，同见小天堂威风"。同年永安称王后的九月二十五日，洪秀全下诏时称："俟到小天堂，以定官职高低，小功有小赏，大功有大封，各宜努力自爱。"十月十二日的诏旨称："上到小天堂，凡一概同打江山功勋等臣，大则封承相、检点、指挥、将军、侍卫，至小亦军

帅职，累代世袭，龙袍角带在天朝。"[10]可以看出，1851年太平军初兴时，"小天堂"便确有所指，最起码可以说曾明确了将来"小天堂"的设置。梁发在《劝世良言》里曾解释何为"天国"，何为"神之国"："一样，指天堂永乐之福，系善人死后，其灵魂享受之真福也。一样，指地上凡敬信救世主耶稣众人，聚集拜神天上帝之公会也。"[11]与耶路撒冷为耶稣逝世之地，为三教圣城相似，洪秀全自诩为上帝之子，其将定都之地也必定是人间"小天堂"。而太平军早期提出"一打南京，二打北京"的目标，打北京直隶因其为"妖穴罪隶"，打金陵城必然是因为它是选定的"小天堂"。

三　《建天京于金陵论》的重要意义和历史局限性

（一）《建天京于金陵论》的重要意义

其一，明确了战略定位，稳定了后方基地。太平天国首义人员和中坚力量基本为广西籍，客家人。太平军在定都金陵前采取流动作战的方式，虽多战必胜、攻必克的情况，但无稳定的后方根据地和统治中枢地。这在战事遭遇挫折的时候极易引起全军思想混乱和战略保守倾向，如全州之役、长沙围城战前后南、西两王身死，便引起了以广西籍为主的两广军士回师两广、株守一隅的念头。定都金陵、刊印《建天京于金陵论》，坚定了全军上下以金陵为家、取江南为战略根据地的思想，为太平天国与清政府在长江南北地区的争衡提供了进退便利的稳固后方。同时也使得太平军免于像明末李自成一样四处出击，虽一度攻占北京，但因无稳固后方，终为清廷所乘，一朝败亡，而太平天国却凭借鄂、皖、苏产粮区与清廷周旋抗衡十数年。

其二，协调了高层思想，鼓舞了军队士气。定都问题的争论，映射出的是太平天国高层战略方针上的分歧，也影响着太平天国在将来的战略进取。《李秀成自述》里提及金陵城下，是杨秀清座船水手以"河南河水小而无粮，敌困不能救解。尔今得江南，有长江之险，又有舟只万千，又何必往河南"[12]等数语坚定了杨秀清定都金陵的信念，虽显不经，

但从侧面反映了在一定范围内的太平军中下层也认识到如进军中原，"取河南为业"，河南后勤保障差、清廷武装力量强大、河南四战之地地理区位差这些问题无法避免。而《建天京于金陵论》的刊印补充了定都金陵之优势和进取河南之劣势的相关论证，较之前杨秀清以"天父降凡"形式强行统一意见更显温和有效，也争取了以洪秀全为首的太平天国内部较大范围内的支持。

与此同时，建都金陵、刊印《建天京于金陵论》，鼓舞了全军战士的战斗信心和士气，使得太平军以往因流动式作战、攻城而不守，一遇战事失利往往军心受挫的现象得到缓解。定都这一既成事实也有力回击了军中遇挫便起、认为无法在清廷统治核心的江南地区争胜而应该返乡作战的错误思潮。

其三，维护了洪杨权威，打击了清廷统治。南京及其周边的江南地区是清政府重兵严防死守的主要粮税来源区、主要对外贸易区，是清政府统治力辐射力度巨大的地区。定都金陵，刊印《建天京于金陵论》传播天下，极大地削弱了清政府的统治权威，打击了清政府的专制统治，使得长江以南有脱离清廷统治的趋势。受此影响，上海的小刀会，长江以北的捻军，南方地区的天地会，西南地区的少数民族也纷纷起义，使得清廷的统治基础渐趋瓦解。而另一方面，随着定都金陵已成既定事实，做出这一抉择结束长期流动作战方针的洪杨二人的权威得到极大提升，以洪杨为首的太平军高层的权威也逐步上升。

（二）《建天京于金陵论》的历史局限性

其一，内容枯燥主观，削弱了宣传的效果。该书所收41篇论文少则数十字，多不过百余字，篇幅太小，其中奉承"天父""天兄""天王"的文字便占其半，客观上无充分说理论述的空间。从行文风格来看，多为"官样文章"，匠气十足，论地理区位多是"虎踞龙蟠"，论建都成功主因多是天父天兄之恩泽，论建都优势多是"王气所钟"，满足于文字辞藻的单调重复罗列。同时该书且多有自说自话式的主观妄断，这一点可从高频"关键词"中窥视出来，如何"王气所钟""形势"胜，怎样的"城池固""虎踞龙蟠"，都不做具体的论述。甚至陈阳生之文竟述及金陵"北距岱宗"，乔彦材之文论及金陵"北接岱宗西临沧海"，可谓是胡言妄语，不知所谓[13]。这样的文章也只能说聊胜于无，遑论宣传效果了。

其二，反向推导原因，影响了结果的科学。《建天京于金陵论》的刊行很大程度上是因为洪杨特别是杨秀清强行统一太平天国内关于定都相关争论的需要。其基于既定的定都金陵的事实，论述阐释定都金陵如何恰当必要，由既定结果推导前因，影响了论述结果的科学性。东王杨秀清一直是建都金陵论的主要主张者、坚定支持者、关键决定者，很大程度上依靠特殊的权威地位使定都金陵成为事实，但在刊印《建天京于金陵论》以统一太平天国内关于定都的争论时过于武断，方式方法过于粗糙甚至于敷衍。既没有对"取河南为业"的对错从军事斗争、地理区位、后勤供给等角度进行详备的论述，也没有对"取江南为业"定都金陵的战略考量、抉择原因、军事争衡优势、地理区位优点等进行宣传阐释，仅满足于刊印"其然"，不关注"其所以然"。

其三，战略视野狭隘，妨碍了后期的进取。由于历史的不可重复性，倘若太平军攻克武昌后一意全军北上"取河南为业"，最终是推翻清廷统治抑或陷入其十面埋伏最终功败垂成，我们无法得知，但《建天京于金陵论》作为定都金陵的政治宣言，其定都金陵的战略考量及论述一定程度上也影响了太平天国后期的进取问题。从全书层面来看，论文作者着眼的多是地理区位、战事攻防、后勤供给、人力资源等角度单单论述定都金陵的优势，未能着眼于打击清廷统治甚至取清廷而代之的角度，所有的考量多停留在长江以南。其战略考量未能着眼于太平天国定都后如何扩大既得战果、巩固后方基地；未能考量如何聚合占领区太平军势力与清廷争衡，进而推翻清廷统治。甚至于如何利用金陵优势处理近在咫尺的江南、江北大营的军事威胁问题；如何扩大在苏南、江南地区的政治影响力，争夺湖广和苏杭湖主要产粮区问题，这些竟没有丝毫的提及。这些战略上的短视甚至于无视，都影响了后期太平天国的发展壮大。

注释:

[1] 广西壮族自治区通志馆:《忠王李秀成自述校补本》,广西壮族自治区人民出版社1960年,第9页。

[2] 樗园退叟编:《盾鼻随闻录》卷二,《近代中国史资料丛刊》,台湾文海出版社1966年,第42页。

[3] 王定安:《规复湖北篇》,《湘军记》卷三,岳麓书社1983年,第23页。

[4] 广西壮族自治区通志馆:《忠王李秀成自述校补本》,广西壮族自治区人民出版社1960年,第10页。

[5] 丛新:《太平天国建都南京》,《江苏教育》1983年第15期。

[6] 张德坚:《贼情汇纂》卷十一,国学图书馆1932年。

[7] 王定安:《规复湖北篇》,《湘军记》卷三,岳麓书社1983年,第23页。

[8] 程演生:《建天京于金陵论》,《太平天国史料》第一集,北京大学出版部1926年,第190-191页。

[9] 程演生:《建天京于金陵论》,《太平天国史料》第一集,北京大学出版部1926年,第191页。

[10] 程演生:《天命诏旨书》,《太平天国史料》第一集,北京大学出版部1926年,第56、60、62页。

[11] 梁发:《论富人难得天堂永远之福》,《劝世良言》,台湾学生书局1985年,第21页。

[12] 广西壮族自治区通志馆:《忠王李秀成自述校补本》,广西壮族自治区人民出版社1960年,第10页。

[13] 程演生:《建天京于金陵论》,《太平天国史料》第一集,北京大学出版部1926年,第212、217页。

新发现缪荃孙致陆继辉尺牍考释

韩 续（浙江师范大学方志文化研究与传承协同创新中心）

内容摘要：新发现的缪荃孙致陆继辉的尺牍涉及三方面内容：第一，建议其调整《元石偶存》、《金石札记》与《金石补正》的结构关系。第二，对《金石札记》中的两处内容提出具体的修订意见。第三，借阅《金石补正》的唐代部分以先睹为快。此封尺牍在内容方面与《艺风堂友朋书札》中所收录的陆继辉致缪荃孙的两封尺牍存在先后关系。由此封尺牍及稿本《八琼室金石补正》中留存的缪荃孙批注，可以看出缪荃孙间接影响了稿本《八琼室金石补正》的修订。

关键词：缪荃孙 陆继辉 《八琼室金石补正》 尺牍

笔者近来在上海图书馆整理陆增祥《八琼室金石补正》（以下简称《补正》）的过程中得见一封缪荃孙致陆继辉的尺牍（图一），该封尺牍夹于稿本《补正》之中。写信者缪荃孙（1844—1919年），字筱珊，号艺风老人，江苏江阴人，著名藏书家、金石学家。收信者陆继辉（1839—1905年），字樾士，号蔚廷，江苏太仓人，陆增祥次子。陆继辉曾协助其父陆增祥整理校订《补正》，而另著有《补正续编》六十四卷。经过调查，该封尺牍尚未收录于通行本《缪荃孙全集》之中，亦不为当代学者所提及。尺牍内容涉及缪荃孙对《八琼室金石札记》（以下简称《金石札记》）的体例、内容的修订诸事，反映了缪荃孙、陆继辉二人的学术交游，因此具有较高的文献价值。兹迻录如下，略为考释，以期助力于相关问题的研究。

《金石札记》已阅一遍，似可附全书之尾。《元石偶存》亦宜编入《札记》作第二卷，不必另立名目也。《筠清馆金石目录书后》小注，刘氏所刻有《长安获古编》《汀州苍玉洞题名》，

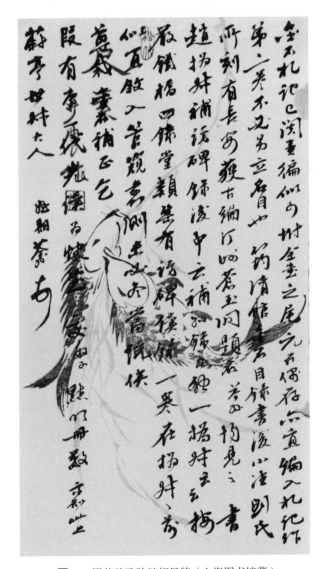

图一 缪荃孙致陆继辉尺牍（上海图书馆藏）

荃孙均见之。《书赵㧑叔补访碑录后》中云补孙录者独一㧑叔云云。按严铁桥《四录堂类集》有《访碑续录》一卷，在㧑叔前，似宜叙入。管窥蠡测，未必尽当，统俟尊裁。《金石补正》乞假有唐一代先读为快。宜交奴子点明册数，

示知，此上蔚亭世叔大人。

　　　　侄期荃孙顿首。

　　简而言之，缪荃孙在此封尺牍中主要谈到三个问题：第一，建议陆继辉调整《元石偶存》《金石札记》与《金石补正》的结构关系。第二，对《金石札记》中的两处内容提出了修改意见。第三，借阅《金石补正》的唐代部分以先睹为快。尺牍虽未署写作时间，但通过分析其内容及梳理相关文献，便不难发现，在《艺风堂友朋书札》所收录的陆继辉致缪荃孙的十四封尺牍中，就有两封尺牍与此封尺牍存在极大的关系。它们分别是编号为第五与第六的两封尺牍，兹亦将两封尺牍迻录于此，以作对照分析。

第五封

筱珊仁兄同年大人阁下：

　　暌来年余，渴思山积。忆前岁猝遭大故，伏承矜唁，厚赙遗加，至今心感。只以经营丧葬，未遑致书，尤为悚歉。迩来伏惟侍福康娱，着祺佳胜如颂为慰。昨晤蘅甫，得读所致手书，承询先严遗著，具征关切，曷胜感戴。弟居忧乡里，谫陋寡闻，深虑手泽留贻，弗克负荷。春间先将《补正》稿本按次分卷，周秦一、汉六、三国一、晋至隋二十、唐五十、五代三、宋四十、辽金七、外国二，凡百三十卷。每卷约一万余字。又附《祛伪》一卷，雇书手抄录清本，随时校对，尚未周遍，初校不过据原稿校对而已。拟俟初校既毕，然后检各拓本覆校碑文，检所引原书覆校跋语。目下窘乡困守，刻资万无可筹，惟有校成定本，以俟异日。其《札记》四卷，多载三代彝器及汉器款识，当时随得随记，未挨次序，尚须悉心厘订。至《篆墨述诂》一书，虽共二十四卷，而每卷约字七八万。先严于初稿既成，即作《古今字表》，意欲俟表成，将原书拆卸，分类重次，与表相辅而行，未及卒业也。弟素承大雅，不以

荒陋见鄙，尚祈一一指教，实为万祷。行述一册、志铭二纸，谨以附陈，倘蒙锡以鸿文，俾光家乘，感且不朽。史馆文苑，例得采录，惟全书抄录非易，势难送馆备查。如凡例可资采择，伏候赐示，即当缮寄耳。余俟续陈，恭叩年伯大人钧安，即请开安。年小弟制陆继辉顿首。嘉平廿六日。

　　家兄均此请安。

　　舍间住太仓城内镇民桥西首[1]。

　　此封尺牍篇幅虽长，但内容却十分清晰。陆继辉函中所言"前岁猝遭大故"，实是指其父陆增祥病逝一事，陆增祥于光绪八年（1882年）六月病逝于故里太仓，而函末落款时间为"嘉平廿六日"，我们据此可以推知此封尺牍应写于光绪十年（1884年）十二月廿六日。即陆增祥逝世之后，缪荃孙曾致唁陆继辉，后又致函关切陆增祥遗著之事。此封编号第五的尺牍就是陆继辉在太仓丁忧期间写给缪荃孙的详细答复。

　　根据陆继辉函中所言"昨晤蘅甫，得读所致手书"以及尺牍结尾注明太仓住址，笔者推断，缪荃孙前致陆继辉书函时可能并不清楚陆氏在太仓的详细住址，因此先致函其江阴同乡缪蘅甫，托其代为转询。而此期间，缪荃孙在京师任国史馆总纂。因此，陆继辉随函一同寄去其父陆增祥的相关资料，以备史馆采录。我们再结合上文缪荃孙尺牍中的内容，以及函末落款所题"侄期荃孙顿首"，即可知此封新发现的尺牍应写在编号第五封尺牍之后，因此以"侄期荃孙"自称。

第六封

　　手教并《札记》五卷，读悉种种。《元石偶存》并入《札记》，甚协。附去《补正》唐刻五十卷祈检入。讹字甚多，未及校正也。若有未协处，乞逐条记出示悉，感祷之至。敬请筱珊仁兄同年大人简安。弟继辉顿首[2]。

此封编号第六的尺牍应该就是陆继辉对新发现的缪荃孙尺牍的直接回复。陆继辉在复函中对缪荃孙建议其调整《元石偶存》与《金石札记》的结构关系表示认同，并且也应允了缪荃孙希望借阅《补正》唐刻部分的请求。此外，陆继辉在函中还提到了希望缪荃孙能够对《补正》唐刻部分的讹误之处逐条记出。由于此函之后相关尺牍的缺失，二人是否有关于《补正》唐刻部分的更多商讨，我们就不得而知了。然而，笔者在上海图书馆所藏稿本《补正》卷三十七《唐田赞暨姬氏合袝志》部分就恰好发现了一条缪荃孙所作的批注。陆增祥在稿本《补正》卷三十七《唐田赞暨姬氏合袝志》中所作考证原文如下：

> 君姓半蚀，似王又似田。文云“妫镜长明”“巢姜晵瑞”，当是田氏。然篆盖完好，王字明显，抑非此志之盖，误合为一也。拓本为缪筱山编修荃孙所赠，筱山能考金石者，姑从原题录之。襆字不见字书，未详其义。环中即寰中，古封。音膏，音为晋之形讹[3]。

据上文可见，陆增祥在收到缪荃孙所赠《田赞暨姬氏合袝志》的拓本之初，就已对此志、盖提出了明确的质疑，但由于未见原物而缺乏足够的证据，且缪氏又以金石考证见长，因此在著录此通拓本时姑且仍以缪氏所录为准。上文便是我们所能见到的陆增祥关于此志的最初的考证原文。缪荃孙在借阅《补正》唐刻部分时，读到此处，特以贴签批注的形式对自己此前的讹误进行了厘清更正，缪氏言道：

> 志与盖非一碑，荃孙前校帖贾题签，今已改《田赞志》。《王君志盖》须另编入志盖一类[4]。

由于相关尺牍的缺失，我们只能推测在缪荃孙归还《补正》唐刻部分后，陆继辉即根据缪荃孙所作的批注对稿本原文进行了修改。因此，我们今天在希古楼刻本《补正》中所见到的陆增祥的考证便成了如下版本：

> 君姓半蚀，似田。文云“妫镜长明”“巢姜晵瑞”，当是田氏。襆字不见字书，未详其义。环中即寰中，古封。音膏，音为晋之形讹[5]。

此外，如前文所言，缪荃孙在尺牍中还对《金石札记》中的两处内容提出了具体的修订意见。据《金石札记》卷一《筠清馆金石记目序》载：“刘氏辑《金石苑》八种：《三巴舂古志》《长安获古录》《洛阳存古录》《龙门造像录》《六朝唐以来墓志》《乌石山鼓山题名》《昭陵碑考》《海东金石志》，惟《三巴舂古志》已梓。”[6]《金石札记》卷一《书赵㧑叔〈补访碑录〉后》：“海内嗜古家补王书者不乏封人，补孙录者独一㧑叔，其志尚矣。”[7]可见，缪荃孙即是针对以上两处内容提出的修订意见。缪氏在尺牍中举证较为充分，但我们在稿本与希古楼刊本《金石札记》中都未见到有人对此两处内容进行明显的修订。

事实上，我们纵观《补正》全书不难发现，书中收录的巴蜀地区石刻多得缪荃孙之助。陆增祥亦曾复函缪荃孙，对其自西蜀遥寄拓本表示感谢，陆氏曾言道：“蒙惠梁蜀石本，远道不遗，感谢感谢。弟自来五筸，山城荒僻，闻见阒然，于此道如隔人世。辱荷益以寡有，并许续赐百余种，不觉欢欣鼓舞矣。”[8]现在看来，缪荃孙除了遥寄拓本以补陆增祥所藏之缺，也一直关心着《补正》的编撰情况。而由本文可见，缪氏还对稿本《补正》的内容提出了具体的修订意见，此则一直不为学界所知。

注释:

[1] 钱伯城、郭群一整理:《艺风堂友朋书札》,上海人民出版社2018年,第73、74页。

[2] 钱伯城、郭群一整理:《艺风堂友朋书札》,上海人民出版社2018年,第74页。

[3] 〔清〕陆增祥:《金石补正》卷三十七《唐田赞暨姬氏合祔志》,上海图书馆藏稿本。

[4] 缪荃孙批注见上海图书馆藏稿本《金石补正》页眉。

[5] 〔清〕陆增祥:《八琼室金石补正》卷三十七《唐田赞暨姬氏合祔志》,《续修四库全书》第896册,上海古籍出版社2002年,第643页。

[6] 〔清〕陆增祥:《八琼室金石札记》卷一《筠清馆金石记目序》,《续修四库全书》第899册,上海古籍出版社2002年,第3页。

[7] 〔清〕陆增祥:《八琼室金石札记》卷一《书赵㧑叔〈补访碑录〉后》,《续修四库全书》第899册,上海古籍出版社2002年,第4页。

[8] 钱伯城、郭群一整理:《艺风堂友朋书札》,上海人民出版社2018年,第1页。

太仓海宁寺洪钟考略

之 远（辽海出版社）

内容摘要：清末金石学家吴云旧藏有元延祐四年太仓海宁寺洪钟残片拓本，查该洪钟铭词为元代文学家章嘉所写，亦是章嘉的一篇佚文，而有关太仓海宁寺洪钟的条目屡见于明、清、民国诸版《太仓州志》和学人所编金石文献。元明清三代，海宁寺铜钟及其附属建筑为吴中一著名胜迹，文人墨客多有诗文题咏，士子重阳登高撞钟以祈求功名更成为太仓的一种风尚。惜该铜钟毁于同治三年，现唯有吴云旧藏的残片拓本留存，成为研究原物及吴地地方文化的宝贵资料。

关键词：太仓海宁寺铜钟 《太仓州志》拓本

笔者在整理清末著名金石学家吴云遗文时，曾见其旧藏"太仓海宁寺洪钟残片"拓本及其亲笔跋文一段。观拓本上的铭文署款，为元代文学家章嘉，检当今学者所编《全元文》，虽辑有章氏之文多篇，但却将此文遗漏，故此铭文是章嘉的一篇佚文。再查元明清三代地方文献及江南学人所编金石文献，始知太仓海宁寺洪钟的由来过往：曾为吴中佛教中著名呗器，载于志书笔乘，也曾是文人墨客吟咏题记的胜迹，多有诗文记述，惜毁于清末。今幸有吴云旧藏残片拓本流传，可作为原物仅存的实证，学人亦可借此了解一段地方古事。

一 元代太仓海宁寺的创建及其洪钟的铸成

太仓海宁寺旧址，在今太仓市弇山园东部，今有石基、石柱等出土。关于该寺的创建，最早也是最可靠的文献是元代赵孟頫的《昆山州重建海宁禅寺碑》。原碑今保存较好，高 148 厘米，宽 70 厘米，碑文共 900 多字，除五字模糊难以辨认外，其余皆清晰可识。碑文较为详细地记录了海宁寺的创建过程，今节引如下：

娄东海宁禅寺创梁天监中，盖尼妙莲故址也。尼以矢节得度，荼毗日，烟焰中皆现莲华状，乡人因以题庵。建炎间，地属郏承直氏，郏复施僧设庐。绍兴二年，改广法教院。入皇元，毁于乙亥之变，而佛像独存，僧景宣披榛鼎建。大德初，海水涨溢，东起崇明，西及真州。时朱左丞清以万户佩虎符于海上，遂请额于朝以压之，因仍其名赐焉。……越二年，延祐改元，徙昆山州于太仓，岁诣海宁祝厘。……大元延祐二年夏四月浴佛日，集贤阁学士吴兴赵孟頫撰并书[1]。

赵孟頫此碑作于元延祐二年（1315年），当时海宁寺已重建成，但碑文中未提及铸造洪钟事。洪钟的铸成时间，当以其铭文为准。章嘉这篇铭文《全元文》失收，但在《嘉靖太仓州志》中录有部分铭文共154字，明末吴江人周永年所编的《吴都法乘》一书也曾据此志转引，今依《嘉靖太仓州志》录之如下：

皇元延祐四年岁次丁巳十月甲午朔越十日癸卯，昆山州海宁寺洪钟成，朝列大夫昆山州兼劝农事王安贞属翰林院国史编修官章嘉（编者按："嘉"字应为笔误，当为"嘉"）为之铭曰：

海宁捷推，昔冶惟铁。声愔臂咤，布萨爰设。縶兹新城，昕晦攸节。匪烈其声，蒙聩胡醒。范铜改铸，李帅初营。贤牧王公，克笃厥成。力量山峙，号令风靡。填咽瑶施，雨天输鬼。兕氏告功，颙□柑□。剑轮在空，浪舶扬风。履道坦坦，不若不逢。福覃沙界，圣祚延洪[2]。

按常理，凡新铸佛钟，当于钟上记录捐助人名姓等，以示功德。《嘉靖太仓州志》只节录了海宁寺洪钟上章嘉的前序与铭词，未详细记录捐助人等。关于这一点，清代程祖庆所编的《吴郡金石目》及钱大昕的《金石文跋尾》可以作为旁证。《吴郡金石目》"海宁寺洪钟款"条记述道：

> 正书署款一行云："皇元延祐四年岁次丁巳十月甲子朔越十日癸卯，昆山海宁寺洪钟成，朝列大夫昆山州知州兼劝农事王安（编者按：脱"贞"字）属翰林国史院编修官章嘉为之铭。"又有造寺男女衔位、姓名及助缘、化缘寺僧、匠人名。旧在太仓州海宁寺钟楼。州于元时地属昆山，故署款云云。其年月铭词及有衔位姓名，俱工整不苟；其余多草率，字多破体，如以"娘"作"奵"、以"舁"为"興"、以"舉"为"牵"之类。钟高七尺许，今移在州城东门内钟楼[3]。

钱大昕《金石文跋尾》卷十九"海宁寺钟铭"条则不但简要引述了洪钟的制造经过，还记载了洪钟上捐助人姓名的铸刻位置及其中两位捐助人的身份：

> 右海宁寺钟铭，延祐四年昆山州知州王安贞属翰林国史编修官章嘉为之铭。考《元史》仁宗皇庆二年十月徙昆山州治于太仓，故铭有"新城"之目。寺有铁钟久矣，至安贞始范铜易之。周遭列出钱人姓名，其首行云："造寺故大檀越资得大夫大司农河南江北等处行中书省左丞相公朱君夫人却氏、胡氏。"所云"左丞朱君"者，谓朱清也[4]。

笔者按：洪钟上之所以出现《吴郡金石目》所说的"其年月铭词及有衔位姓名，俱工整不苟；其余多草率，字多破体"的情况，应是章嘉当时所写只限于铭词和有衔位的捐助者——如《金石文跋尾》

所说的已故行中书省左丞朱清的两位夫人却氏、胡氏。其余捐助者也应为数不少，但章嘉作铭文不可能一一罗列，而由他人将其余这些人的姓名补写于"周遭"，也就是洪钟上实际有两个人的笔体，所以才出现所谓其余"字多破体"的现象——如《吴郡金石目》所说的"奵""興""牵"，这几个字实际上是民间便于书写的俗字，《宋元以来俗字谱》等字书皆有收录。程祖庆从儒生的角度认为是"破体"，也属正常。

综合以上史料，我们可以大体概括出海宁寺洪钟的建造缘由和经过：海宁寺在元延祐四年（1317年）以前原有铁制的洪钟。元皇庆二年（1313年）将昆山州的治所迁徙到了太仓，昆山州的知州王安贞重建了海宁寺，大概是为求新气象，所以众人集资募捐，铸造了一座高七尺许的新铜钟。为纪念此事，王安贞请当时名儒、翰林院编修章嘉作铭文，并铸刻铭文及捐助者姓名于钟上，其中部分捐助者的姓名非章嘉所书，而由他人以俗书补录。

二 明代海宁寺洪钟的两次迁移过程

明代因太仓建置和防卫等需要，海宁寺洪钟曾两次迁移，先移到距海宁寺不远的报本寺，后移置太仓朝阳门钟楼。对此，方志及文人笔记皆有记载。

明《嘉靖太仓州志》卷之十《寺观》"报本禅寺"条记道：

> 报本禅寺，在海门第一桥北。元大德庚子海道千户宋佑颧府买地以建。洪武十一年僧常在移额于海宁寺之东。……正德元年知州瞿敬移置海宁寺铜钟。七年知州汪惇移钟楼建[5]。

清嘉庆壬戌（1802年）《直隶太仓州志》卷五十一《名迹》"铜钟"条记道：

> 铜钟，元延祐四年知州王安贞铸，旧悬海宁寺。明正德元年知州瞿敬迁报本寺。万历五年兵备道王叔杲开朝阳水门，架楼关右，移置于此。钟径五尺有奇，围三丈。晨昏二鸣，声

闻十里外[6]。

清嘉道间诗人邵廷烈《娄江杂诗》之《梵钟禅院》一诗小序亦记道：

> 梵钟禅院，在朝阳门水关内，俗名钟楼。楼悬大铜钟，元延祐四年铸，旧在海宁寺。万历五年，兵备道王叔杲架楼移置[7]。

另民国己未（1919年）《太仓州志》卷二十五《艺文》"附录金石名迹"之"铜钟"条也录引嘉庆《直隶太仓州志》的记载。

正德元年（1506年）将洪钟从海宁寺迁移到报本寺，当是海宁寺在元末明初逐渐衰落的缘故。海宁寺在元末明初的战争中遭到严重破坏，"至元间一毁于兵火，其间俄修而俄坏者，不知其几也"[8]。明万历二十四年（1596年），海宁寺又一次全面重建，当时"名宦王世贞欲劝缘更新，经营数年未竟而身殁，四方祭拜者则竞相为此捐输金钱，以资冥福，未几竟告成功"[9]。海宁寺虽重建成功，但原有洪钟已无法回归，因早在万历五年（1577年）兵备道王叔杲在太仓朝阳门架设城楼，设置水关、钟楼，而设置钟楼则必要有钟，于是王氏便将原海宁寺洪钟从报本寺移到朝阳门。王叔杲这样做，是经过多方谋划，出于交通、经济、战备等综合考虑的。对此，王世贞在其《弇州续稿》卷五十六《文部·记》之《开太仓州朝阳关记》一文中有叙述：

> 王公以燕见诸生，而问所宜兴者。诸生刘大伦等对曰："州故有娄江云，自西而南而东达于海，据三方而抱吾州，以为形势海潮之至者，日夜各得一焉。……乌粟货币之寓于舟者亦从而入，以共吾州吏民。其东关尤号称利便，而先年有警于海者，谓其近之故。……是以其民萧索而不舒，所进不过襁负。是以生理薄而坐困。窃以为复东水关便。"王公瞿然而听，曰："固也，吾且行相地焉。"……仅十五日而工毕。

> 王公察度势，尤以为东少库，不能与西敌，乃崇钟楼以俯瞰之。钟声发则百雉，而内外无不闻者[10]。

但在民间传说中，王叔杲在太仓朝阳门建钟楼、移洪钟另有目的。民国《太仓州志》卷二十七《杂记上》说：

> 苏松兵宪王公叔杲，永嘉人，善青乌术。相吾州中巽方宜建钟楼，则文风振起，秋榜必发解元。既而楼成，公使击钟，审听云："解元已不可得矣。"又使击，乃云："五魁中尚有列名者。"是科万历丙子，陆公起龙以《礼经》为第四人；后己卯陆公大成、壬午王公士骐联得解元；戊子王公衡复冠顺天四科三元，卒副所期焉[11]。

这个故事颇具传奇色彩，但它在明清时一定在太仓广为流传，所以才有清代方志所记的文人士子登高敲钟、祈求功名的传统（详下节）。不论如何，王叔杲的建钟楼、移洪钟之举，虽使洪钟未能回归海宁寺，却发挥了更大的作用，这是可以肯定的。自二次迁移后，洪钟就一直在朝阳门内，从万历五年（1577年）至清同治三年（1864年）的近290年里未再迁移。

三 元明清三代海宁寺洪钟的文化功效

元明清三代，太仓一带佛教盛行。此洪钟因是纯铜铸造且体形硕大、声音洪亮，又有名家铭词，所以早得盛名。元末明初洪钟尚在海宁寺中时，"西寺晚钟"——因海宁寺俗称西寺——就已成为吴中一道著名风景，当时的著名诗人马麐将它与"古塘秋月""半泾潮生""淮云雪霁""娄江馈饷""岳麓晴烟""武陵市舍""吴浦归帆"并列为"沧江八景"而位居其首，足见对它的青睐。马麐曾作诗描绘道：

> 楼观参差映落晖，数声敲罢客应归。
> 山僧贪看长松树，犹自哦诗坐翠微[12]。

自万历五年王叔杲开太仓朝阳门，建钟楼、移洪钟后，朝阳门附近逐渐成为一处水陆交通发达、商旅往来的繁华之地。后围绕钟楼又建梵钟禅院，而钟楼渐成禅院的俗名。据清嘉庆《直隶太仓州志》，明末清初钟楼曾遭破坏，但康熙十二年（1673年）、乾隆二十九年（1764年）两次重修，尤其是乾隆二十九年的这次重修实际是对钟楼进行了扩建，"加层楼为六，较旧高二丈许"。嘉庆六年（1801年），太仓知州康基田又进行了一次大规模的扩建，不但疏通水道，修缮钟楼，更在钟楼前建了一座文帝庙。康基田在《文帝庙记》中说道：

> 今上勤政之六年，命天下郡邑守长崇祀文帝，春秋祭用太牢，典礼如帝制，以是年八月望后二日为祭始。余时方修州治东南钟楼，其地为禅寺，昔人于此建塔置钟，开朝阳门水关，引水入城，环绕其下。寺内兼祀文昌，盖取齐巽见离之意，然未立专庙。余相度形势，思葺而新之，式廓其制，崇祀文帝。……既讫工，州人来观者相望与道，欢声盈路。士大夫乐得胜地，而又喜有专祠，至于久而不能废，相与咏歌其事。农夫欣于野，商贾庆于市[13]。

康基田的记述并非地方官员的恃功自夸，此次大规模的扩建确实使得太仓朝阳门附近成了一时名胜。尤其是文帝庙与钟楼的结合，赋予了钟楼及其洪钟更多的文化色彩。在文风极盛的太仓一带，树立这样一个文化地标，也使得楼中的洪钟更引人注目，使得文人墨客加以关注，如程祖庆《吴郡金石目》、缪荃孙的《金石分地编目》等金石文献都将此洪钟记录其中。而除"晨昏二鸣，声闻十里外"之外，"重九日登楼撞钟"与传统重阳登高的风俗结合在一起，逐渐成为太仓的一种祈福求祥的民俗或传统。民国《太仓州志》卷三《风土》有记：

> 九月九日重阳节食重阳糕（染粉红、黄色相间作糕），集梵钟楼登高，是日晴主一冬无雨[14]。

对于当地的经生学子来说，九月九日登上朝阳门钟楼撞钟则与科举仕进联系起来，成为一种心理上的暗示。上文所述王叔杲因善堪舆之术、为振发太仓文风而修钟楼、移洪钟的传说，大概是在这种心理作用下产生的，并使得登楼撞钟、祈求功名的做法风靡一时。邵廷烈《梵钟禅院》一诗对此刻画生动：

> 梵钟禅院快登高，九月争题彩笔豪。
> 艳说文昌气冲斗，何人独步占近鳌？[15]

如此，这座元延祐四年修建的洪钟，在清代中后期可以说发挥了它最大的文化功效。这与它铸造之初只作为海宁寺佛钟的身份相比，虽变得更加世俗化，却也不失其祈福迎祥的本旨。

四　海宁寺洪钟的被毁及其遗痕

清代咸丰、同治年间局势动荡，战乱并起。太仓作为江南重镇，饱受战乱之苦。太平天国运动期间，太仓一时成为太平军与清军的拉锯地带。咸丰十年（1860年），太平军占领太仓，海宁寺在兵灾中被毁，成了一片废墟，从此再未能恢复，民国后开辟为公园的一部分。元代洪钟因早在350多年前就被迁移到别处，因而在本次灾难中得以幸免，但它的不幸也很快到来。

同治二年（1863年）三月，清军击败太平军，克复太仓。经过三年战乱的太仓城受损严重，建筑多破败不堪。洪钟的所在朝阳门本就是战场之一，但钟楼及铜钟尚存。没承想在次年的六月，躲过兵燹的洪钟却因为一场大风而遭毁坏。民国《太仓州志》卷二十五《艺文》"附录金石名迹"之"铜钟"条简略记述道：

> 同治三年六月大风，楼圮，钟亦随坏，以其废铜制圣庙祭器[16]。

同书卷三《风土》也有类似记述，但只说"楼毁，无登高处也"[17]，未提及洪钟同时被毁事。同书卷二十六《祥异》言："三年甲子六月十日，飓风大作，竟日不止。坏城东南钟楼及王文肃公祠前坊。"[18]对于大风发生的时间更为凿凿。由此可见，同治三年（1864年）六月太仓确有一场罕见的飓风，严重毁坏了钟楼及其他建筑，钟楼被毁坍塌，古钟可能因此从高处摔落而破碎。后人无法登高撞钟，破坏了原有风俗，才使得民国纂修《太仓州志》者再三地记述此事。"以其废铜制圣庙祭器"也当非空穴来风，因民国修《太仓州志》时距同治三年并不算远，乡人经历或闻知此事者当为数不少，民国《太仓州志》如无根据大可含糊其词，不必如此明确。

但是关于洪钟的被毁原因，清末金石学家吴云却有另一说法，即认为洪钟毁于兵火而非大风。吴云的说法见于他在海宁寺洪钟残片拓本所作的跋文，现洪钟残片已不知去向，但拓本保存完好。吴云的跋系用墨笔题于拓本的左下方，全文如下：

> 延祐四年丁巳至洪武元年戊申五十一年，由戊申至大清顺治元年甲申二百七十六年，由甲申至今壬申又阅二百三十年矣。此钟历五百数十年，毁于兵火。赖此数行文字，后之人犹得考其缘起。汉人制器，必详书其岁月，良有以也。（末钤"两罍轩考订金石文字"朱文印）

吴云在咸丰间曾任苏州府知府，历史上太仓曾隶属苏州府，清初升为直隶州，但两地毗邻，文化则一脉，作为清末著名金石学家的吴云对太仓这座元代洪钟应该有所耳闻。太平军占领苏州前，吴云奉令往上海求救兵。清军克复太仓、苏州后，他不再出仕，寓居上海专门从事金石书画研究。他的跋文作于壬申年（1872年），时太平天国已败亡近十

年，"赖此数行文字"，未说"残片"，可能他本人最后见到的也只是拓片而已。所以吴云的说法可能更多是揣测，似不如民国《太仓州志》可靠。换个角度看，清军与太平军之战也可能对洪钟起到了很强的破坏作用，再加之大风楼圮，本就老化的洪钟不堪重负，终于破碎，所以吴云把钟毁归结于"兵火"，似也说得通。

这两种说法无论孰正孰误，都不重要了。这座"历五百数十年"的洪钟毁于一旦，才是最令人痛心之事，亦是方域之悲、时代之悲、文化之悲。

这座洪钟仅有的影像遗存，便只是吴云旧藏的这张残片拓本。拓本长63厘米，宽30厘米，左侧呈半弧形，据弧形可判断为断裂所致。正中拓印了洪钟上章嚞的全部词序及铭词残字共125个，系正楷阳文，与《嘉靖太仓州志》所记录的钟上是"铸文"、《吴郡金石目》所说的"俱工整不苟"全然吻合，但铸造时是否就是用章嚞亲笔翻作砂型，因无其他章嚞书法可以比对，暂不能肯定。拓本铭词中残存的125个字中有两处与《嘉靖太仓州志》的记载不同：一即上文所述"章嚞"之"嚞"《嘉靖太仓州志》误作"嘉"；二是《嘉靖太仓州志》所录铭词"海宁捷推"中的"捷推"，吴云拓本作"犍椎"。"捷推"不通，明抄本《吴都法乘》转引《太仓州志》时已改作"犍椎"，今观拓本，原字很清晰，实是"犍椎"无疑。"犍椎"者，梵语Ghantā的音译，原意为"声鸣"。该词由来已久，唐玄奘《大唐西域记·迦毕试国》："黑云若起，急击犍椎，我闻其声，恶心当息。"[19]显然，《嘉靖太仓州志》所录也是笔误。

七百余年前的洪钟早已不复存在，唯有此一纸拓本，可供后人窥见其旧日皇皇盛貌之一斑，令人不胜嘘唏。

注释：

[1] 〔元〕赵孟頫：《昆山州重建海宁禅寺碑》，《太仓历代碑刻》，文物出版社2016年，第7页。

[2] 〔明〕周士佐修、〔明〕张寅纂：《嘉靖太仓州志》卷九"铜钟铸文"条，《天一阁藏明代方志选刊续编》第20册，上海书店2014年，

第684、685页。

［3］〔清〕陈祖庆编：《吴郡金石目》"海宁寺洪钟"条，《丛书集成初编》本，商务印书馆1936年，第34页。

［4］〔清〕钱大昕：《金石文跋尾》卷十九"海宁寺钟铭"条，清光绪间长沙龙氏家塾重刊本。

［5］〔明〕周士佐修、〔明〕张寅纂：《嘉靖太仓州志》卷十"报本禅寺"条，《天一阁藏明代方志选刊续编》第20册，上海书店2014年，第705页。

［6］〔清〕王昶等纂修：《嘉庆直隶太仓州志》卷五十一《名迹》"铜钟"条，《续修四库全书》卷六九八《史部·地理类》，上海古籍出版社2002年，第88页。

［7］〔清〕邵廷烈：《娄江杂诗》，《中华竹枝词全编（三）》，北京出版社2007年，第512页。

［8］〔明〕王锡爵：《太仓州重建海宁寺记》，《太仓历代碑刻》，文物出版社2016年，第39页。

［9］〔明〕王锡爵：《太仓州重建海宁寺记》后附"简介"，《太仓历代碑刻》，文物出版社2016年，第39页。

［10］〔明〕王世贞：《弇州续稿》卷五十六《文部·记·开太仓州朝阳关记》，《景印文渊阁四库全书》本，台湾商务印书馆1982年，第737、738页。

［11］王祖畬等纂修：《太仓州志》卷二十七《杂记上》，1919年刻本，第20页。

［12］〔明〕李端修、〔明〕桑悦纂：《弘治太仓州志》卷十上《诗文》，光绪丁未（1907年）缪荃孙汇刻本。

［13］〔清〕王昶等纂修：《嘉庆直隶太仓州志》卷四《营建上·坛庙》"文帝庙"条，《续修四库全书》卷六九七《史部·地理类》，上海古籍出版社2002年，第58页。

［14］王祖畬等纂修：《太仓州志》卷三《风土》，1919年刻本，第10页。

［15］〔清〕邵廷烈：《娄江杂诗》，《中华竹枝词全编（三）》，北京出版社2007年，第512页。

［16］王祖畬等纂修：《太仓州志》卷二十五《艺文·附录金石名迹》"铜钟"条，1919年刻本，第29页。

［17］王祖畬等纂修：《太仓州志》卷三《风土》，1919年刻本，第10页。

［18］王祖畬等纂修：《太仓州志》卷二十六《祥异》，1919年刻本，第14页。

［19］〔唐〕玄奘撰、章巽校点：《大唐西域记·迦毕试国》，上海人民出版社1977年，第27页。

"崇文抑武"国策下北宋武臣的物质优待

——以阶官化后的防御使、团练使为例*

任欢欢（合肥工业大学马克思主义学院）

内容摘要：北宋以文教治国，猜忌并抑制武臣，提倡崇文抑武的治国方略。阶官化以后的防御使、团练使常用以表示官员的迁转，成为身份与地位的标识，适用这一迁转之制的，主要有宗室、宦官、外戚及高级武官等群体。为保证防御、团练两使等高级武官安于职守、效忠国家，宋朝制定了一系列酬劳制度，其中以物质优待，对于安抚重要武职人员尤为重要。

关键词：北宋　武臣　防御使　团练使　物质优待

北宋开国后，吸取唐末、五代的教训，对武将加以防范和猜忌，以文驭武，着意提倡崇文抑武的治国方略。阶官化以后的防御使、团练使常用以表示官员的迁转，成为身份与地位的标识，适用这一迁转之制的，主要有宗室、宦官、外戚及高级武官等群体。为保证防御、团练两使等高级武官安于职守、效忠国家，宋朝制定了一系列酬劳制度，其中以物质优待，对于安抚重要武职人员尤为重要。北宋朝廷在经济上优待防御使、团练使等武职人员，主要有俸禄、公使钱、职田、赏赐以及经商几个方面的表现。

一　俸禄

有关宋代俸禄制度的研究成果颇丰[1]，但对于宋代俸禄水平的认识却存在两种截然相反的看法。一种观点认为，宋朝的"益俸"之策，"恩逮于百官者唯恐其不足，财取于万民者不留其有余，此宋制之不可为法者也"[2]。而另一观点则认为，"俸禄低下

的官员在整个宋代绝非少数，而占有很大比例"。显然对于宋朝官员俸禄的评价，衡量标准直接影响结果。那么为客观起见，在北宋167年的较长时段内，要分时期[3]来具体考察官员俸禄水平。第一个时期是北宋前期，自北宋开国到真宗景德年间。北宋开国，官僚俸禄之制承袭五代时期后唐之标准。而后唐因连年战乱，经济凋敝，只能以唐朝俸禄的半额支给，宋初即是如此，"所支半俸，复从虚折"[4]。但即便这半额支给也是"一分实钱，二分折支"[5]。因文武官员俸禄较低，宋太祖下诏："吏员繁而求事之治，俸禄薄而责人以廉，甚无谓也。与其冗员而重费，不若省官以益俸。"因此，宋人评价"省官益俸"为：非独垂一时之训，足以为万世之制[6]。太宗即位后，沿用此制，并取消了官员折支俸钱要扣除二分之制，以十分支付，"雍熙三年，文武官折支奉钱，旧以二分者，自今并给以实价"[7]。另外，对于致仕的官员，唐代不给俸禄，而北宋自真宗即位后，"乃始诏致仕官特给一半料钱，盖以示优贤养老之意"[8]。第二阶段，自真宗大中祥符元年（1008年）重定官员俸禄之制到元丰改制，此时期确立了以本官为主的四十一等禄制。真宗大中祥符年间，因"上承二圣恭俭，富有多积"，国家经济条件改善，而且政治清明，"承平既久"，"且以庶官食贫勤事，非厚其廪稍，无以责廉隅。故因行庆，特议增给"[9]。朝廷增加百官俸禄，颁定了《定百官俸诏》，制定了上自三师、三公120贯，下至奉职、借

* 本文为国家社科基金青年项目"宋朝对十国旧疆善后治理研究"（19CZS023）研究成果。

职4贯[10]，共分为二十二等的俸禄制度。因"乾兴以后，更革为多"[11]，枢密使韩琦于嘉祐元年（1056年）上奏："内外文武官俸入添支，并将校请受，虽有品式，每遇迁徙，须申有司检勘中覆，至有待报岁时不下者，故请命近臣，就三司编定之。"于是三司置司编禄令[12]。嘉祐二年，三司使张方平等，"上新编禄令十卷，名曰嘉祐禄令，遂颁行之"[13]。那么具体到武官防御使、团练使，《嘉祐禄令》是如何规定的呢？为鲜明起见，以《宋史·职官志》为史料依据，制表来作具体考察（表一）。

表一　嘉祐禄制之防御使、团练使俸禄标准

俸禄	防御使		遥郡防御使		团练使		遥郡团练使	
	皇亲	非皇亲	皇亲	非皇亲	皇亲	非皇亲	皇亲	非皇亲
月俸（千钱）	300	300	150	150	150	150	100	100
禄粟（石/月）	100	100	70	100	70	70	70	70
元随傔人衣粮	20	30	20	15	15	30	15	10
绫（匹/年）	10	无	10	无	10	无	10	无
绢（匹/年）	30	20	30	20	30	20	30	20
罗（匹/年）	1	无	1	无	1	无	1	无
绵（两/年）	50	50	50	50	50	50	50	50
盐（石/年）	不载	5	不载	无	不载	5	不载	无

《嘉祐禄令》不仅是北宋开国以来俸禄制度的成功改革，同时也是中国古代社会中俸禄制度发展的重要转折，它完成了魏晋以来以官品定俸向以本官定俸的转变。由表一可知，宋朝对于宗室的经济优待很明显，同时朝廷对于外戚的经济待遇也要胜于普通武职人员。比如真宗天禧元年（1017年），"左龙武军将军、宏州团练使、驸马都尉李遵勖为康州团练使，给观察使俸料、公使钱"[14]。以团练使之职，给予观察使的俸禄及公使钱，显然这是对于驸马都尉李遵勖的特殊恩惠。

第三阶段为元丰三年（1080年）的官制改革到宋室南渡前。神宗元丰二年，右正言、知制诰李清臣上奏："官与职不相准，差遣与官职又不相准，其

阶、勋、爵、食邑、实封、章服、品秩、俸给、班位各为轻重后先，皆不相准。乞诏有司讲求本末，渐加厘正，以成一代之法。"[15]以李清臣为代表的高级文官看到了当时官制的种种弊端，要求厘正。元丰三年六月，朝廷设置"详定官制所"，来专门负责官制改革。八月，宋神宗即下《改官制诏》："国家受命百年，四海承德，岂兹官政，尚愧前闻，今将使台、省、寺、监之官，实典职事；领空名者一切罢去，而易之以阶，因以制禄，凡厥恩数，悉如旧章。"[16]俸禄制度又发生了一次重大的转变。元丰三年九月，宋朝颁布了官吏俸禄新制——《元丰寄禄格》，即以阶官（散官）寄禄代替职事官（本官）寄禄。《元丰寄禄格》实施以后，还确定了在京职事官的职钱与外任官的职田并行之制。这样，即形成了以寄禄官的本俸为主，以职钱（或职田）为辅的双轨俸禄制度。

表二详细列举了元丰改制后防御、团练两使的俸禄标准，与《嘉祐禄令》相比，实际所得变化不大，但是皇亲的地位有所突出。此时凡文武官料钱，"并支一分见钱，二分折支"[17]。也就是说，俸料钱的2/3给以他物。元随傔人衣粮是指宋朝官员按照职位和品位，可以拥有一定数量的杂役。按照官员品级的不同，杂役的称呼也有区别："凡任宰相、执政有随身，太尉至刺史有元随，余止傔人。"[18]元随的衣粮费用由朝廷拨给官员个人，其标准为："观察使，防御使，元随三十人。团练使，已上并具俸禄类。元随三十人。"[19]这个标准是很高的，当时宰相的"随身"不过70人，"知枢密院事，参知政事，枢密副使，同知枢密院事……随身五十人"[20]。对于元随的数量不同时期也略有变化，宋哲宗元祐八年（1093年），兵部上奏："左骁卫大将军、德州防御使、提举亳州明道宫刘斌前任侍卫亲军步军都虞候、信州团练使日，依条被宣借人数，今来未有明文，乞比类施行。本部契苗授以节度使留十五人，徐诚以刺史留八人，以此约之，团练使可留十人，防御使可留一十二人，观察使、两使留后十三人。"[21]朝廷批准了兵部的建议。由此可知，防御使可以留元随12人，团练使可以留元随10人。

表二 元丰改制后之防御使、团练使俸禄标准

俸禄	防御使		遥郡防御使		团练使		遥郡团练使	
	皇亲	非皇亲	皇亲	非皇亲	皇亲	非皇亲	皇亲	非皇亲
月俸（千钱）	200	200	150	150	150	150	100	100
禄粟（石/月）	100	100	100	70	70	50	70	50
元随傔人衣粮	30	15	15	15	20	10	10	10
绢（匹/年）	20	20	20	20	20	20	20	20
绵（两/年）	50	50	50	50	50	50	50	50
盐（石/年）	5	无	无	无	5	无	无	无

资料来源：据《宋史》卷一七一《职官志十一》、《宋会要》职官五七之一至七而制。

自元丰改制到北宋末期，防御使、团练使的俸禄额度并不是一成不变的，除了对功勋卓著的进行恩赏外，还有裁减俸禄的情况。元祐三年（1088年），由于对夏战争的财政压力，哲宗下诏："大中大夫以上知判州府，添赐公使钱。正任团练使、遥郡防御使以上至观察使，并分大郡、次郡、初除次郡，俸钱各减四分之一，移大郡全给。留后、节度使，分大镇、次镇、小镇，递减五万。刺史以下，使相以上，不减。其刺史至节度使公使钱，依俸钱分数裁减。"[22]宣和年间，金军南下侵宋，为维持军费开支，武臣遥郡以上皆减俸。讲议司言："检会吏职出身降正任官已降一等，支遣遥郡俸外立定诏，元系吏职，已改换出身，见请全俸人并依逐等减半；支破内刺史料钱禄粟减三分之一；不曾改换出身人，依见减半，则例更递降一等；支给内观察使，降防御使，仍减禄粟十石；团练使不降，减料钱、禄粟三分支一……户部疾速施行。"[23]不仅汉官如此，"蕃官带遥郡之人，请受且依减定例支"[24]。

二 公使钱

北宋高级武官除了基本俸禄之外，还有各种津贴，其中较为重要的就是公使钱、职钱、职田等。公使钱也叫公用钱，是宋朝各行政机构的办公经费，

也可用作年节供给官员宴饮之资以及犒赏往来官员、军队等，实为一种经济补贴。太祖时期即开创了宋朝公使钱之制："太祖既废藩镇，命士人典州，天下忻便，于是置公使库。"[25]后来在京的一些官府以及武官等也增加了公使钱。原则上，不允许官员私自占有公使钱，但是宋朝对于武职人员控制较弱，知渭州尹洙言："臣窃见自来武臣，将所赐公使钱，诸杂使用，便同己物。"[26]给予高级武职人员公使钱，也是宋初削弱藩镇财权的一种手段，如《闻见近录》记载："太祖即位，患方镇犹习故，常取于民无节，而意多跋扈。一日，召便殿，赐饮款曲。因问诸方镇：'尔在本镇，除奉公上之外，岁得自用，为钱几何？'方镇具陈之，上喻之曰：'我以钱代租税之入，以助尔私。尔辈归朝，日与朕相宴乐，何如？'方镇再拜，即诏给侯伯随使公使钱，虽在京，亦听半给。州县租赋，悉归公上，民无苛敛之患。"[27]根据文献记载，正任刺史至节度使所得的公使钱可直接视为官员个人所有，如"方镇别赐公使钱，例私以自奉"[28]，"刺史以上所赐公使钱得私入"[29]。《宋会要》中记载了防御使与团练使初赐公用钱额："防御使，初赐千贯加赐有至二千贯；团练使，初赐千贯加赐有至千五百贯……并准宣定支本官自用若皇亲及管军任者或移镇加恩，皆添赐并系特旨。"[30]另外，《宋史·职官志》具体记载了北宋前期，防、团两使公使钱的等第："防御使，三千贯至千五百贯，凡四等。团练使，二千贯至千贯，凡三等。"[31]公使钱的发放分月给、季给以及岁给三种形式："京守在边要或加钱给者，罢者如故，皆随月给受，如禄奉焉"；咸平五年（1002年），"令河北、河东、陕西诸州，皆逐季给"；淳化元年（990年），"诏诸州、军、监、县无公使处，遇诞降节给茶宴钱，节度州百千，防、团、刺史州五十千"[32]。熙宁五年（1072年），朝廷下诏："增定诸路州军公使钱，及宗室正任刺史以上公使钱。"[33]朝廷增定公使钱后，形成了较完善的等级制度。但公使钱也有减少发放的情况，哲宗元祐年间，因财政紧张，"刺史至节度使公使钱，依俸钱分数裁减"[34]。实际下发公使钱时

还有虚、实数之别，即规定的额度为虚数，实际拨款数为实数。英宗治平四年（1067年），"在京公使钱，惟宗室减一半，管军三分给一，余悉罢"[35]。而且宗室正任刺史以上的高级阶官和诸路州军的公使钱也有虚数，"边任全给，内藩三之一，而宣名犹著全数"[36]。后因朝臣反对，"公钱无虚受之理，伏望寝罢"[37]，因此"诏增定诸路州军公使钱及宗室正任刺史以上公使钱，除去虚数，令三司止具实数附禄令"[38]。宋朝宗室以皇亲身份授官，一般来讲较之同级别的文武官员，公使钱的数额较大。宋朝对待宗室成员的政策是"优之以爵禄，而不责以事权"[39]，宗室成员担任节度使—刺史一系高级武阶官，升迁速度比一般武职人员快，且享受的公使钱也很多。哲宗元祐七年（1092年），三省请求给宗室成员增加公使钱，"太皇太后曰：'尝有例耶？'吕大防等对曰：'仁宗时荆王元俨增至五万贯，徐王昕亦增赐，今为三万缗。'于是诏许增三千缗"[40]。据《宋史·职官志》记载，节度使最高享受公使钱为一万贯，而使相最高也不过两万贯，仁宗时期荆王元俨的公使钱已经达到五万贯。哲宗时以此为效，增加宗室公使钱。可见，北宋对宗室的待遇优厚。但宗室成员作为皇帝的同族之亲，在享有经济等特权的同时，也有替国家分忧之责。仁宗宝元年间，因陕西用兵，朝廷议省冗费，于是"皇后、嫔御各上奉钱五月以助军费，宗室刺史已上，亦纳公使钱之半。荆王元俨尽纳公使钱，诏给其半，后以元俨叔父，全给如故"[41]。庆历三年（1043年），"元俨领荆南二镇，岁凡给缗钱二万五千。是时西鄙用兵，宗室自刺史以上，各进纳本州公使钱之半，以助边费。帝以元俨叔父之尊，不欲裁损，至是复全给之"[42]。因对夏战争的需要，朝廷要求自刺史以上宗室成员，缴纳公使钱一半之额，以充军费。但是，因荆王元俨为太宗子，仁宗的叔父，地位尊贵，缴纳的公使钱全部退回。

三 职田

除了添支钱外，武官外任差遣还有职田收入。北宋前期，国家边疆尚未稳定，需要派遣武将出任重要差遣。庆历三年（1043年），枢密使杜衍上奏，"择外戚子弟试外官。癸亥，以舒州团练使李端懿知冀州"[43]。仁宗朝，以外戚出任地方差遣较多，因此有了职田收入，朝廷下诏："大藩府长吏二十顷……凡防、团以下州军长吏十顷……其余军、监长吏七顷。"[44]

防御、团练两使还有一项重要的经济收入，即职田租。漆侠先生认为："宋承隋唐旧制，也有'职田'或'职分田'。这种国有土地的产品，充作各级地方官的一部分俸禄，用以养廉；因取其'圭洁之意'，也称作'圭田'。"对于宋代职田制度的起始时间，漆先生也做了说明："宋代职田是在宋真宗咸平二年（999年）宰相张齐贤的请求下建立的。"[45]北宋依唐、五代以来地方行政制度的发展状况，设置了节度、防御、团练及军事州等州。李昌宪先生据《元丰九域志》统计："北宋元丰时期，共有节度州八十二、防御州二十五、团练州十七、军事州一百三十。"[46]北宋朝廷在职田的授予上，多以此为依据。如咸平二年（999年），宰相张齐贤请给外任官职田："以官庄及远年逃田充，悉免其税……其两京、大藩府四十顷，次藩镇三十五顷，防御、团练州三十顷，中上刺史州二十顷，下州及军、监十五顷……而均给之。"[47]国家根据地方治理和国防需要，派遣防、团两使出任差遣，因而防、团两使又多了职田收入。如庆历三年（1043年），枢密使杜衍上书："择外戚子弟试外官。癸亥，以舒州团练使李端懿知冀州。"[48]朝廷下诏限职田："凡大藩长吏二十顷……凡节镇长吏十五顷……凡防、团以下州军长吏十顷……判官、幕职官并同防、团以下州军……发运制置，转运使副，武臣总管，比节镇长吏。发运制置判官，武臣钤辖，比防、团州长吏。"[49]

这些职田为招募客户进行耕种，每亩收取五斗左右的地租。北宋幅员辽阔，纬度不同，农作物收获差异较大。根据漆侠先生的研究，"南方以麦稻两作制或稻稻两作制占优势，即是说，一年两收。淮水以北的北方诸路，由于气候条件，很难实行两作制，而是两年三作制……而河东路雁门关以北、秦凤等路偏北地区则只能一年一作了……其比数为：2

（南）：1.5（淮北）：1（雁北）"[50]。防、团两使因所任差遣的地域差别，职田收入有南北之别。

四 赏赐

郊祀时对于防御使、团练使的赏赐也是他们经济收入的重要组成部分。自古以来，"国之大事，在祀与戎"[51]，祭祀是国家正统权威的体现，因此为宋朝统治集团所重视。郊祀有广义、狭义之别，"广义的郊祀是指祭天大礼，包括南郊、明堂、祈谷大礼等，狭义的郊祀仅指南郊大礼"[52]。伴随祭祀而来的是对百官的赏赐，程颐曾谈到郊赏的缘起："太祖初有天下，士卒人许赏二百缗。及即位，以无钱久不赐，士卒至有题诗于后苑。太祖一日游后苑见诗，乃曰好诗，遂索笔和之。以故，每于郊时，各赐赏给，至今因以为例，不能去。"[53]郊祀大礼的，赏赐对象很广泛，从士庶百姓到皇亲国戚，家国内外，无所不包，"国家旧制，每遇郊礼，大赍四海，下逮行伍，无不沾洽"[54]。对百官的赏赐种类繁多。宋代"国朝凡郊祀，每至礼成，颁赍群臣衣带、鞍马、器币，下洎军校，缗帛有差。熙宁中，始诏编定，遂

著为式。"[55]郊祀赏赐是宋朝官员的重要福利，对于以防御使、团练使为代表的武官来说更是一笔不菲的收入。《宋会要辑稿·礼》中记载了熙宁年间郊祀时对于百官的赏赐（表三）。

由表三可见，领节度使—刺史一系高级武阶的宗室与外戚，在郊祀时所受赏赐最多。"三司裁定宗室月料、嫁娶、生日、郊礼给赐。时京师百官月俸四万余缗，诸军十一万余缗，宗室七万余缗，其生日婚嫁、丧葬及岁时补洗杂赐与四季衣不在焉"[57]。其中，婚丧、生日时的赏赐是普通官员没有的。熙宁年间，出任防御使、团练使的宗室与外戚，所受的郊祀赏赐为白银500两，衣帛500匹，另外还有银鞍勒马，文官中只有两府长贰、三师、三公、仆射和观文殿大学士等高级别官员的赏赐可与之媲美[58]。

即便是领防御、团练两使的普通武官，其所享受的恩赐也大大多于其年俸。级别越高，享受的郊祀赏赐也就越高。郊赍给地方乃至中央的财政都带来了巨大压力，马端临在考察宋朝国用之时，对郊赍有一段精辟的论述：

表三　熙宁年间郊祀时对于节度—刺史一系的赏赐[56]

品阶	钱	衣	备注
节度使	750两	750匹	内上将军银、绢各加200
节度观察留后	600两	600匹	
观察使	350两	350匹	自节度使至观察使，并袭衣、金带、银鞍勒马
防御使	250两	250匹	
团练使	150两	150匹	
遥郡团练使	50两	50匹	
刺史	100两	100匹	防御使至刺史，并袭衣、金带
皇亲上将军节度使	1000两	1000匹	
皇亲节度观察留后	700两	500匹	
皇亲观察使、防御使、团练使	500两	500匹	
皇亲刺史	300两	300匹	皇亲自刺史以上并加银鞍勒马
皇亲大将军（遥郡防御使、团练使、刺史）	200两	200匹	遥领刺史者银、绢各加50
驸马都尉观察防团刺史将军	350两	350匹	并袭衣、金带、银鞍勒马
捧日天武龙神卫四厢都指挥使领团练使	300两	200匹	
马步军都军头团练使	150千		

然大概其所以疲弊者，曰养兵也，宗俸也，冗官也，郊费也。而四者之中，则冗官、郊费尤为无名，故二论特详焉。所谓"去之甚易而无损，存之甚难而无益"，所谓"其浮者必求其所以浮之自而杜之，其约者必本其所以约之由而从之"，诚名言也。[59]

郊祀的初衷本是为国为民祈福，但是如此巨大的花费已经成为国家财政的巨大负担。王安石言之："至遇军国郊祀之大费，则遣使划刷，殆无余藏。"[60] 中央财政因郊祀承受着巨大的经济压力，为此中央将财政空缺转嫁于地方政府，各级地方政府在郊祀前不得不筹措大量的物资。如此重压之下，横征暴敛之象时有发生，郊祀之年没有成为百姓福运当头的年份，反倒"斯民破家荡产，往往多见于郊祀之岁"[61]。

军赏是宋朝武将经济收入的重要组成部分，"战士有功，将吏有劳，随事犒劳"[62] 的军赏之制是为了安抚将士、维护军队内部统治秩序以及提高军队战斗力等而设。"自古帝王，以恩威驭将帅，赏罚驭士卒"[63]，赏赐的功用便是激励与引导。北宋长期处于战争状态，以奖掖赏赉来激励先进，在一定程度上激发了官兵保家卫国的意志，对王朝的稳定统治起到了积极作用。就北宋时期防御使、团练使受赏赐的具体情况进行详细考察（表四）。

表四 北宋防御使、团练使受赏赐

姓名	时间	官职	赏赐种类、额度	赏赐原因	史料来源
李汉超	太祖时期	齐州防御使	齐州属州城钱七八万贯，悉以给与	李汉超守关南	《宋史》卷二五七《李处耘传》；《续资治通鉴长编》卷五〇
杨信	乾德四年	殿前都虞候，领汉州防御使	上幸其第，赐钱二百万	信病暗	《宋史》卷二六〇《杨信传》
王奇	宜州蛮寇边时	皇城使、忠州防御使	赐金帛	战而死	《宋史》卷四五二《王奇传》
郭进	太祖开宝三年	洺州防御使	上尝命有司为洺州防御使郭进治第	郭进控扼西山逾十年，使无北顾忧	《续资治通鉴长编》卷十一
杨业	太宗太平兴国四年	郑州防御使	上密封囊装，赐予甚厚	老于边事，洞晓敌情	《续资治通鉴长编》卷二〇
魏咸信	太平兴国四年	吉州防御使	赐钱十万		《宋史》卷二四九《魏咸信传》
侯延广	至道间	拜宁州团练使、知灵州兼兵马都部署	赐白金二千两，岁增给钱二百万	继迁寇灵州，朝廷谋帅	《宋史》卷二五四《侯延广传》
石普	咸平三年	冀州团练使	赐黄金三百两、白金三千两	平王均叛	《宋史》卷三二四《石普传》
高文岯	真宗大中祥符三年六月庚戌	都巡检使、汝州防御使	彩二百匹、茶百斤	文岯母在晋州，因其请告宁省，特有是赐	《续资治通鉴长编》卷七三
向通汉	真宗天禧三年	富州防御使、五溪都防御使	诏赐缯帛羊酒	向通汉卒	《续资治通鉴长编》卷九三
刘平	仁宗景祐元年	知定州、龙神卫四厢都指挥使、永州防御使	赐钱百万	有将略，故委以边寄而赐予	《续资治通鉴长编》卷一一五
任福	仁宗庆历元年	马军都虞候、贺州防御使	赐金顺坊第一区，赙物甚厚，又月给其家钱三万、粟麦各四十斛	因对夏战争阵亡而赐	《续资治通鉴长编》卷一三一
赵滋	英宗即位	端州防御使、步军都虞候	赐白金五百两	留再任	《宋史》卷三二四《赵滋传》

续表

姓名	时间	官职	赏赐种类、额度	赏赐原因	史料来源
宗晟	神宗熙宁四年	恩州防御使	芳林园宅一区，计口给屋		《续资治通鉴长编》卷二二〇
宗隐	熙宁四年	通州防御使	芳林园宅一区，计口计屋		《续资治通鉴长编》卷二二六
折继世	熙宁四年十月十三日	绥州功除骐骥使、果州团练使	赐以御药，使医守视		《司马光日记校注》佚文
王中正	神宗熙宁七年十二月甲戌	崇仪使、嘉州团练使、带御器械	赐银、绢二百	录秦凤等路招弓箭手之劳也	《续资治通鉴长编》卷二五八
程昉	神宗熙宁九年九月丙寅	皇城使、达州团练使、带御器械	赐宅一区	以昉任水事有功，特恩也	《续资治通鉴长编》卷二七七
张诚一	神宗元丰二年六月戊午	枢密副都承旨、四方馆使、舒州团练使	银绢各五十	以编修高丽入贡仪式成故地	《续资治通鉴长编》卷二九八
种谔	神宗元丰四年十二月戊辰	凤州团练使、龙神卫四厢都指挥使	赐貂鼠裘一、银绢各二千	因对夏战争	《续资治通鉴长编》卷三二一；《宋史》卷三三五《种谔传》
宋用臣	神宗元丰六年	皇城使、登州防御使	赐银、绢二百	以开天源河有劳，而用臣为提举故也	《续资治通鉴长编》卷三三六
王文郁	哲宗元祐二年六月丙午	客省使、荣州团练使、知兰州	赐银、绢各一百匹、两	修筑兰州西关堡毕	《续资治通鉴长编》卷四〇二
李详	哲宗元祐二年	皇城使、阶州防御使、带御器械、权本路钤辖	赐银、绢各五百	以收复洮州，俘获鬼章之功	《续资治通鉴长编》卷四〇六
包顺	哲宗元祐二年	蕃官西上门使、阶州防御使	赐银、绢各五百	以收复洮州，俘获鬼章之功	《续资治通鉴长编》卷四〇六
包诚	哲宗元祐二年	皇城使、登州防御使	赐银、绢各五百	以收复洮州，俘获鬼章之功	《续资治通鉴长编》卷四〇六
苗履	哲宗元祐六年	知镇戎军、东上门使、吉州防御使	赐银绢百匹两	对夏战争	《续资治通鉴长编》卷四六四
王赡	哲宗绍圣四年	遥郡防御使	赐银、绢各一百匹、两	熙河进筑金城关毕功	《续资治通鉴长编》卷四八五
栋怀义	哲宗绍圣四年	东上门使、忠州防御使	赐银绢缗钱各一百	以泾原战没也	《续资治通鉴长编》卷四八九
苗履	哲宗元符元年	同统制、四方馆使、祁州团练使苗履，复遥郡防御使	赐银绢各五十匹两	修复米脂寨毕工	《续资治通鉴长编》卷四九八
张诚	哲宗元符二年	皇城使、遥郡团练使	各赐银绢有差	筑环庆路定边、白豹城毕工	《续资治通鉴长编》卷五一一
种朴	哲宗元符二年	防御使	赐钱银绢布各五百，羊酒米面各五十	平河南蕃部叛而亡，因此赐予	《续资治通鉴长编》卷五一八；《宋史》卷三三五《种朴传》

以现存史料为依据，北宋防御使、团练使受赏赐31人。其中12人因军功而获得赏赐，包含阵亡的4人；因老于边事，长期肩负边境地区的军政稳定职责而受赏赐的为4人；因具体业绩，如工程营建及图书编定等而受赏赐为8人；因宗室及外戚等与皇室的亲属关系而赏赐的为3人；因疾病赏赐2人；因省亲而赏赐1人；因亡故而赏赐1人。由此可见，因军事战争、统治稳定的需要而受赏赐的占总数的38%，

是赏赐的大宗。北宋长期与周边少数民族政权并立，在应对战争的同时，还要面临农民起义、兵变、少数民族藩部叛乱等内部不稳定因素，因此以赏赐来激发军将维护国防的热情，不失为一方良策。从赏赐的内容看，以银、绢等宋代通行的货币为主[64]。赏赐宅第等也占有一定地位，但在此31例中，未见赏赐土地的情况。其他实物类赏赐所占的比重较小。可以看出，宋代社会进步，商品经济较为发达，北宋实行"不立田制"，国有土地大大减少，可供赏赐的土地有限。而且，宋朝统治集团对于土地赏赐问题非常谨慎，"国家故事，执政大臣非有勋劳于社稷，不轻赐田宅"[65]。一般来说，高官居住在首都开封的占多数。开封城市经济发达，人口众多，房价非常高，而且城中也少有空地，朝廷想要赏赐宅第给官员并不容易。宋人王禹偁曾谈及："重城之中，双阙之下，尺地寸土，与金同价，其来旧矣。虽圣人示俭，宫室孔卑，而郊庙市朝，不可阙已。有百司之局署，六师之营壁，侯门主第，释宇玄宫，总而计之，盖其半矣。非勋戚世家，居无隙地。"[66]

防御、团练两使除了因事功受赏赐外，在承平之时也可有各种获特恩享受经济待遇的机会。宋初太祖、太宗两朝，藩镇牧伯沿袭五代旧制，"入觐及被召、使回，客省赉签赐酒食。……防御使、团练使、刺史并赐生料"[67]。在节庆之日，还有时节馈廪，"统军，防御、团练使，刺史，……海外诸蕃进奉领刺史以上，至寒食，并赐节料"[68]。每年的十月一日，朝廷要赏赐给官员们衣物，皇亲团练使以上可以获得以下赏赐："宽对衣五事：紫润罗夹公服、天下乐晕锦宽锦袍、小绫汗衫、勤帛、熟绵绫夹裤。"[69]朝廷还要在腊日、伏日赐给高级官员夏药、腊药："腊药，系和剂局造进及御药院特旨制造银合，各一百两以至五十两、三十两各有差。伏日赐暑药亦同。"[70]

真宗天禧四年（1020年）因皇太子亲政行庆，赐"宗室防御使各千两，团练使八百两，余各有差"[71]。宋朝统治者有时为了显示皇恩浩荡，赏赐官员比本官高一级别的俸禄，比如"左龙武军将军、宏州团练使、驸马都尉李遵勖为康州团练使，给观察使俸料、公使钱"[72]。李遵勖的本官为团练使，赏赐给予观察使的俸禄和公使钱，以示敦睦亲族。

北宋"朝廷之制，七十致仕"[73]。宋承唐制，实行致仕官半俸之制。太宗淳化元年（990年）下诏："应曾任文武职事官、恩许致仕者，并给半俸，以他物充，于所在州县支给。"[74]但有时为了凸显对于官员的优待，致仕官也给全俸，"景德四年十月十八日，以左龙武军大将军平州防御使分司西京上官正，守本官致仕，给奉全俸"[75]，又"大中祥符五年，二月二十二日，以深州团练使、天雄军副都部署杨嗣，为左龙武大将军致仕，给全俸"[76]。上官正以遥郡防御使致仕，杨嗣以遥郡团练使致仕，都因特诏而得全俸。宦官也有因特恩寄资时给全俸者，"勾当御药院李宪为遥郡团练使寄资，给全俸"[77]。又，"同判都水监、入内东头供奉官、寄礼宾使、遥郡刺史宋用臣为寄六宅使、遥郡团练使，给寄资全俸"[78]。寄资是指宦官脱离前后两省升迁转归吏部而继续留用的制度。防御、团练两使也有因特恩而超越官阶领俸的情况，"左龙武军将军、宏州团练使、驸马都尉李遵勖为康州团练使，给观察使俸料、公使钱"[79]。蔚州刺史慕容德丰轻财好施，善待将士，并能缮兵固守，饷道无阻，皇帝诏书嘉奖，听闻"母留京师，妻孥寓长安，甚匮乏，上闻而悯之，特诏给团练使俸"[80]。藩官一般无俸禄，但朝廷有时为凸显优待，也赐予个别藩官俸禄。如"以西蕃邈川首领宁远大将军、爱州团练使唃厮啰为保顺军留后，岁给俸钱，令秦州就赐之"[81]。大中祥符二年（1009年）诏令"丰州防御使王承美月给钱五万，自承美奉土内属以蕃官例，赐禄至是特增焉"[82]。宋代官员因疾病等事由请假超过一定时间后，一般停发俸禄[83]，但对于个别高级武官，也有破例优待的情况。天禧元年（1017年）十二月，团练使陈文颢久疾，"在告诏仍旧俸"[84]。

总体来讲，北宋俸禄制度虽经过几次大的变动，但总体较为稳定。分析北宋防御使、团练使的收入，还需要参考当时的物价水平，以便更直观地了解其收入的购买力。北宋首都开封既是全国的政治、经济和文化中心，又是当时世界人口最多的城市，因此，房屋拥挤，价格昂贵，"甲第星罗，比屋鳞次，坊无广巷，市不通骑"[85]。据程民生研究，开封房屋，"在北宋前期时高档豪宅价格约1万贯，较高档宅院约5000贯，普通民宅约1300贯，小型高档宅院约500贯左右"[86]。

五 经商

宋代武官尤其是以防御使、团练使为代表的中高级武官，经济待遇丰厚。宋代经济发展水平较高，士人经商成为社会风尚，有着特权和资本的宗室、外戚也参与到经商大潮之中。比如爱州防御使石保吉，"累世将相，家多财；所在有邸舍、别墅，虽馔品亦饰以彩缋。好治生射利，性尤骄倨……又染家贷钱，息不尽人"[87]，涉足多种商业，盈利巨大。在中国古代社会，马为重要的交通工具和战略物资，价值不菲。根据程民生研究，北宋真宗时，根据质量的不同，马匹价格在8——110贯[88]。贩卖马匹的利益可观，吸引了众多武将参与其中。如柴宗庆"私使人市马不输税"[89]；王德用"尝令府州折继宣市马"，后又"以马与券来上，乃市于商人"[90]。

宗室、外戚经商有着得天独厚的优势。与其他商人相比，他们可以凭借皇亲国戚的身份，参与经营国家禁榷行业，从而牟取暴利。倘若触犯朝廷律法，他们还享有从轻处罚的特权。宋代将国家专卖制度称为"禁榷"。宋朝禁榷范围较之汉唐则进一步扩大，"宋之经费，茶、盐、矾之外，惟香之利博，故以官为市焉"[91]。朝廷禁榷利润巨大，吸引仕宦之家蜂拥而至，"纡朱怀金，专为商旅之业者有之。兴贩禁物茶盐香草之类，动以舟车辇迁往来，日取富足"[92]。朝廷为了保障酒的禁榷收入，严格打击官民私自酿造售卖，"熙宁法，每卖一斗，杖八十，一斗加一等，罪止杖一百"[93]。但对于宗室、外戚却网开一面，允许其酿造售卖：

皇朝始置上酝局，其外诸后殿、亲王府与主弟勋戚之家，例许酝造，间赐以美名。惠恭后殿曰仪德，宁德后殿曰坤仪，德隆殿曰日月

波澜，圣后殿曰坤珍，宣仁高后宅曰香泉，钦圣向后宅曰天醇，钦成朱后宅曰璃绿，绍怀刘后宅曰玉腴，明达刘后宅曰瑶池……李遵勖曰金波，王师约曰源瑶，李玮曰衮醒，王诜曰碧春，张敦礼曰灵液，曰醽醁，曹诗曰成春，曹晟曰保平，潘正夫曰庆源，曹湜曰介寿。[94]

皇帝往往还会赐宗室、外戚酿造的良酒以美名，随着宗室、外戚家族酿酒技术的进步以及产量的增多，其酿造的美酒源源不断地向市场销售，以至于开封酒户亏损巨大，朝廷这才意识到皇亲国戚售酒与政府夺利问题的严重性，筹划订立约束其售酒的法规。元祐五年（1090年），"近以在京酒户亏失元额，改定宗室外戚之家卖酒禁约，大率从重。……其余以次定罪，皇亲临时取旨"[95]。可以看出，朝廷想要加大对于皇亲国戚贩酒的惩处，但因他们的身份特殊，具体事宜还需皇帝亲自审定。元祐七年，朝廷关于皇亲国戚售酒的法规终于出台，"宗室、外戚、臣僚之家，违犯酒禁如累及三次，并勾收槽杖"[96]。皇亲国戚贩卖酒水的事情被发现，并违反规定，累计三次以上，朝廷才加以处罚。这样的规定等同于默许和放纵皇亲国戚之家继续酿造、贩酒营利。

中国古代社会由于科技发展水平的限制，尤其是房屋的建筑和船舶的制造都需要大量优质木材。朝廷的大量需求就为高官贵戚提供了生财之道。北宋初年的"秦陇市木案"，就牵扯了众多的文武官员，太宗不得不对其进行处置。秦陇地区历来盛产优质木材，宋太祖在汴京设立竹木务，"市竹木于秦晋"[97]。高官贵戚不顾朝廷禁令私自贩卖木材，"时权要多冒禁市巨木秦、陇间，以营私宅，及事败露，皆自启于上前"[98]。事情败露，则纷纷请求皇帝宽恕。太平兴国五年（980年），宣徽北院使、判三司王仁赡密奏："近臣、戚里多遣亲信市竹木秦、陇间，聊巨筏至京师，所过关渡称制免算。既至，厚结执事者，悉官市之，多取其直。""上怒，以三司副使范旻、户部判官杜载、开封府判官吕端属吏。旻、载具伏罔上贵市竹木入官。端为秦王府亲吏乔琏请托执事者"。其中

包含外戚王承衍、石保吉、魏咸信三人，"各罚俸一年"[99]。由以上史料可知，其一，太宗大怒的真正原因为内外勾结营私。其二，处罚与他们贩卖木材的盈利相比，简直不值得一提。皇亲贵戚凭借着显赫身份，得以从轻处罚，在经商中谋取巨额利润。

宋朝实行"不抑兼并"之策，太祖鼓励武将多购置田产，这样既保障了武将的经济地位，又达到了为国守财的目的，从而实现了在经济、政治两方面巩固统治的目的。康州防御使柴宗庆计划扩充宅邸，欲购买邻居张氏的房产，"请市所居北邻张氏舍以广其居。张氏即宗室婿。朕语之：'如立券出卖，则可也。'及询张氏，且云仰偬钱。朕戒令不得强市，止赐钱二百万，听他处营置"[100]。宣和五年（1123年），朝中臣僚向宋徽宗建议："比年臣下缘赐第宅，展占民居，甚者至数百家迁徙，逼迫老幼怨咨。乞自今除大臣、戚里于旧制应赐外，余悉赐金钱，使自营创，如敢干乞，重置典宪。[101]

结　语

北宋宗室、外戚、武臣不但是皇亲贵戚的重要组成部分，还在统治阶级中扮演重要角色，是拥有皇亲和政治双重地位的权贵阶层。北宋建国后，对外面临与周边少数民族政权的战争，对内要追求稳定并扩大统治根基。宋朝统治者在国家和宗族两个层面，以联姻作为扩大统治基础的有效途径。以防、团两使为代表的宗室、外戚、武臣享受着丰厚的经济待遇，这包括较高的本俸、名目众多的物质赏赐以及纵容性的经济态度。其一，北宋一直奉行"崇文抑武"[102]之策，在抑制武将的同时，给予其丰厚的经济待遇，使其安于现状，避免五代时武人乱世的祸患。其二，皇亲、外戚担任防御使、团练使又较非皇亲经济待遇优厚，这主要由于宋代防范宗室、外戚，他们担任外任官受限，以经济作为补偿。经济利益的背后实则朝廷为稳定重臣贵戚的政治目的，宋朝统治集团用优厚的经济待遇博取了武将贵戚的信任和支持，维护了统治基础。

注释：

[1]　代表性研究成果有：［日］衣川强：《宋代文官俸给制度》，郑樑生译，台湾商务印书馆1977年；龚延明：《宋代官吏的管理制度》，《历史研究》1991年第6期；邵红霞：《宋代官僚的俸禄与国家财政》，《江海学刊》1993年第6期；何忠礼：《宋代官吏的俸禄》，《历史研究》1994年第3期；苗书梅：《宋代官员选任和管理制度》第四章第五节俸给制度，河南大学出版社1996年；黄惠贤、陈锋主编：《中国俸禄制度史》，其中杨果先生撰写第六章两宋俸禄，武汉大学出版社1996年，第241—307页；张全明：《也论宋代官员的俸禄》，《历史研究》1997年第2期；汪圣铎：《宋代官员俸禄和其他颁给分享考析》，《中华同人学术论集》，中华书局2002年，后被收入《宋代社会生活研究》，人民出版社2007年，第173—209页。

[2]　〔清〕赵翼著、王树民校证：《廿二史札记校证》卷二五《宋制禄之厚》，中华书局1984年，第533页。

[3]　关于北宋时期官员俸禄水平的分期考察，主要有两分法与三分法之别。两分法以龚延明、苗书梅两位先生为代表。两个时期分别为：北宋前期，以本官为主的四十一等禄制确立；北宋后期，以元丰禄制为中心的第二期禄制。三分法以杨果、张全明两位先生为代表，但二者的分法略有不同。杨果先生的三分法为：北宋前期，基本沿用五代旧有俸制；宋仁宗时期，确立起以本官为主的四十一等禄制；神宗元丰以后到北宋末为第三个时期，建立起元丰新禄制。张全明先生的三分法为：北宋前期，即自宋建立至真宗景德年间，承唐、五代旧制，确立了按官品高低发放俸禄的定制；从真宗大中祥符元年（1008年）重定百官俸禄至元丰三年（1080年）改革官制及其俸禄制度，确立了以本官为主凡四十一等的俸禄发放制度；自元丰三年官制改革至北宋末，重新确立了《元丰寄禄格》的官吏俸禄发放制度。为具体考察北宋俸禄制度，本书采用张全明先生的三分法。

[4]　〔元〕脱脱：《宋史》卷一七一《职官志十一》，中华书局1977年，第4114页。

[5]　〔宋〕高承：《事物纪原》卷四《官爵封建部·折俸》，中华书局1989年，第202页。

[6]　〔宋〕高晦叟：《珍席放谈》卷上，出自《全宋笔记》第3编第1册，大象出版社2008年，第181页。

［7］〔元〕脱脱：《宋史》卷一七一《职官志十一》，中华书局1977年，第4114页。

［8］〔宋〕叶梦得：《石林燕语》卷五，中华书局1984年，第72页。

［9］〔宋〕李焘：《续资治通鉴长编》卷七九"真宗大中祥符五年十一月丙午"，中华书局2004年，第1804页。

［10］〔宋〕佚名：《宋大诏令集》卷一七八《定百官俸诏》，中华书局1997年，第641页。

［11］〔元〕脱脱：《宋史》卷一七一《职官志十一》，中华书局1977年，第4114页。

［12］〔宋〕李焘：《续资治通鉴长编》卷一八四，仁宗嘉祐元年九月甲辰，第4448页。

［13］〔宋〕李焘：《续资治通鉴长编》卷一八六，仁宗嘉祐二年冬十月甲辰朔，第4492页。

［14］〔宋〕李焘：《续资治通鉴长编》卷九〇，真宗天禧元年十二月戊子，第2090页。

［15］〔宋〕李焘：《续资治通鉴长编》卷二九八，神宗元丰二年五月己丑，第7250页。

［16］〔宋〕佚名：《宋大诏令集》卷一六二《改官制诏》，中华书局1997年，第616页；〔宋〕李焘：《续资治通鉴长编》卷三〇七，元丰三年八月乙巳，中华书局2004年，第7462页。

［17］〔元〕脱脱：《宋史》卷一七一《职官志十一》，中华书局1997年，第4114页。

［18］〔元〕脱脱：《宋史》卷一七二《职官志十二》，中华书局1997年，第4142页。

［19］〔元〕脱脱：《宋史》卷一七二《职官志十二》，中华书局1997年，第4143页。

［20］〔元〕脱脱：《宋史》卷一七二《职官志十二》，中华书局1997年，第4143页。

［21］〔清〕徐松辑：《宋会要辑稿》职官三二之三〇、三一，上海古籍出版社2014年，第3827—3828页。

［22］〔清〕徐松辑：《宋会要辑稿》职官五七之四七，上海古籍出版社2014年，第4584页。

［23］〔清〕徐松辑：《宋会要辑稿》职官五七之六八，上海古籍出版社2014年，第4595页。

［24］〔清〕徐松辑：《宋会要辑稿》职官五七之五〇，上海古籍出版社2014年，第4585页。

［25］〔宋〕王明清：《挥麈录》后录卷一《祖宗置公库以待过客，欲使人无旅寓之叹》，中华书局1961年，第52页。

［26］〔宋〕李焘：《续资治通鉴长编》卷一四四，庆历三年冬十月甲子，中华书局2004年，第3490页。

［27］〔宋〕王巩：《闻见近录》，丛书集成初编本。

［28］〔元〕脱脱：《宋史》卷四六四《向经传》，中华书局1997年，第13580页。

［29］〔元〕脱脱：《宋史》卷四六四《李用和传》，中华书局1997年，第13565页。

［30］〔清〕徐松辑：《宋会要辑稿》礼六二之三〇，上海古籍出版社2014年，第2127页。

［31］〔元〕脱脱：《宋史》卷一七二《职官志十二》，中华书局1997年，第4144页。

［32］〔元〕脱脱：《宋史》卷一七二《职官志十二》，中华书局1997年，第4144页。

［33］〔宋〕李焘：《续资治通鉴长编》卷二三四，熙宁五年六月壬子，中华书局2004年，第5672页。

［34］〔清〕徐松辑：《宋会要辑稿》职官五七之四七，上海古籍出版社2014年，第4584页。

［35］〔宋〕李焘：《续资治通鉴长编》卷二〇九，英宗治平四年闰三月己丑，中华书局2004年，第5085页。

［36］〔宋〕李焘：《续资治通鉴长编》卷二三四，熙宁五年六月壬子，中华书局2004年，第5673页。

［37］〔宋〕李焘：《续资治通鉴长编》卷二〇九，英宗治平四年闰三月己丑，中华书局2004年，第5085页。

［38］〔宋〕李焘：《续资治通鉴长编》卷二三四，熙宁五年六月壬子，中华书局2004年，第5672页。

［39］〔宋〕留正等：《皇宋中兴两朝圣政》卷五九，淳熙八年二月己亥，北京图书馆出版社2007年，第387页。

［40］〔宋〕李焘：《续资治通鉴长编》卷四七八，哲宗元祐七年十一月癸巳，中华书局2004年，第11395页。

［41］〔元〕脱脱：《宋史》卷一七九《食货志下一》，中华书局1997年，第4351页。

［42］〔清〕徐松辑：《宋会要辑稿》帝系二之一四，上海古籍出版社2014年，第46页。

［43］〔宋〕李焘：《续资治通鉴长编》卷一四四，庆历三年十月壬戌，中华书局2004年，第3486页。

［44］〔宋〕佚名：《宋大诏令集》卷一七八《定职田诏（庆历三年十一月壬辰）》，中华书局1997年，第642页。

［45］漆侠：《宋代经济史》（下），第七章第二节职田，上海人民出版社1987年，第299页。

［46］李昌宪：《中国行政区划通史·宋西夏卷》，复旦大学出版社2007年，第91—93页。

［47］〔宋〕李焘：《续资治通鉴长编》卷四五，咸平二年秋七月壬午，中华书局2004年，第955页。

［48］〔宋〕李焘：《续资治通鉴长编》卷一四四，庆历三年十月壬戌，中华书局2004年，第3486页。

［49］〔宋〕李焘：《续资治通鉴长编》卷一四五，庆历三年十一月壬辰，中华书局2004年，第3510页。

［50］漆侠：《宋代经济史》（上），上海人民出版社1987年，第134页。

［51］〔元〕马端临：《文献通考》卷八二《右胜国社稷》，中华书局2011年，第2508页。

［52］杨高凡：《宋代祭天礼中三岁一亲郊制探析》，《求是学刊》2011年第6期，第142页。

［53］〔宋〕程颐、程颢著：《二程集·河南程氏遗书》卷二二下《附杂录后》，王孝鱼校点，中华书局1981年，第301页。

［54］〔宋〕司马光：《上神宗乞听宰臣辞免郊赐》，〔宋〕赵汝愚：《宋朝诸臣奏议》卷一〇〇，第1080页。

［55］〔清〕徐松辑：《宋会要辑稿》礼二五之一，上海古籍出版社2014年，第1203页。

［56］〔清〕徐松辑：《宋会要辑稿》礼二五之一至十，上海古籍出版社2014年，第1203—1209页。

［57］〔清〕徐松辑：《宋会要辑稿》帝系四之三一，上海古籍出版社2014年，第116页。

［58］〔清〕徐松辑：《宋会要辑稿》礼二五之一，上海古籍出版社2014年，第1203页。

［59］〔元〕马端临：《文献通考》卷二四《历代国用》，中华书局2011年，第704页。

［60］〔清〕徐松辑：《宋会要辑稿》职官五之三，上海古籍出版社2014年，第3123页。

［61］〔宋〕李焘：《续资治通鉴长编》卷八七，大中祥符九年五月甲辰，中华书局2004年，第1988页。

［62］〔元〕马端临：《文献通考》卷一五三《兵制》，中华书局2011年，第4594页。

［63］〔元〕脱脱：《宋史》卷二八五《贾昌朝传》，中华书局1997年，第9615页。

［64］对于宋代货币流通中银、帛地位的认识，日本学者加藤繁认为在宋代银作为货币的流通范围已经超过了绢。〔日〕加藤繁：《唐宋时代金银之研究——以金银之货币机能为中心》，中华书局2006年，第562页。汪圣铎先生却认为至少在北宋时期，绢帛使用的广泛程度超过白银，甚至铜钱。汪圣铎：《试论宋代绢帛的货币功能》，《中国经济史研究》2004年第3期，第144页。

［65］〔清〕徐松辑：《宋会要辑稿》选举三二之一九，上海古籍出版社2014年，第5873页。

［66］〔宋〕王禹偁：《小畜集》卷一六《李氏园亭记》，四部丛刊本。

［67］〔元〕脱脱：《宋史》卷一一九《礼志二十二》，中华书局1997年，第2800页。

［68］〔元〕脱脱：《宋史》卷一一九《礼志二十二》，中华书局1997年，第2802页。

［69］〔清〕徐松辑：《宋会要辑稿》礼六二之八，上海古籍出版社2014年，第2117页。

［70］〔宋〕周密：《武林旧事》卷三《岁晚节物》，《全宋笔记》第8编第2册，大象出版社2017年，第49页。

［71］〔宋〕李焘：《续资治通鉴长编》卷九六，真宗天禧四年十二月乙酉，中华书局2004年，第2228页。

［72］〔宋〕李焘：《续资治通鉴长编》卷九〇，真宗天禧元年十二月戊子，中华书局2004年，第2090页。

［73］〔清〕徐松辑：《宋会要辑稿》职官七七之二九，上海古籍出版社2014年，第5157页。

［74］〔宋〕佚名：《宋大诏令集》卷一七八《致仕官给半俸诏》，中华书局1997年，第640页。

［75］〔清〕徐松辑：《宋会要辑稿》职官五七之二六、二七，上海古籍出版社2014年，第4571—4572页。

［76］〔清〕徐松辑：《宋会要辑稿》职官五七之二八，上海古籍出版社2014年，第4572页。

［77］〔宋〕李焘：《续资治通鉴长编》卷二四七，神宗熙宁六年冬十月辛巳，中华书局2004年，第6024页。

［78］〔宋〕李焘：《续资治通鉴长编》卷三百，神宗元丰二年九月丁卯，中华书局2004年，第7297页。

［79］〔宋〕李焘：《续资治通鉴长编》卷九〇，真宗天禧元年十二月戊子，中华书局2004年，第2090页。

［80］〔宋〕李焘：《续资治通鉴长编》卷四七，真宗咸平三年夏四月庚戌，中华书局2004年，第1009页。

［81］〔宋〕李焘：《续资治通鉴长编》卷一一七，仁宗景祐二年十二月壬子，中华书局2004年，第2765页。

［82］〔清〕徐松辑：《宋会要辑稿》职官五七之二七，上海古籍出版社2014年，第4572页。

［83］朱瑞熙：《中国政治制度通史·宋代卷》，第十章人事管理制度，人民出版社1996年，第700页。

［84］〔清〕徐松辑：《宋会要辑稿》职官五七之三一，上海古籍出版社2014年，第4574页。

［85］〔宋〕吕祖谦：《宋文鉴》卷二《皇畿赋》，齐治平校点，中华书局1992年，第20页。

［86］程民生：《宋代物价研究》，人民出版社2008年，第40—42页。

［87］〔元〕脱脱：《宋史》卷二五〇《石保吉传》，第8813页。

［88］程民生：《宋代物价研究》，人民出版社2008年，第304页。

［89］〔宋〕李焘：《续资治通鉴长编》卷七八，大中祥符五年六月戊申，中华书局2004年，第1770页。

［90］〔宋〕李焘：《续资治通鉴长编》卷一二四，宝元二年八月己巳，中华书局2004年，第2921页。

［91］〔元〕脱脱：《宋史》卷一八五《食货志下七》，中华书局1997年，第4537页。

［92］蔡襄《国论要目·废贪赃》，〔宋〕赵汝愚：《宋朝诸臣奏议》卷一四八，第1694页。

［93］〔宋〕苏辙：《苏辙集》卷四六《论禁宫酒札子》，陈宏天、高秀芳校点，中华书局1990年，第808页。

［94］〔明〕陶宗仪等编：《说郛三种（贰）》，卷六十《藏一话腴》，上海古籍出版社2012年，第910页。

［95］〔宋〕李焘：《续资治通鉴长编》卷四五三，哲宗元祐五年十二月丁巳，中华书局2004年，第10875页。

［96］〔宋〕李焘：《续资治通鉴长编》卷四七二，哲宗元祐七年夏四月丁卯，中华书局2004年，第11269页。

［97］〔宋〕陈师道：《后山谈丛》卷六，中华书局2007年，第77页。

［98］〔元〕脱脱：《宋史》卷二六四《沈伦传》，中华书局1997年，第9113页。

［99］〔宋〕李焘：《续资治通鉴长编》卷二一，太宗太平兴国五年八月甲戌，中华书局2004年，第478页。

［100］〔清〕徐松辑：《宋会要辑稿》帝系八之四八，上海古籍出版社2014年，第203页。

［101］〔清〕徐松辑：《宋会要辑稿》方域四之二三至二四，上海古籍出版社2014年，第9342页。

［102］陈峰：《北宋武将群体与相关问题研究》（增订本），人民出版社2021年，第217—267页。

明都城砖的勒名类型研究

杨　钰（苏州博物馆）

内容摘要： 明一代建有三座都城，存留下大量的城砖资料。本文根据查阅的文献、专著及实地调研，对搜集到的明代都城勒名城砖条目进行整理分类，按城砖生产者性质，把明代都城勒名城砖分为两大类——民造砖和卫所造砖，并对其勒名内容进行具体分析，总结三座都城城砖的勒名类型及相互之间存在的联系和差异，以增进对明代城砖勒名制度的了解。

关键词： 物勒工名　勒名城砖　明城墙

一　引言

物勒工名是我国古代一项重要的产品质量检验制度，对于确保产品的质量和技术进步具有重要意义。物勒工名从春秋战国时开始出现，秦统一后物勒工名的地位正式以法令形式确定下来，汉以后，虽然各朝各代都有坚持物勒工名的基本原则，但从实物出土和文献记载来看，与战国及秦汉时的执行力度相比，相去甚远。直到明代，物勒工名才又重新焕发出新的活力，勒名城砖就是一项有力证据。有明一代先后定都南京、北京，朱元璋又曾下旨修建过中都凤阳，存留下大量城砖实物资料[1]。关于明代城墙城砖的研究亦颇丰，但其中大多是在各城址的基础上独立探讨，鲜有把三都城砖联系在一起分析讨论的。通过归纳分析这三都城砖的勒名模式，可以增进对明代城砖勒名制度的了解。

二　城砖典型勒名模式分类

根据查阅的文献、专著以及实地调研，本文以搜集到的一千多例勒名城砖为对象，讨论重点在于勒名内容中涉及的管理者、工匠等信息，根据城砖生产者的性质，首先把明代都城勒名城砖分为两大类——民造砖和卫所造砖，在此基础上，再从城砖勒名的具体内容出发，进行类型划分，总结这些城砖的勒名模式及相互之间存在的联系和差异。

（一）民造砖

民造砖是指由普通百姓烧造的城砖，也是明代南京、北京城墙的主要建造用砖。从搜集到的勒名城砖数量统计来看，民造砖居多。从勒名职官来看，大致可分为勒三级职官、勒两级职官、勒一级职官和未勒职官的几类。城砖上所勒职官又因地方、层级不同而各异，府级官职有同知、府丞、通判、照磨、知事、经历等，州级有同知、州判、判官等，县级有主簿、知县、县丞等。生产人员有窑匠、坯匠、人夫[2]等。其中，只勒一级职官姓名的模式比勒三级、两级职官姓名的相对简单很多，但也是变体最多最杂的一类，笔者仅搜集到一县一例的孤证，文中未做具体分类。从所勒各级监造官吏和生产人员的细化程度看，当时的民造勒名城砖应是明代物勒工名制度的典型表现形式，具体分类模式见下表（表一）。

勒"府级官吏、州级官吏、县级官吏、总甲、甲首、小甲、作匠、人夫"模式的仅出现于南京勒名城砖中，勒名地有扬州府辖下各个州县，武昌府辖下的兴国州、德安州，黄州府管辖下的蕲州、开州。其中直隶下属的扬州府提调官勒名为"同知"，而湖广下属的两府均勒名为"通判"，至于州级、县级提调官官职各有不同，变化更多。此类城砖是所有勒名城砖中内容最为详尽的一种，府级提调官、司吏，州级提调官、司吏，县级提调官、司吏，总甲，甲首，小甲，作匠，造砖人夫，一共十一级责任人，每一级责任人的姓名都明确保留在了城砖上，但此类模式中未见有城砖勒烧造年份。

例如扬州府辖下兴化县和海门县的2例城砖，其

表一　民造砖勒名模式

府	州	县	基层			生产信息	分布地
府级官吏	州级官吏	县级官吏	总甲	甲首	小甲	作匠人夫	南京
府级官吏	州级官吏	县级官吏				作匠人夫	南京
府级官吏	州级官吏		总甲	甲首	小甲	作匠人夫	南京
府级官吏		县级官吏	总甲	甲首	小甲	作匠人夫	南京
府级官吏		县级官吏				作匠（人夫）	南京、北京
	州级官吏	县级官吏	总甲	甲首	小甲	作匠人夫	南京
		县级官吏				作匠（人夫）（年份）	南京、凤阳
		县级官吏	总甲	甲首	小甲	作匠 人夫	南京
	州级官吏					作匠（年份）	南京、凤阳
						作匠、人夫等	南京、凤阳、北京
						地点	南京、凤阳、北京

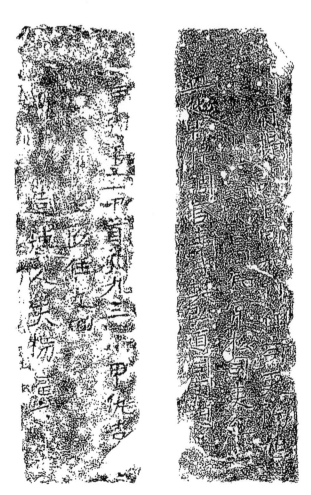

图一　明代扬州府高邮州兴化县城砖拓片

图二　明代扬州府通州海门县城砖拓片

具体勒名内容如下：

> 扬州府提调官同知竹祥、司吏陶旭、高邮州提调官同知常松、司吏纪衡、兴化县提调官主簿樊弘道、司吏赵宗振、总甲□□一、甲首刘九三、小甲仇吉、窑匠焦九四、造砖人夫杨福六
>
> 扬州府提调官同知竹祥、司吏陶旭、通州提调官州判智审、司吏王懋、海门县提调官主簿郑裕、司吏徐文□、总甲陆和宽、甲首陆荣、小甲许受四、窑匠殷顾、造砖人夫陆荣

上述勒名城砖，一例是高邮州兴化县烧制的，一例是通州海门县烧制的，府级提调官均是扬州府同知竹祥和司吏陶旭，而州级官名开始有所区别，高邮州是同知，通州是州判，说明各州县，主持城砖烧造的各级官吏官职不一定相同，并非由特定单一职官专门负责，应是由各府州县根据自身情况分派官员担任提调官执行烧造任务，管理烧制过程，以及监督城砖质量，司吏则配合提调官履行职责。

勒"府级官吏、州级官吏、县级官吏、作匠、人夫（年份）"模式的仅在南京勒名城砖中出现，勒名地涉及湖广行省内数个州县。此类城砖中没有勒总甲、甲首、小甲的姓名，在府州县三级官员姓名后，直接勒作匠、人夫姓名。其中大冶县2例上勒有监工人的姓名："……监工人熊志仁、作匠严一、人户袁清"。另外，应山县和广济县城砖上还勒有年份，均为"洪武十年"烧制。

勒"府级官吏、州级官吏、总甲、甲首、小甲、作匠、人夫"模式的仅在南京勒名城砖中出现，所勒两级职官为府级、州级，勒名地主要涉及直隶以及湖广下属部分州，总体数量较少。此类勒名反映出在烧造任务较为繁重的时期，少数州除了履行监管职责外，也承担了一定的城砖烧造任务。

勒"府级官吏、县级官吏、总甲、甲首、小甲、作匠、人夫"模式的也仅在南京勒名城砖中发现，且是南京城砖中搜集到数量最多的一种，基本在各个承担烧造的府县均有出现，共9级责任人。在所有民造

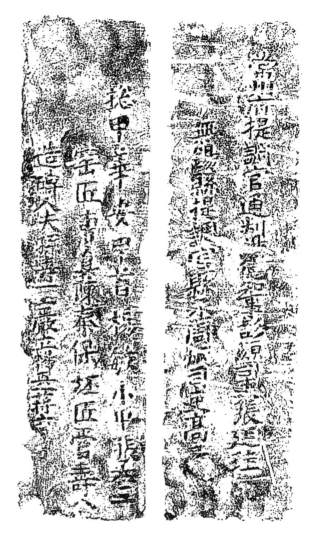

图三　明代常州府无锡县城砖拓片

砖烧造地点中，除江西省建昌府下辖的数县没有发现此类模式勒名外，其他所有府县在城砖勒名上都采用这一模式。其中常州府较为特别，府级提调官勒有两位官员，如"常州府提调官通判汤德、知事彭源、司吏张廷珪、无锡县提调官县丞周炳、司吏高彦、总甲华安、甲首杨敏、小甲张□三、窑匠曹真陈秦保、坯匠管寿八、造砖人夫孙寿一严立杨兴一蒋六"。提调官有两位，一位是通判汤德，一位是知事彭源，而其他府一般只任用一名官员作为提调官负责，再次说明在具体分配城砖烧造任务时，各地会根据实际情况进行委任，官职、人数都不一定。据《姑苏志卷第四十》记载："汤德，高邮人，洪武中常州府通判，

有能名，十一年迁守苏郡，敷政严明而持法不苟，吏民畏爱之。"[3]《高邮州志》[4]、《常州府志》[5]中皆有类似记载，汤德于洪武十一年（1378年）由常州府通判升任苏州府知府，可知这批城砖的烧造应是在洪武十一年汤德升任以前进行的。

勒"府级官吏、县级官吏（作匠）人夫（年份）"模式的在南京、北京城砖中均有发现，勒有府、县两级官吏姓名，所勒基层作匠不定，有的只勒窑匠，有的只勒人夫，有的则两者皆有，总体而言以只勒窑匠居多，不见基层管理"总甲、甲首、小甲"姓名，南京主要在湖广行省和江西行省的部分县烧制，北京所见主要是南直隶下的部分县烧制。这类模式虽在北京、南京二都的勒名城砖中均有出现，但细节上存在一定差异。北京城砖如："直隶太平府委官推官张政、芜湖县委官何治、所官□□，成化十七年六月十五日，高手窑匠王□、匠作□□"，虽有缺损，但所勒时间详细至具体月日，而南京城砖则未勒年份。

勒"州级官吏、县级官吏、总甲、甲首、小甲、作匠、人夫"模式的仅在南京勒名城砖中出现，没有勒府级提调官吏的姓名，而是从州级开始勒提调官的姓名，其他信息均有囊括。

勒"县级官吏、作匠（人夫）（年份）"模式的是只勒一级职官姓名中数量最多的一种，在南京城墙和凤阳城墙城砖上皆可见，几乎所有烧造地都有采用，但搜集到的各地数量比较零星。其中，勒有年份，且年份清晰的，大都是洪武七年（1374年）和洪武十年（1377年）烧制，其中凤阳城砖基本都是洪武七年烧制，洪武十年的城砖仅发现一例；而南京城砖由于本身搜集到的城砖数量就比较多，洪武七年，洪武十年的城砖数量都有相当一部分。

勒"县级官吏、总甲、甲首、小甲、作匠、人户"模式的仅在南京城砖中出现，勒县级提调官与司吏姓名，基层管理人员、工匠员的姓名也都勒上，主要是江西行省采用此种勒名方式。这类与前一类相比便是多勒有"总甲、甲首、小甲"的姓名，但数量发现很少，大多出现于江西行省烧造的城砖，

江阴县仅发现1例。

勒"州级官吏、作匠（年份）"模式的在南京和凤阳城砖中均有出现。南京的由无为州烧造，搜集到两例，凤阳主要由通州和海州烧造。城砖上勒有州级提调官和司吏的姓名，其次是作匠姓名，说明这类城砖应该是由州一级负责监督烧制，这类同此前勒两级职官名中的"府级官吏、州级官吏、总甲、甲首、小甲、窑匠、造砖人夫"一样，是由州承担了部分烧砖任务，但这类勒名没有府级提调官的姓名，也没有总甲等基层组织管理人员的姓名，勒名内容相对简单，但管理者、制造者姓名等信息依然包括，例："庐州府无为州提调官王应麟、司吏时敏、作匠陶承祖"。凤阳城砖与南京城砖相比，还多勒有年份这一信息。

只勒工匠姓名的城砖在南京、凤阳、北京三地

图四　明代庐州府无为州城砖拓片　　图五　明代淮安府海州城砖拓片

均有出现，无职官姓名，部分有年份，工匠有的只勒窑匠，有的勒窑匠和人夫，在搜集到的此类城砖中北京所占数量最多，个别城砖上还写明窑匠所在窑址，例："嘉靖二十三年东河窑窑户李经造"。这类城砖中有几例明初城砖较为特殊，勒"均工夫造"字样。均工夫是明代按土地亩数征用到京城服劳役的民夫，这种服役方式被称为均工夫役[6]，如"新喻县四十一郡洪武四年均工夫造"，相同的勒名内容在南京、凤阳发现一模一样的两块，说明洪武初年有些烧造地同时承担着两处都城的城砖烧造任务。据史料记载的均工夫役相关内容，以及城砖上所勒年份，可以认为均工夫造砖应只在明早期城墙的营建中出现，后来征役方式逐渐改变，均工夫造砖也逐渐消失。

只勒烧造地的勒名砖，在三城均有发现，南京、北京数量相对较少，凤阳较多。其中烧造地的勒名以勒县级为最多，府级次之，行省和州最少，只有个别勒名，勒名烧造州县尚可以看作是质量监督的行为，有一定追责意义，但只勒名行省或府名，应该已不具备追查质量的功用。

（二）卫所造砖

卫所造砖是指由卫所军匠烧造的城砖，卫所造砖总体来说数量比民造砖少，勒名模式较民造砖也简单，主要由各地军队卫所主持烧造，所勒信息包括卫所、监造职官、制砖军匠姓名等。目前搜集到卫所造勒名砖，总数量没有民造砖多，保存状况较差，其中大多在凤阳城城砖中发现，南京城数量次之，但涉及卫所很多，基本是一卫一例，勒名简单，大多仅勒烧造卫所和年份，北京城卫所造砖只搜集到4例。

勒三级职官名的类型，模式为"百户、总旗、小旗、军匠（年份）"。这类勒名模式仅在凤阳勒名城砖中出现，且是卫所造砖中数量最多也最详尽的一种，勒名及监管也同民造砖一样，从上往下，依次勒名，例如："凤阳卫左所百户成俊下、捻其（旗）阮进成、小其（旗）祁淮安、军杨成造"。

勒一级职官名的类型，有四种不同情况。模式为勒"指挥、军匠、年份"的仅在北京发现两例由

图六　明代凤阳卫烧造城砖拓片

直隶镇海卫负责烧造的城砖，"直隶镇海卫掌印提调指挥□□、委官指挥姜□，弘治四年月日，该吏□□□"，"直隶镇海卫委官指挥姜瑢，弘治年月日，军夫陈杲等造"，一例明确勒有"弘治四年"的字样，说明卫所造砖到明中后期还一直存在，且指挥使是卫所勒名砖中出现的军队最高长官。

模式为勒"百户、军匠"姓名的仅在凤阳城发现，从勒名要素上看，管理者、制作者姓名俱在，例："长淮卫后所百户徐贵、军匠陆官保"，制作人为"陆官保"，监管人为百户"徐贵"。

模式为勒"百户（年份）"的仅在凤阳勒名城砖中出现，只勒百户姓名，没有其他信息，这一类中发现怀远卫其中一例勒"怀后百户谭造"，其他几例未勒"造"字或是由于磨损，说明百户除了作为监管人员，也有作为烧造者的情况出现。

模式为勒"总旗或小旗"姓名的也仅在凤阳

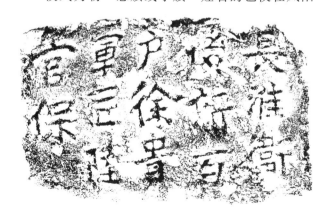

图七　明代长淮卫后所烧造城砖拓片

图八　明代飞熊卫右所烧造城砖拓片

发现，有的勒有"造"字，可以再次证明在凤阳城砖烧造中，百户、总旗、小旗等原本应属于监管层的军官也有直接作为制作者烧造城砖的情况出现。

还有一部分卫所造砖只勒烧造卫所，没有勒工匠或是职官姓名，有的还勒有年份，南京、凤阳、北京三地都有出现，没有具体军匠名字，但是勒有烧造单位，如果出现质量问题，依然可以追责到具体的烧制单位。此外，南京发现唯一一例同时勒有工匠、年份和卫所的城砖："洪武元年李造飞熊卫右所"。表明这例城砖由飞熊卫右所的李姓工匠制造，同时也可看出，明王朝建立之初，大规模徭役尚无力征发，只能依赖卫所进行最初城砖的烧造。

三　对明代都城勒名城砖的比较分析

明代都城的勒名城砖受烧造地点、烧造时间、烧造量等因素影响，模式有其相似性和差异性。以下主要从烧造地、烧造时间、勒名内容等角度对各地民造砖、卫所造砖之间的关系进行探析。

首先是几乎处于同一烧造时期的南京、凤阳两城城砖，这两城的大规模修建主要都集中在洪武年间。就民造砖而言，南京城的修建在洪武年间长达30多年，而凤阳城集中修建于洪武二年（1369年）至洪武八年（1375年），仅数年时间，其中直隶、江西、湖广行省均承担了这两都的城砖烧造任务，只是在具体负责烧造的府州县数量上南京城砖要远多于凤阳，这与两城修建的体量、时间跨度有关。南京城砖的勒名模式要比凤阳城砖更为复杂多变，南京最复杂的勒名模式，有11级责任人勒名其上，凤阳只勒一级管理官员的姓名，没有总甲、甲首、小甲这层基层管理人员的姓名，监管官员姓名后直接加工匠名。南京、凤阳勒名城砖中有一部分勒有年份，勒名模式、涉及年份见下表（表二）。

表二　南京、凤阳勒名城砖勒名模式和年份

地点	勒名模式	年份
南京	府级、州级、县级官吏 作匠	洪武十年
	县级官吏 作匠	洪武五年、洪武六年、洪武七年、洪武十年
	作匠	洪武四年、洪武七年、洪武十年
凤阳	州级官吏 作匠	洪武七年
	县级官吏 作匠	洪武七年、洪武十年

勒有明确纪年的城砖，南京最早所见为洪武四年，最晚为洪武十年，其中以洪武七年、十年数量最多，凤阳所见几乎都是洪武七年，仅搜集到一例勒"洪武十年"，说明虽然洪武二年开始营建中都凤阳，但对南京城的修建依然在持续推进，并未完全停止。到洪武八年朱元璋下令诏罢中都役作，对凤阳城的大规模修建虽然停止，但小规模的修缮依然在进行。

此外，南京、凤阳两城城砖在烧造地上也有一定重合，集中在镇江、扬州两府，勒名模式详情见下表（表三）。

表三　镇江府、扬州府城砖勒名模式

勒名地		南京	凤阳
镇江府	丹徒县	府级官吏　县级官吏 总甲 甲首 小甲 作匠 人夫	
	金坛县		
	丹阳县		
扬州府	通州	府级官吏　州级官吏 总甲 甲首 小甲 作匠 人夫	县级官吏 作匠（年份）
	海门县	府级官吏 州级官吏 县级官 吏 总甲 甲首 小甲 作匠 人夫	
	兴化县	府级官吏 州级官吏 县级官 吏 总甲 甲首 小甲 作匠 人夫	
		县级官吏 总甲 甲首 小甲 作匠 人夫	
	泰兴县	府级官吏　县级官吏 总甲 甲首 小甲 作匠 人夫	

这几地烧造的城砖，南京虽然在府、州、县三级官吏的勒名上有一定差异，但是均勒有总甲、甲首、小甲这层基层管理者姓名，凤阳则均为县一级官吏加作匠姓名的勒名模式，而凤阳所见其他地的勒名砖也都未曾出现过总甲、甲首、小甲的勒名，应不是巧合。烧造地重合的城砖涉及扬州、镇江两府，扬州府勒提调官同知竹祥，镇江府勒提调官同知王思胜。据《南京太仆寺志》卷七记载，"少卿……洪武初定二人正四品……竹祥□□□□人洪武十二年任"[7]，并《万姓统谱》卷一百十二记载："明竹祥昌黎人洪武中任太仆寺少卿"[8]可知，洪武十二年（1379年），竹祥出任太仆寺少卿一职，太仆寺少卿为正四品，而同知为知府的副职，为正五品，可以推定是升任官职。虽然城砖上未勒具体年份，但可以认为南京扬州府这批城砖的烧造时间是

在洪武十二年竹祥调任以前进行的。据《严州府志卷十·明万历刻本》记载："王思胜，山东人，洪武十五年任知府……"[9]洪武十五年（1382年），王思胜出任严州府知府，同样，推定这批城砖的烧造应在洪武十五年以前进行。而凤阳城砖上所勒官员暂未查到相关文献记载，但纪年绝大多数为洪武七年（1374年），最晚为洪武十年（1377年）。分析原因，有两种可能性：一是供给两城的城砖烧造时间相近，针对南京、凤阳两地，任用了不同的官员负责烧造，因而选择的勒名方式不同；另一种可能便是城砖烧造年份存在差异，勒名方式在这过程中产生了变化。如果是第一种可能，则可推定供给南京、凤阳的城砖分别采用了上表中的勒名模式，但是实际上南京在其他烧造地也有与凤阳勒名模式一致的洪武七年勒名城砖，也就推翻了第一种可能，因此可以认为城砖的烧造年份不同，城砖上的勒名模式发生了变化。杨国庆《南京明城墙砖文中的基层组织研究》一文中提到一例极为特殊的城砖"庐州府无为州巢县提调官□□□、司吏秉□、总甲杨遇□、甲首苏原兴、小甲孙原梅、人户苏原兴、窑匠苏兴旺，洪武十年□月□日"[10]，此例城砖既勒有"总甲、甲首、小甲"，又勒有"洪武十年"，结合前文关于纪年城砖的分析，可以认为，总甲、甲首、小甲这一类勒名模式的出现，是洪武十年以后逐渐开始的，而这一例正可以看作是这中间的过渡模式。

卫所造砖大都是在都城周边卫所烧造，凤阳城砖主要由凤阳卫、长淮卫、怀远卫、留守司烧造，南京卫所造勒名砖发现较少，但勒名上涉及卫所较杂。从勒名内容来看，同民造砖复杂程度恰恰相反，勒管理职官名的城砖只在凤阳城砖中发现，勒名模式比较成熟。卫所内的管理军官、军匠名均勒于其上。例如："凤阳卫左所百户成俊下、捻其（旗）阮进成、小其（旗）祁淮安、军杨成造"。这例城砖便是典型代表，表明其是由凤阳卫左所烧造，后接百户、下总旗、小旗、军匠姓名。而南京卫所造砖的勒名模式呈现出较为简洁的风格，大多仅勒卫所名，既无管理官员名，也无工匠名。南京卫所造勒名砖

勒有年份的最早为洪武元年（1368年），最晚为洪武七年（1374年），而凤阳卫所造砖年份只见洪武十年（1377年）、十七年（1384年），可以认为，南京只在早期修建时采用了部分卫所造砖，而且由于时期较早，因而勒名比较简单，而凤阳在大规模营建停止后，民造砖的供应急剧减少，只能依靠周边卫所造砖来完成零星工程，于是便采用较为复杂的勒名模式以保证城砖质量。

而明代北京城的大规模营建直到永乐年间才正式开始，使用的城砖在勒名模式上与其他两都存在一定的联系和差异。明代都城的营建，乃至各地城池修建，其城墙用砖基本都遵循就近烧造的原则，因而地理位置的不同，各城城砖在烧造地上自然存在差异。营建南京、凤阳时，城砖的烧造和征派地点集中在长江中下游地区，由当时的直隶、湖广、江西其所属各府、州、县，及周边驻扎卫所，因地制宜、就地取材进行烧制，然后通过水路把烧好的城砖运送到位，烧造管理也由烧造地自行负责。营建北京城时，朱棣下令，把城砖的征派与烧造地转移到北方诸省。其中，在京师及附近设厂烧砖，周边地区主要集中在山东、河南、河北进行烧造[11]。这些地方的砖窑均建在运河沿线，城砖烧造完成后，可以沿运河从水路运到北京，较为便捷。由于搜集到的北京勒名城砖中，有确切年份的勒名砖最早为成化年间，不见勒永乐年份的城砖，因此暂不能确定北京城最初营建时城砖的勒名模式。目前所见北京民造砖大多只勒工匠名或烧造地，辅之以年份，极少如："嘉靖十五年秋季临清厂窑户赵经匠人葛禄造"，已是其中较为详细的了，时间、窑址、工匠等信息都有囊括。此外，与南京、凤阳相比，较为特殊的是，北京部分勒名城砖的一端头部有块长方形的朱红色印记，而南京、凤阳城砖中未见此种印记，应是北京城砖中特有的。明代于慎行的《司空大夫刘君伯渊陶政记》中记载："成而试其坚瑕……又使军尉别其良楛，印而志之。"[12]城砖烧造完成后，监管官吏要检验城砖的质量，是否坚固、有瑕疵，如质量合格，就印上某种标记作为合格标志，

但此处并没有说明印记的具体样式和颜色。在清代袁启旭的《官砖使者行》中提到："朱花钤印体制精，陶模范埴瓠棱好"[13]，诗中清楚地表明砖上有"朱花钤印"的标记。由于清代城砖烧造基本承袭明制，因而这首诗中描述的虽是清代城砖烧造的情况，但应与明代相差无几，而北京发现的明代城砖实物也正可与此对应。

从时间维度上看，南京、凤阳的城砖勒名模式要比北京城砖更为详细，南京城砖的主流勒名模式是各级提调官、司吏和工匠姓名都保留其上，有总甲、甲首、小甲基层管理人员的勒名模式也仅在南京城砖中发现。凤阳次之，但也几乎都勒有一级管理官员和工匠的姓名，而北京城砖勒名趋于简单化，大多仅勒年份、州县或是仅勒工匠之名。从地理跨度上看，同一时期，北京城存在南北方不同窑口烧造的城砖，例"直隶松江府金山卫管工委官指挥魏文照磨任辂、华亭县提调官知县郭伦、所县委官镇抚袁玉、典史李诚、吏马澄，成化拾年月日造，黑窑匠高大寿谢阿鱼"[14]，这例城砖由松江府华亭县烧制，勒名模式详细，是明初模式的承袭，而同时代北方烧造的如"成化拾玖年长垣县窑造"[15]，则只简单勒明时间和窑口，这也是明晚期，乃至清代都沿用的城砖勒名主要模式。

此外，所有勒名城砖中发现两例苏州府成化年造砖，为"府级官吏、县级官吏（作匠）人夫（年份）"模式，具体铭文如下：

直隶苏州府卫管工委官指挥鲁洪、知事赵荣、常熟县提调官知县黄庆、所县委官千户唐弘、主簿□□、该吏陈安，成化拾年月日造，黑窑匠钱行陆行曹昌[15]

直隶苏州府卫管工委官指挥鲁洪、知事赵荣、吴县提调官知县陈振、所县委官千户唐弘、主簿于通、该吏屠嵩，成化拾年月日造，黑窑匠钱行陆行曹昌[16]

明代苏州金砖的勒名模式主要为"年份、尺寸、两级/一级官吏、作匠"，比城砖多一项尺寸信息，但由于金砖中的成化纪年砖，据丁文父考证，应为

僭年款（年号铭文先于官员任期）[17]，因此无法进行直接比较。但从勒名中可以看出，苏州府造这两例城砖均是由"黑窑匠钱行、陆行、曹昌"所造，黑窑是位于京师附近的官办砖窑厂，由工部直接管理，因此很有可能的情况是，苏州府当地的工匠只负责金砖烧造，而被分配的部分城砖烧造任务，则由苏州府"委雇"黑窑厂工匠烧制，这种情况在当时的临清砖厂就极为常见。

四 结语

明代在地方区划上，起初曾沿袭过一段时间元朝的行省制，后来结合自身实际情况，形成了自己的省府州县和省州县并存的行政区划制度。而军队卫所的设置就更早，在明正式建立以前朱元璋的起义队伍中已经设置，到了建国以后有所改变，这些都是明代城砖烧造得以模式化的前提条件，虽然大部分勒名城砖都没有年份，但是通过归类分析，还是可以看出明代城砖勒名的规律性。总体而言，洪武之初，营建之始，朝廷征派城砖规模较小，城砖勒名模式较为简单。随着工程进度的推进，到地方行政区划和军队建制完善以后，洪武十年（1377年）开始，出现总甲、甲首、小甲这一层基层管理者的姓名，逐渐形成了整个明朝最为复杂的城砖勒名模式，勒有11级责任人。法律上，朱元璋采用了"刑乱国用重典"的思想主张，产品生产过程中的质量不合格，监造官员的贪污腐败等问题都有涉及，《御制大诰续编》中甚至专设了《力士催砖》[18]一条用以督促城砖的烧造。永乐以后，大规模营建完成，勒名模式在总体上又重新趋于简单了。

注释：

[1] 南京勒名城砖主要收录于《南京城墙砖文》一书中，凤阳勒名城砖主要收录于《凤阳明中都字砖》，北京存留相对较少。本文所搜集的勒名城砖，南京、凤阳的资料基本来源于上述两本专著，文中图片亦来源于此，其他个例及北京勒名城砖的资料主要是从实地调研和与之相关的论文专著中搜集所得。

[2] 作匠包括窑匠、坯匠等，人户即人夫，只是称谓上有所不同。

[3] 〔明〕王鏊纂、林世远修：《姑苏志》卷四十，明正德元年（1506年）刻本，第24页。国家图书馆藏本，在线浏览地址：http://read.nlc.cn/OutOpenBook/OpenObjectBook？aid=892&bid=25102.0。

[4] 〔明〕范惟恭修：《高邮州志》卷八，明隆庆六年（1572）刻本，第23页。国家图书馆藏本，在线浏览地址：http://read.nlc.cn/OutOpenBook/OpenObjectBook？aid=892&bid=208257.0。

[5] 〔明〕唐鹤征纂：《常州府志》卷十，明万历四十六年（1618年）刻本，爱如生中国方志库，第1589页。

[6] 郑学檬：《中国赋役制度史》，上海文史出版社2009年，第509页。明洪武元年（1368年）所定按田派役的役法。规定：田一顷出丁夫一人，不足一顷者，与其他人土地合并计算应役，称为"均工夫"或"均工"，每年在农闲时到京城服役30日，期满放还。"均工夫"徭役制度只是一种过渡的役法，俟赋役黄册编成后，即依赋役黄册所载，按丁出役。

[7] 〔明〕雷礼：《南京太仆寺志》卷七，明嘉靖刻本，爱如生中国基本古籍库，第65页。

[8] 〔明〕凌迪知：《万姓统谱》卷一百十二，清文渊阁四库全书本，爱如生中国基本古籍库，第1878页。

[9] 〔明〕杨守仁、徐楚纂修：《严州府志》卷十，明万历六年（1578年）刻本，第27页。国家图书馆藏本，在线浏览地址：http://read.nlc.cn/OutOpenBook/OpenObjectBook？aid=892&bid=86900.0。

[10] 杨国庆：《南京明城墙砖文中的基层组织研究》，《东南文化》2011年第1期。

[11] 《临清直隶州志》卷九，《临清旧志》，临清市地方志办公室2016年，第881页：明永乐初，山东、河南并直隶河间诸府，俱建窑烧砖。

[12] 〔明〕焦竑：《国朝献征录》，广陵书社2013年，第2412页。

[13] 〔清〕杨钟羲：《雪桥诗话余集》，北京古籍出版社1992年，第89页。

［14］ 蔡青：《明代北京城砖的职责制度、制造技艺与检验标准》，《装饰》2015年第12期。

［15］ 蔡青：《叩之有声断之无孔——"登峰造极"的墙体材料：明代北京城墙砖的工艺与"质量控制"》，《混凝土世界》2010年第11期。

［16］ 蔡青：《明清北京"钦工砖"的材质标准与制造工艺》，《古建园林技术》2012年第2期。

［17］ 丁文父：《金砖识录》，文物出版社2007，第112页。

［18］〔明〕朱元璋：《御制大诰续编》，明洪武十九年（1386年）刻本，第72页。国家图书馆藏本，在线浏览地址：http://read.nlc.cn/OutOpenBook/OpenObjectBook？aid=892&bid=205868.0。

清初常熟三峰清凉寺"寂照堂"匾之诤考略

景　杰（南京艺术学院美术学院）

内容摘要：清初临济宗三峰系内部曾发生过一次僧诤。僧诤围绕三峰系祖庭：常熟三峰清凉寺方丈室的命名问题而起。诤讼的双方分别是清凉寺第十代住持僧鉴晓青和第十一代住持硕揆原志。僧鉴晓青以临济宗三峰系嫡传弟子的身份自居，将寺内三峰系开山祖师汉月法藏命名的方丈室"寂照堂"改为"正续堂"，引发清凉寺继任住持硕揆原志的不满。此次僧诤从最初的替换匾额部分内容发展到地方乃至中央官员介入，最终以硕揆原志被迫辞去清凉寺住持之职结束。官宦力量的介入在此次僧诤中扮演了重要的角色。硕揆原志虽以"削祖立孙"之名指责僧鉴晓青，但当硕揆原志再次入主三峰清凉寺后，却将原先由祖师汉月法藏定下的法名派字改为从自己法名下另行衍派，这一行为亦可看作是另一种形式的"削祖立孙"。

关键词：清初　僧诤　三峰清凉寺　寂照堂

三峰系是明末清初临济宗重要法系之一。其创始人汉月法藏与天童系密云圆悟因在"五家宗旨"等一系列问题上的见解不同，分别著书立说展开争论，各自门徒为维护师说积极参与，冲突也从最初的学术观点之争演变为派系话语权与势力范围的争斗。以汉月法藏及其弟子潭吉弘忍、一默弘成、继起弘储、具德弘礼等为代表的三峰系第一、二代领袖显示出极强的团结性和领导力，不但著书立说，还广收门徒，培养僧材，使己派势力迅速壮大，就连密云圆悟也承认"汉月得人过于老僧"。但随着三峰系第三代僧人的崛起，其内部也出现了纷争，常熟三峰清凉寺"寂照堂"匾额之诤就是其中的典型。这一僧诤似未被学界关注留意，本文即对此进行考述。

一　"寂照堂"匾额之诤的历史背景与主要人物

坐落在常熟虞山北麓的清凉寺是三峰系的祖庭。

万历三十八年（1610年）汉月法藏尚未嗣法密云圆悟前就已住锡此地静修参禅，寺院始终在三峰系弟子中传递，至康熙初已传十一代住持。依次为汉月法藏（1625年，三峰系初祖）、梵伊弘致（1627年，汉月法藏弟子）、顶目弘彻（1630年，汉月法藏弟子）、在可弘证（1632年，汉月法藏弟子）、断津济裕（1646年，在可弘证弟子）、豁堂正嵒（1652年，一默弘成弟子）、匡瀑戒青（出任时间不详，豁堂正嵒弟子）、中舆济范（1661年，顶目弘彻弟子）、檗庵正志（1662年，继起弘储弟子）、僧鉴晓青（1668年[1]，继起弘储弟子）、硕揆原志（1672年，具德弘礼弟子）。

"寂照堂"匾之诤的两位当事人分别是第十代住持僧鉴晓青与第十一代住持硕揆原志。僧鉴晓青（1629—1690年）江苏吴江人，俗姓朱。披剃、圆具后在灵岩继起弘储门下参学，后在台州天宁寺得到弘储点拨，见性开悟，受命分座秉拂。历主三峰清凉、苏州泐潭、苏州灵岩等刹[2]。硕揆原志（1628—1697年）江苏盐城人，俗姓孙。顺治七年（1650年）投通州佛陀寺元玺披剃，未几走灵隐寺，礼具德弘礼圆戒。在弘礼门下参学开悟，顺治十六年（1659年）升首座，康熙元年（1662年）受弘礼付嘱，出住扬州上方，后迁泰兴庆云、径山万寿、虞山三峰清凉、镇江五州等[3]。

从前述历代住持在三峰系中的辈分看，法藏后人似乎未按照"父死子继"的方式推选住持，而是大体采用了"兄终弟及"的方式从退院住持的同辈中选取继住。故硕揆曾说："三峰为先汉祖开山之鹿苑，凡属汉祖子孙皆得而主之。"[4]因此，晓青与硕揆虽掌院有先后，却是同辈法兄弟关系，二人分别师事继起弘储与具德弘礼。弘储与弘礼在当时佛教界名望甚高，与汉月法藏合称"佛法僧"三宝[5]。

二 诤讼的详细经过与护法居士们的态度

此次僧诤围绕着寺内"寂照堂"匾额展开，且以清初著名山水画家、"四王"之一的太仓王时敏为硕揆重书"寂照堂"匾为界，分为前后两段。

"寂照堂"本是清凉寺丈室的室名。硕揆在请王时敏重题"寂照堂"匾的信中写道："三峰自先祖汉老人开山，手建方丈一所，颜曰'寂照堂'，乃本邑严天池太守讳澂所题赠者。是以苍霖太史作大树证和尚塔铭有曰'乌目之山，寂照之室，灵鹫分支，开士踵出。'则寂照为汉祖之方丈有典据矣！"[6]作为开山祖师亲定的室名，通常情况下，其叶裔子孙为表示对先祖的崇敬，不会将其改名，前列清凉寺早期数代住持就未有将方丈室改名的情况。但晓青于1668年接任住持后，"先是，主席者为灵岩法嗣晓青。晓青重建方丈，易去汉公寂照堂额，更名曰'正续'，乞郡司马会稽鲁超书落其款，并为作记"[7]。"碻庵（晓青别号）另求一额曰'正续堂'，其落款为'吴郡司马会稽鲁超为碻庵大和尚题'。自是遂撤旧额悬新额矣"[8]。由此可知，晓青重建了方丈室并改名"正续堂"，请当时任苏州府"司马"一官的浙江会稽人鲁超[9]题写了匾额，并作碑记。

1672年硕揆接替晓青任住持后，于1675年（乙卯）将"正续堂"匾额稍作改动。"碻庵去，某（硕揆）承其乏，窃不自量，以为削祖立孙，佛无此法，然又不敢去新而悬旧，乃以祖号'汉月'二字易去'碻庵'二字，复于'题'字上增一'追'字，以鲁公与汉祖生不同时故也，此乙卯年事"[10]。硕揆可能对前任晓青及其背后的官宦力量有所顾虑，故未敢直接将"正续堂"匾移去，仅将鲁氏落款中的"为碻庵"改为"为汉月"。又因鲁氏与汉月非同时期人，故在"题"字前加一"追"字，这样既保留了鲁书，又保留了晓青的堂号，可算是两不得罪。未曾想，数年后的戊午（1678年）五月初七，即晓青从苏州灵岩山寺住持任上退院后的第二天，云间太守（"太守"为古称谓，即"知府"。"云间"即江苏松江府，此时的松江府知府就是鲁超）命常熟当

地县令至清凉寺，要求削去"正续堂"匾落款中的"汉月"二字，重新改为"碻庵"。硕揆的护法缙绅于是又修书给鲁超，提出"酌于额尾增书'法孙晓青重建'六字，汉月号不可毁削"[11]。鲁超对这一提议并无异议，但晓青"严城坚兵，必欲以'正续'额自己"[12]。无奈之下，硕揆与众人决定"削之额之，一切听之。但当整新汉祖旧额，与之并悬，存此公案以待天下后世为评断耳"[13]。故请王时敏重新题写"寂照堂"，此为僧诤的前半段。

新的"寂照堂"匾王时敏一定是写了，硕揆等人也必将它挂了起来，否则不会有此次僧诤的后半段。据记载，"于是晓青之徒童硕，阴毁鲁碑及匾，嫁祸于师（即硕揆），以激当事（即鲁超）怒。当事果檄县令诘责成讼，累月不休"[14]。至此，整个僧诤达到高潮。晓青之徒童硕[15]应为寺中常住僧侣无疑，因为只有内部僧人才有可能"阴毁"而不被发现。毁坏在任朝廷命官所题的匾额和碑记，自然是大不敬之罪，故硕揆陷入官司。幸好有昆山人徐立斋[即徐乾学之弟徐元文（1634—1691年），字公肃，号立斋。顺治十六年己亥科状元，累官至刑部尚书][16]"书示邑侯，案定得白"[17]。但经此一事，是非烦恼不断，恐难继续领众，故硕揆于康熙十八年己未（1679年）五月十五日[18]辞去三峰住持一职。从1672年主院事至1679年辞去，硕揆已任清凉寺住持达八年之久。退院后，硕揆先后住持镇江五州（1679年）、扬州善庆（1680年）、杭州灵隐（1681年），直到癸酉（1693年）再主三峰清凉寺[19]。接任硕揆任清凉寺住持的分别是佛日祖圆（1679年，中舆济范法嗣）、椒庵延音（1684年，继起弘储法嗣、雪悟上思（1685年，巨渤恒法嗣）和石语济音（1686年，具德弘礼法嗣）。

针对此次三峰系祖庭内部发生的僧诤，护法缙绅们的反应与态度也值得关注，从硕揆写给他们的数封信札中可窥其大略。前引硕揆请王时敏重题"寂照堂"匾额的信即是一例，王时敏若站在晓青一边，想必硕揆也不会请他执笔。在已知硕揆等打算将重题的"寂照堂"匾与晓青的"正续堂"匾同时

悬挂的情况下，王时敏仍肯接下此"活"，必然知道会因此得罪晓青，至少会让对方不快，但王时敏仍选择这么做，清楚地表明了自己的态度。另外，硕揆致赵向平护法的信中提到赵氏曾向他讲述崇祯辛未年（1631年）一位名叫耳圆的老僧在清凉寺常住之北园造静室，落成后题匾命名为"悬壁"。硕揆的师翁汉月法藏当时尚在万峰寺，听说此事后即命人将匾额拆除并对耳圆罚以清规。因为汉月住清凉寺时，订立的《三峰继住六条约》第二条就是"立禁私置碑匾，第二条犯者，不许住本院"[20]。硕揆认为此事"可为伐功自炫者万世殷鉴"，且"当与客夏四拜同付剞劂，以备法苑董狐之择"[21]。虽不知此信写于何时，但从内容看此时硕揆和晓青围绕匾额命名问题可能已发生矛盾。

三　晓青立"正续堂"匾额之动因蠡测

此次僧净刚开始时，硕揆曾致函晓青"老僧（硕揆）曾作一札请碓庵和尚复住三峰"[22]，亦有为其回护之意："往兄主三峰之有功于祖宗者，不特募造五间之方丈也。其所以永芳誉于千秋者，亦不在方丈内高揭一额也。撤去祖额以为兄额，好事者代兄为之，兄或出于不知，弟为改正，使仍额其祖，谅亦兄所乐闻。"[23]不管硕揆是否出于真心，至少对晓青尚有忍耐。随着晓青强硬要求额己名而非汉月，硕揆亦不再为其掩饰，在给王时敏的信中直言："花山法堂，檗庵和尚之法堂也，碓庵才进院，则以'真吼'自颜，不许他人升此堂。三峰方丈，汉月祖翁之方丈也，碓庵既退院，复以'正续'自颜，不许他人居此堂。某不敢与争，而缙绅先生亦无可奈何。"[24]如此看来，晓青给自己住持的寺院堂室改名绝不仅是清凉寺这一个案，与晓青同为继起弘储弟子的檗庵正志（即熊开元）住持过的苏州花山翠岩寺法堂亦曾被晓青更名为"真吼"。

晓青为何执意将三峰丈室更名为"正续"？"（硕揆）揣其意或以法脉有旁出正续之分，如黄梅脚下出南能北秀两人，秀悟处未彻，法源不一，再传而绝，后人目为旁出。南能大悟，独得五祖衣钵，是以子孙传至今日，故称正续。碓庵预知汉祖十二子

之子三百家皆绝支之旁出，而三峰正续必在己躬。故不肯额祖翁而惧其或分与诸家"[25]。硕揆认为晓青可能预知法藏的十二支法脉中只有自己承续的继起弘储一脉为嫡传，而其他十一支都是支派，故以"正续"表明自己名门正派的身份。笔者认为硕揆此说并非没有道理，要想窥探晓青的动机，可能得与其师弘储所撰《南岳单传记》联系起来研究。

康熙四年（1665年）二月，弘储法嗣原直全赋在湖广常德德山乾明寺圆寂，这一年的年末弘储与弟子月函南潜（即董说）等从苏州赴德山为原直禅师操办后事，事毕后弘储等在湖湘逗留了一年多，直到康熙六年（1667年）才返回苏州。漫游湖湘期间，弘储应湖南士绅请，开法南岳衡山福严寺。南岳福严寺的地位极高，是"南宗禅"鼻祖慧能大师弟子——怀让禅师的道场，从这里演化出了中国禅宗"一花五叶"中的临济宗和沩仰宗。在云门、沩仰、法眼三宗法脉断绝，曹洞宗亦气若游丝时，唯有临济宗保持了旺盛的生命力。弘储住持南岳福严寺标志着三峰系在清初临济宗内的正统地位得到承认，也标志着弘储在三峰系的嫡传地位得到巩固，这是日后弘储编撰《南岳单传记》的原因之一。从书名即可看出这部书就是为强调"嫡传正脉"而编写的，从西天释迦牟尼为始祖开始至第六十九祖"衡州南岳般若寺（即福严寺）退翁弘储禅师"止，每一代只开列嫡传弟子一人，表明弘储以临济宗内当仁不让的嫡传弟子自居。有嫡就有庶，按照此书的分法，除了弘储一脉，包括三峰系、天童系在内的其余临济宗僧人法脉均为庶出。

弘储门下弟子众多，其中最有声望的当属檗庵正志、月函南潜和僧鉴晓青三人。檗庵是以气节自重的遗民僧，在遗民群体中声望较高，但佛学建树不大。月函南潜虽为僧人，却喜韬晦远引，隐居著述，更多的是一个隐逸文人的角色。唯有晓青不但佛学造诣高深，而且擅长与世俗官宦应酬交际，从此次僧净中他善于借助官宦力量即可见一斑。晓青很可能以弘储乃至临济宗三峰嫡传身份自居，通过标榜"正续"之意更名丈室，退院后继续在三峰祖庭——清凉寺中发挥自己的影响力。

四 "寂照堂"与"密云弥布"二诤之异同

此次僧诤因一块匾额而起，不禁让人想起晓青之师弘储所涉另一起因匾额而引发的僧诤，即著名的"密云弥布匾"诤。两起僧诤所不同的是："密云弥布"之诤是天童系与三峰系之间的直接较量，而"寂照堂"之诤完全是三峰系内部不同法脉间的诤讼。

有关"密云弥布匾"诤不再赘述，且道忞对弘储的指控似有强词夺理，乱扣帽子之嫌[26]，但值得注意的是，无论是木陈道忞对弘储的指责还是硕揆对晓青的批评都将"削祖立孙"这一条作为主要攻击点，认为削去匾额上师祖之名号乃大逆不道，有违伦常之举动。在明清佛教丛林宗法化日益加剧的时代背景下，"削祖立孙"这顶"帽子"很重，大有"道德审判"的意味。面对道忞的指责，弘储似乎选择了沉默，唯檗庵曾出面为弘储据理力争，结果被道忞劈面一掌。道忞甚至将此事刻入自己《布水台集》中广泛流通。据硕揆所言，晓青曾撰《正续堂记》一文以自白，但"瓜藤葛蔓，扯扯牵牵，必欲粉饰其所以题正续之故以瞒天下之不知法门者"[27]。笔者查阅晓青的《高云堂文集》和《高云堂诗集》中并未找到此文，也未见到有关"寂照堂"匾之诤的记载。

弘储与晓青师徒二人在短短十数年间两涉僧诤，且均因匾额更名而引发。究其原因，笔者认为一方面是因弘储、晓青在当时声望很大，行事又颇高调，以致树大招风，易遭嫉恨，另一方面恐与前文提及的宗门内部"正统"地位之争有一定关系。"密云弥布"之诤发生时，弘储尚未住持南岳福严，但已声名远播，是佛法与气节并重，"以忠孝作佛事"的一代名僧。海盐金粟寺作为密云圆悟曾住持过的寺院，弘储入院后或出于无心而将原有天童一系的印迹抹去，打上自己三峰系的印迹，自然会引发天童系僧人的反弹。同样的道理，对以三峰嫡传自居的晓青来说，最能代表三峰领导地位的道场非清凉寺莫属，但在硕揆尚任住持时晓青就动用官宦力量干预寺内事务，必然引发硕揆反抗，一场僧诤也就不可避免。

五 僧诤的最终结局与本文结语

硕揆拒绝护法与耆宿的挽留，坚辞三峰院事而去后，晓青并未能成为继任住持，此次僧诤或可看作是对晓青在清凉寺声望的一次打击，前引护法缙绅对硕揆一方的支持已说明了一些问题。但是，晓青以诗文作为交际工具与文人宰官唱和的高超能力让他在东南一带仍有很高的影响力：1689年适逢康熙第二次南巡路过苏州灵岩，晓青获"召见行在"[28]机会，作《恭和御制诗一百首》《应制诗十二首》等进呈，颇受康熙嘉许，获赐御书等物。此时的晓青在三峰系内风头一时无二，不过第二年（1690年）就得疾圆寂了。

硕揆的实力也在增长。康熙辛酉（1681年）硕揆住持西湖灵隐寺，己巳（1689年）康熙南巡中硕揆亦获得恭迎圣驾的机会，同样应对得体，还获康熙御书"云林禅寺"匾额。此次接驾标志着硕揆在三峰系内的声望亦达到顶峰，可与晓青平分半座。借此机会，1693年硕揆重掌三峰清凉寺法席，且将祖庭法脉派字从先前汉月法藏拟定的"法弘济上，德重律仪"等八句共三十二字从"济"字辈抽枝，以自己"原志"的"原"字为首字，新开"原开圣化，妙显真传；照用权实，见在机先；利生广大，志在弥坚；承宗续祖，目耀灯然"[29]八句三十二字衍派。据记载，"三峰自硕祖以下均依硕祖法派"[30]。

硕揆以晓青试图在寺内丈室撤汉月之匾而挂己匾，就称其为"削祖立孙"，以此标准观之：硕揆撤掉三峰初祖汉月拟定的清凉寺法嗣派字，而用自己法名首字另开一派，是否也可看作是另一种形式的"削祖立孙"呢？也许，双方诤讼的出发点都是为了展现各自在三峰祖庭的控制力，进而提升自己在三峰系内的"正统"地位吧！

官宦势力在此次僧诤中扮演的角色亦不容忽视。晓青在退院后仍能对清凉寺内部事务产生影响力，与他获得松江知府鲁超的支持是分不开的。而硕揆在身陷鲁超所构之官司的被动局面下，最后仍能"案定得白"，显然与那位大学士京官徐元文有关。鲁超能量再大，也仅是一位地方知府，而徐元文虽丁忧在家，但毕竟曾任内阁学士和翰林掌院学士，又做过经筵讲官，是康熙帝身边重臣。他的两位兄长也同为京官，地位如日中天。这样的情势必然是值得鲁超好好"掂量"的。

清朝定鼎中原后的那一段特定历史时空里，从纷乱无序到尘埃落定需要一个过程，佛门也处于一种重新洗牌的过程中。实际上各家各派都在重新划分自己的势力范围，这也是为何会发生洞济之诤、天童三峰之诤的根本原因之一。仅从本文这一个案来看，三峰系内部出现纷争也是不可避免的。开山祖师传下的"家业"越大，后辈子孙之间发生诤讼的可能性似乎也越高。因为一片大的"家业"仅靠一位祖师无法撑起，必须依赖众多法嗣的共同努力。而一旦祖师圆寂或退隐，留下的众多祖庭、大刹都会是各法嗣觊觎的"势力范围"，这也与明清以来佛教宗法化的演变过程密切相关。

注释：

[1] 马明洁认为，"释晓青接替檗庵正志住持三峰一事，即大约发生在康熙三年（1664年）"。参见马明洁：《清初释晓青生平著述考略》，《法音》2020年第8期。但笔者认为晓青接任三峰住持应在1668年，据载"（晓青）康熙戊申（1668年）主三峰"，参见〔清〕王伊辑：《三峰清凉寺志》卷四，白化文、张智等编：《中国佛寺志丛刊》第四十册，广陵书社2006年，第107页。檗庵主席三峰的时间已明确可知为1662至1664，在其自撰《金书华严经留供三峰祖庭纪事》文中写道："始于壬寅（1662年）夏，至甲辰（1664年）秋，皆在三峰劝化。乙巳（1665年），正志徙花山。"参见〔清〕王伊辑：《三峰清凉寺志》卷十，白化文、张智等编：《中国佛寺志丛刊》第四十册，广陵书社2006年，第307页。由此可见，从1664年秋以后至1668年晓青继席的数年间，三峰清凉寺住持之位恐为虚席。

[2] 任宜敏：《"三峰"叶裔及其化迹考析》，《浙江学刊》2011年第5期。

[3] 任宜敏：《"三峰"叶裔及其化迹考析》，《浙江学刊》2011年第5期。

[4] 〔清〕王伊辑：《三峰清凉寺志》卷十一，白化文、张智等编：《中国佛寺志丛刊》第四十册，广陵书社2006年，第346页。

[5] 〔清〕释纪荫编纂：《宗统编年》卷三二，蓝吉富编：《禅宗全书》第二十三册，北京出版社2004年，第599页。

[6] 〔清〕王伊辑：《三峰清凉寺志》卷十一，白化文、张智等编：《中国佛寺志丛刊》第四十册，广陵书社2006年，第348页。

[7] 〔清〕王伊辑：《三峰清凉寺志》卷十二，白化文、张智等编：《中国佛寺志丛刊》第四十册，广陵书社2006年，第389页。

[8] 〔清〕王伊辑：《三峰清凉寺志》卷十一，白化文、张智等编：《中国佛寺志丛刊》第四十册，广陵书社2006年，第348页。

[9] 鲁超，生卒年不详，字文远，号谦庵，顺天府大兴籍，浙江会稽人。鲁超为顺治十七年（1660年）副贡，授庶吉士，改中书，后外放为苏州府海防同知。《康熙常熟县志》载："海防厅旧在府治（苏州）内东偏，康熙初移驻常熟。海防同知鲁超即入官屋改为公署，在县治东北。"参见：〔清〕章曾印修：《康熙常熟县志》卷一《官署·海防厅》，康熙五十一年（1712年）弦韵堂刻本。鲁超为晓青题写"正续堂"匾额当在是时。苏州海防同知为苏州知府麾下佐官，掌管地方海防军务，故硕揆称鲁超为"司马"符合官称，可信。鲁超后历官松江知府（1676—1683年）、淮扬道副使（1686—1687年）、广东惠潮道（1692—1696年）、广西按察使（1696—1698年）、广东布政使（1698—1701年）。参见〔清〕宋如林修、孙星衍纂：《嘉庆松江府志》卷三七《职官表中》及卷四三《名宦传四》，嘉庆廿三年（1818年）刻本；〔清〕卫哲治修：《咸丰淮安府志》卷一八《职官》，咸丰二年（1852年）刻本；〔清〕周硕勋修：《乾隆潮州府志》卷三三《宦迹》，乾隆廿八年（1763年）珠兰书屋刻本，及钱实甫编：《清代职官年表》第三册《按察使年表》、《布政使年表》，中华书局1980年，第2013—2015页、第1797页。

[10] 〔清〕王伊辑：《三峰清凉寺志》卷十一，白化文、张智等编：《中国佛寺志丛刊》第四十册，广陵书社2006年，第348页。

[11] 〔清〕王伊辑：《三峰清凉寺志》卷十一，白化文、张智等编：《中国佛寺志丛刊》第四十册，广陵书社2006年，第348页。

[12] 〔清〕王伊辑：《三峰清凉寺志》卷十一，白化文、张智等编：《中国佛寺志丛刊》第四十册，广陵书社2006年，第348页。

[13] 〔清〕王伊辑：《三峰清凉寺志》卷十一，白化文、张智等编：《中国佛寺志丛刊》第四十册，广陵书社2006年，第349页。

[14] 〔清〕王伊辑：《三峰清凉寺志》卷十二，白化文、张智等编：《中国佛寺志丛刊》第四十册，广陵书社2006年，第389—390页。

［15］《五灯全书》卷八六有"嵩（松）陵长庆童硕宏禅师"条，文末列为"退翁储嗣"，则童硕非晓青之徒，而是继起弘储嗣法弟子，姑且存疑，待考。

［16］依《清代职官年表》可知，徐元文于康熙十三年（1674年）授内阁学士，十四年（1675年）为翰林院掌院学士，十五年（1676年）十一月丁忧免职，直至十八年（1679年）十一月丁忧满三年后方复官为内阁学士。考硕揆于康熙十八年（1679年）五月十五日已辞去三峰清凉寺住持之职，故徐元文为硕揆原志"书示邑侯"时应该正丁忧家中，尚未复官。参见：钱实甫编：《清代职官年表》第二册《内阁学士年表》，中华书局1980年，第905—907页、第909页。

［17］〔清〕王伊辑：《三峰清凉寺志》卷十二，白化文、张智等编：《中国佛寺志丛刊》第四十册，广陵书社2006年，第390页。

［18］硕揆原志在《复三峰山主赵氏全族书》中写道："不慧（硕揆）而外，汉祖（汉月）之孙子多矣，愿择一福厚而大者为之补处，亦不过从己未五月十五日夜虚却三峰方丈之席若干日耳。"可知其辞去住持退院之日为五月十五日，参见〔清〕王伊辑：《三峰清凉寺志》卷十一，白化文、张智等编：《中国佛寺志丛刊》第四十册，广陵书社2006年，第353页。

［19］〔清〕王伊辑：《三峰清凉寺志》卷十二，白化文、张智等编：《中国佛寺志丛刊》第四十册，广陵书社2006年，第390页。

［20］〔清〕王伊辑：《三峰清凉寺志》卷二，白化文、张智等编：《中国佛寺志丛刊》第四十册，广陵书社2006年，第69页。

［21］〔清〕王伊辑：《三峰清凉寺志》卷十一，白化文、张智等编：《中国佛寺志丛刊》第四十册，广陵书社2006年，第346页。

［22］〔清〕王伊辑：《三峰清凉寺志》卷十一，白化文、张智等编：《中国佛寺志丛刊》第四十册，广陵书社2006年，第356页。

［23］〔清〕王伊辑：《三峰清凉寺志》卷十一，白化文、张智等编：《中国佛寺志丛刊》第四十册，广陵书社2006年，第356、357页。

［24］〔清〕王伊辑：《三峰清凉寺志》卷十一，白化文、张智等编：《中国佛寺志丛刊》第四十册，广陵书社2006年，第349页。

［25］〔清〕王伊辑：《三峰清凉寺志》卷十一，白化文、张智等编：《中国佛寺志丛刊》第四十册，广陵书社2006年，第348、349页。

［26］有关"密云弥布圊"之净的考论可参考陈垣：《清初僧诤记》，中华书局1962年，第42页。

［27］〔清〕王伊辑：《三峰清凉寺志》卷十二，白化文、张智等编：《中国佛寺志丛刊》第四十册，广陵书社2006年，第358页。

［28］〔清〕王伊辑：《三峰清凉寺志》卷四，白化文、张智等编：《中国佛寺志丛刊》第四十册，广陵书社2006年，第107页。

［29］〔清〕王伊辑：《三峰清凉寺志》卷四，白化文、张智等编：《中国佛寺志丛刊》第四十册，广陵书社2006年，第99页。

［30］〔清〕王伊辑：《三峰清凉寺志》卷四，白化文、张智等编：《中国佛寺志丛刊》第四十册，广陵书社2006年，第99页。

明中后期江南出版业的勃兴

章宏伟（故宫出版社）

内容摘要： 明代中后期，江南地区出版业发展臻至鼎盛，南京、苏州、杭州、常熟、湖州等地，出版机构涌现，出版名家辈出，出版规模和数量庞大，出版形式多样，分工与目标受众明确，商业出版日益成熟。江南出版业的勃兴，是在江南地区优越的自然、商业和社会文化基础上实现的。得天独厚的自然资源、地理位置和交通条件，高度发展的市民经济，书籍刻印业的物质和技术优势（即富足的刻书原材料、印刷技术的进步和装帧形式的演进、规模大而流动性强的工匠人才、低廉的刊刻成本），人们对书籍需求的激增（源于教育和科考的普及、读书与识字率的提升、藏书家的涌现、士大夫以书为礼的交往形式、书籍消费社会的形成等），共同造就了明中后期江南地区出版业的盛况。16世纪中期以后，印本逐渐取代写本，开始在中国书籍史上占据了核心地位，具有里程碑的意义。

关键词： 江南 书籍 出版 明中后期

明清时期作为一个经济区域的江南地区，按李伯重的研究，其合理范围应是今苏南浙北，即明清的苏、松、常、镇、宁、杭、嘉、湖八府以及由苏州府划出的太仓州。"此八府一州的大部分地区，都同属一个水系——太湖水系。这一特点，使八府一州在经济方面的相互联系极为紧密。"[1] 明中后期，在本文中主要指16世纪中期至明末大概100年的时间，这是江南地区出版文化臻至极盛的时期，这段时期，南京、苏州、杭州、常熟、湖州等地，出版机构涌现，出版名家辈出，出版规模和数量庞大，出版形式多样，分工与目标受众明确，商业出版日益成熟，呈现出一派欣欣向荣的景象。江南出版业的勃兴，基于江南地区优越的自然、商业、技术和文化基础，是明中后期江南经济发展和社会文化变迁的重要体现。

一

明中后期，多种社会力量进入书籍出版领域，私人商业出版兴盛。出书地区广布各地，尤以福建、江南与北京最为集中；出书品类繁多，数量庞大，鸿篇巨制频现，无论经史，还是日用类书、通俗小说，都以惊人速度发展。《书林清话》言："尝闻王遵岩唐荆川两先生相谓曰：数十年读书人，能中一榜，必有一部刻稿；屠沽小儿，身衣饱暖，殁时必有一篇墓志。此等板籍，幸不久即灭，假使尽存，则虽以大地为架子，亦贮不下矣。又闻遵岩谓荆川曰：近时之稿板，以祖龙手段施之，则南山柴炭必贱。"[2] "假使尽存，则虽以大地为架子，亦贮不下矣"，足见刻书之盛。

生活在16世纪晚期的胡应麟，自幼爱书成癖，"从家大人宦游诸省，遍历燕、吴、齐、赵、鲁、卫之墟，补缀拮据，垂三十载"[3]。他分析明中叶以来各地的出版业概况："凡刻之地有三，吴也，越也，闽也。蜀本，宋最称善，近世甚希。燕、粤、秦、楚，今皆有刻，类自可观，而不若三方之盛。其精，吴为最；其多，闽为最；越皆次之。其直重，吴为最；其直轻，闽为最；越皆次之。"[4] 胡应麟论列各地刻书情况颇为翔实可信，吴、越二地在全国出版业中具有举足轻重的地位。

江南书籍出版，南京、苏州、杭州、常熟、湖州等地皆为重镇，表现出多中心均衡发展的特点。借助江南地区优良的水路交通条件，整个区域联结成成熟而活跃的书籍刻印出版和消费市场，并与福建、江西、两湖、江北、以北京为中心的北方地区等地域形成全国性的书籍交流网络。

在胡应麟看来，南京与苏州乃江南地区文献荟萃之地，"荐绅博雅，胜士韵流，好古之称，藉藉海内"，又"刻本至多，巨帙类书，咸会萃焉"，南京、苏州两地的书市成为了全国最大的书籍批发零售市场，"海内商贾所资，二方十七"[5]。南京是重要的书籍输出地，"然自本方所梓外，他省至者绝寡，虽连槛丽栋，搜其奇秘，百不二三。盖书之所出，而非所聚也"[6]。"凡金陵书肆，多在三山街及太学前"[7]。张献忠在张秀民、缪咏禾、杜信孚、杜同书等研究的基础上，列出明代南京有书坊156家，除去同坊异名，明代南京可考的书坊有152家，其中，富春堂刻书69部，周曰校万卷楼35部，萧腾鸿师俭堂32部，唐锦池文林阁31部，胡正言十竹斋29部，李潮聚奎楼27部，陈大来继志斋26部，唐振吾广庆堂25部，汪廷讷环翠堂21部，九家书坊共刻书295部[8]。足见南京书坊之多，出书规模之大。据吴梅言："富春刻传奇，共有百种，分甲、乙、丙、丁字样，每集十种，藏家目录，罕有书此者。余前家居，坊友江君，持富春残剧五十多种求售……"[9]而上述张献忠统计的富春堂刻书中，传奇只有42种，可见统计并不齐全。而贾晋珠则考得明代南京书坊180家[10]。苏州书坊"多在阊门内外及吴县前"，"书多精整，然率其地梓也"[11]。杜信孚、杜同书《全明分省分县刻书考》辑录苏州书坊163家[12]，张献忠认为总体上可信，明代苏州的书坊当在160家左右。虽然苏州书坊总量很多，但规模都比较小，从现存的书目文献看，有很大一部分书坊刻书仅一两种，超过十种的仅有陈长卿一家，共18种。苏州的书坊大多注意编校和刊刻质量，走的是以质量取胜的经营策略[13]。

明代杭州书坊，胡应麟言："凡武林书肆，多在镇海楼之外，及涌金门之内，及弼教坊，及清河坊，皆四达衢也"，"梵书多鬻于昭庆寺，书贾皆僧也"[14]。杭州城书铺如林，多位于城市要道，有专门的佛教书籍售卖空间，寺僧也成为佛教书籍的售卖人员。胡应麟认为："越中刻本亦希，而其地适东南之会，文献之衷，三吴七闽，典籍萃焉。诸贾多武林龙丘，巧于垄断，每瞰故家有储蓄，而子姓不才者，以术钩致，或就其家猎取之。"[15]依他之见，

杭州虽然也是书籍贸易中心，但似乎刻于当地的书比较少。笔者曾在《明代杭州私人刻书机构的新考察》一文中对杭州府的私人出版机构进行考证，认为明代杭州私人刻书机构至少在223家以上[16]，主要出现在明代中后期。万历时期，杭州出版业出现繁盛局面，私人出版家和出版机构大量涌现，许多大部头书籍在这段时间刻印，如万历元年（1573年）倪炳刊宋李昉辑《太平御览》1000卷、万历十四年（1586年）卓明卿崧斋刊《唐诗类苑》200卷、胡氏文会堂刻《格致书》有存198种604卷、《百家名书》有存103种229卷、万历二十年（1592年）何允中刊明何镗辑《广汉魏丛书》76种254卷、万历三十二年（1604年）郑之惠刊明冯琦编《经济类编》100卷、万历三十八年（1610年）容与堂刊明李贽评《李卓吾先生批评忠义水浒传》100卷100回、万历四十四年（1616年）徐象橒曼山馆刊明焦竑辑《国朝献徵录》120卷、万历年间钟人杰刊《唐宋丛书》91种149卷、《史记》130卷、方天春刊明冯惟讷辑《诗纪》156卷，这些都是百卷以上的宏著。可见至明代中后期，杭州不仅是吴、闽书籍汇聚之地，其书籍刻印业也得到了长足的发展。

江南地区除南京、苏州、杭州等中心城市外，常熟、湖州等地在书籍出版与流通方面拥有自身的特殊地位。

在晚明私人商业出版浪潮中，居于常熟的毛晋无疑是江南地区最具代表性的出版家之一，他在常熟创办了著名的藏书与刻书机构——汲古阁。万历末年，毛晋在20岁时即开始了他的刻书生涯，自此一生"缩衣节食，遑遑然以刊书为急务"[17]；他最主要的刻书活动集中在崇祯年间。崇祯元年（1628年）《十七史》《十三经注疏》开始雕刻，至崇祯十二年（1639年）《十三经注疏》雕刻完成[18]，崇祯十七年（1644年）"甲申春仲，史亦戛然成帙矣"[19]，《十七史》刻成。毛晋在刻书过程中曾遇到严重困难，甚至需要卖田地筹钱完成典籍刻印工程。"不意辛巳、壬午两岁灾祲，资斧告竭，亟弃负郭田三百亩以充之。甲申春仲，史亦戛然成帙矣。岂料

兵兴□发，危如累卵，分贮版籍于湖边岩畔茆庵草舍中，水火鱼鼠，十伤二三。呼天号地，莫可谁何。犹幸数年以往，村居稍宁，扶病引雏，收其放失，补其遗亡，一十七部连床架屋，仍复旧观。然校之全经，其费倍蓰，奚止十年之田而不偿也。"[20]大致可见毛晋在书籍刻印出版事业方面的坚韧与热情，除此之外，其他类型的书籍都有刻印，津逮秘书、唐宋元人别集、道藏、词曲，四部各类无缺。胡震亨有言："余友虞山子晋毛君，读书成癖，其好以书行，令人得共读亦成癖。所镌大典，册积如山，诸稗官小说家言，亦不啻数百十种……"[21]可见毛晋刻书规模之大、领域之广。

毛晋出版的书，世称汲古阁本。汲古阁本具有独特的风格与特点，字体、版式行格到墨色、纸张都与众不同；且依据善本，校勘精良，时人称赞汲古阁本可与宋本媲美。钱谦益赞誉毛晋："壮从余游，益深知学问之指。意谓经术之学，原本汉、唐，儒者远祖新安，近考余姚，不复知古人先河后海之义。代各有史，史各有事有文，虽东莱、武进以巨儒事钩纂，要以歧枝割剥，使人不得见宇宙之大全。故于经史全书，勘雠流布，务使学者穷其源流，审其津涉。其他访佚典，搜秘文，皆用以裨辅其正学。于是缥囊缃帙，毛氏之书走天下，而知其标准者或鲜矣。"[22]因汲古阁本校刊刻印之精堪称典范，全国知名，陈瑚称当时"至滇南官长，万里遣币，以购毛氏书，一时载籍之盛，近古未有也"[23]，可见汲古阁本在当时的影响之大。

毛晋也是非常重要的藏书家，他"好古博览，性嗜卷轴"[24]，对珍本秘籍搜集不遗余力，释苍雪《南来堂诗集·赋赠毛子晋壬午赴试南场》云："千金万金置田屋，谁见挥豪买书读？世皆贵金不贵书，书价谁知倍不足。"[25]毛氏始创以页论价，高价购书，不少商人把卖书于毛氏当作发财的终南捷径。郑德懋《汲古阁主人小传》称毛晋："性嗜卷轴，榜于门曰：'有以宋椠本至者，门内主人计叶酬钱，每叶出二百；有以旧抄本至者，每叶出四十；有以时下善本至者，别家出一千，主人出一千二百。'于

是湖州书舶云集于七星桥毛氏之门矣。邑中为之谚曰：'三百六十行生意，不如鬻书于毛氏。'前后积至八万四千册，构汲古阁、目耕楼以庋之。"[26]陈瑚曾记述汲古阁外夜间亦有卖书船，"隔岸便通汲古阁，夜来闻到卖书船"[27]。毛晋的刻书与藏书是相辅相成的，刻印出版业的巨额利润成就了他的藏书规模与地位，而丰富的藏书资源也有助于进一步成就他在书籍刻印领域的显赫地位。

同时期，湖州的晟舍镇，闵、凌两家的套版印刷出版物，在晚明印刷出版史上拥有重要的地位。他们用朱墨套印印出图文并茂、装帧精美的绘图本《西厢记》五卷，用五色刻印《刘子文心雕龙》等，在套印多色图书上作出了出色的贡献。此外，利用江南密集的水网条件，湖州书船成为江南书籍流通网络的独特现象和重要环节，有力地促进了江南书籍市场的融通和发展。

综上，明中后期，以南京、苏州、杭州、常熟、湖州等城市为代表，江南地区出版业出现全面发展和繁荣的盛况。主要城市刻书与藏书机构星罗棋布，图书刻印出版业有一套非常成熟的运作流程，出现了一批出版名家，传统经史等经典著作出版呈现出全新的气象，通俗文学、日用类书、生活用书、经商用书、蒙学读物、科举考试用书诸多方面又都创出了一番天地。

二

江南地区有长期刻书出版的传统，至16世纪中期以后，江南刻书出版业主体是以书坊为主、依托市场、追求赢利的商业出版，其勃兴与当时社会的发展大势若合符节，其背后是明代中后期江南经济发展和社会变迁的缩影。

（一）江南地区拥有优越的自然和商业基础

江南拥有相对宽阔的平原与优越的交通区位。江南多水道，水运连接大江南北，沟通了江南区域内外的经济文化交流，京杭大运河、长江等主要干道及地域内各层级支道纵横交错，杭州、苏州、金陵，为天下南北之要冲，四方辐辏，百货毕集。同时，江南士商编印了各类水陆交通指引册子，便于

交通和运输需要，隆庆四年（1570年）黄汴《新刻水陆路程便览》、万历四十五年（1617年）壮游子纂《水陆路程》[28]、天启六年（1626年）程春宇《士商类要》、天启六年憺漪子《新刻士商要览天下水陆行程图》，对各类水陆路都有详细记载。优越的交通及对江南各级路线的详细勘察，并编印成书成图，成为士商出行的重要指南，为书籍地域流通提供了良好的基础条件。

因江南良好的水运交通条件，湖州书船成为影响江南乃至全国的特殊书籍流通方式。康熙年间，郑元庆《湖录》曰："书船出乌程织里及郑港谈港诸村落。吾湖藏书之富，起于宋南渡后，直斋陈氏著《书录解题》，所蓄书至五万二千余卷；弁阳周氏书种、志雅二堂藏书，亦称极富。明中叶如花林茅氏，晟舍凌氏、闵氏，汇沮潘氏，雉城臧氏，皆广储签帙。旧家子弟好事者，往往以秘册镂刻流传。于是织里诸村民以此网利，购书于船，南至钱塘，东抵松江，北达京口，走士大夫之门，出书目袖中，低昂其价。所至每以礼接之，客之末座，号为书客。二十年来，间有奇僻之书，收藏家往往资其搜访，今则旧本日希，书目所列，但有传奇演义、制举时文而已。"[29]湖州书船是湖州独有的一种贩卖书籍形式，以船为载体，借助四通八达的水路交通，"南至钱塘，东抵松江，北达京口"，贩书以谋取商业利润，被称为"流动的书肆"。清张鉴《眠琴山馆藏书目序》云："吾湖固多贾客，织里一乡，居者皆以佣书为业。出则扁舟孤棹，举凡平江远近数百里之间，简籍不胫而走。盖自元时至今，几四百载，上至都门，下迨海舶，苟得一善本，辄蛛丝马迹，缘沿而购取之。"[30]书船的贩书商又叫"书客"，湖州织里举乡从事书船贸易，因此湖州书船又称织里书船，"扁舟孤棹"于江南的河湖港汊中，满足了僻居江南各地的士人的购书需求。明隆庆四年（1570年）徽商黄汴编纂《天下水陆路程》记有"湖州府四门夜船至各处"："东门夜船七十里至震泽，一百三十里至苏州灭渡桥。至南浔六十里。（南去嘉兴府。）至乌镇九十里。至练市七十里。至新市八十里。至

双林五十里。西门夜船至浩溪、梅溪，并九十里。（梅岭通竹牌，水陆并三十里至安吉州。）至四安一百二十里。至长兴县六十里。至和平五十里。南门夜船至瓶窑一百四十里。至武康县一百七十里。至山桥埠、德清县，并九十里。北门夜船九十里至夹浦，过太湖，广四十里。入港，九十里至宜兴县。南门夜船三十六里至菱湖，又三十六里至敢山，又二十里至雷店，又二十里至武林港。（北五里至唐栖。）南五十里至北新关，二十里至杭州府。湖州至各处，俱是夜船，惟震泽、乌镇二处，亦有日船可搭。"[31]此段文献足见湖州至江南各地水运之发达，书船充分利用优越的水运条件，使书船贸易成为江南书籍流动的重要方式，前文已及，毛晋汲古阁外即常常停泊着湖州书船。湖州书船声名远播，享誉江南，无论是客居者还是本地人，都对"卖书船"留有深刻印象。"吴江四子"之一的张隽有《寓浔口号》云："自于香火有深缘，旧管新收几缺编。旅食数年无可似，最难忘是卖书船。"[32]乌程人汪尚仁《吴兴竹枝词》亦称："制笔闻名出善琏，咿哑织里卖书船。莫嫌人物非风雅，也近斯文一脉传。"[33]

以湖州书船为代表的书船贸易成为江南图书出版与流通网络的重要组成部分，其便利通达的优势，推动了整个江南书籍网络的通畅与繁荣，其影响不仅提升了江南在中国出版史上的特殊地位，甚至推及日本等东亚其他国家[34]。

中国长期受儒家思想熏陶，重义轻利，研习举业博取功名成为读书人唯一的正途。明代中后期商品经济的发展极大地冲击了传统价值观，人们不再安贫乐道，大胆开始了对利的追求，出现了弃儒从商或亦儒亦商的文人经商风潮。对工商业的热衷成为江南地区社会缙绅的普遍行为，"吴中缙绅士夫多以货殖为急"[35]。在苏州从事牙行经营的唐甄，针对时人责难，回答得理直气壮："我之以贾为生者，人以为辱其身，而不知所以不辱其身也"，"吕尚卖饭于孟津，唐甄为牙于吴市，其义一也"[36]，将治生经商看作是实现自身价值的途径，不再拘于读书入仕一途。归有光提到新安人白庵程翁以经商致富：

"君岂非所谓士而商者欤？然君为人，恂恂慕义无穷，所至乐与士大夫交。岂非所谓商而士者欤？"[37] 士与商已经相融。

这种士商融合的潮流也影响了当时的刻书出版业，而且对文人学士而言，书籍是他们熟悉的领域，通过文字谋利，是他们比较容易参与的商业行为。大量文人在自己熟悉的图书领域寻求生计，进一步加速了书籍商业化的进程。"富者余资财，文人饶篇籍，取有余之资财，拣篇籍之妙者而刻传之，其事甚快，非惟文人有利，而富者亦分名焉。"[38] 商人致富后，也多好附风雅，"徽人近益斌斌，算缗料筹者竞习为诗歌，不能者亦喜蓄图书及诸玩好，画苑书家，多有可观"[39]。孔尚任的《桃花扇》里，有一位明末在南京三山街开设"二酉堂"书坊的出版商蔡益所，在念白中说道："天下书籍之富，无过俺金陵；这金陵书铺之多，无过俺三山街；这三山街书客之大，无过俺蔡益所。你看十三经、廿一史、九流三教、诸子百家、腐烂时文、新奇小说，上下充箱盈架，高低列肆连楼。不但兴南贩北，积古堆今，而且严批妙选，精刻善印。俺蔡益所既射了贸易诗书之利，又收了文字流传之功；凭他进士举人，见俺作揖拱手，好不体面。"[40] 借由清初这位剧作家所创作的戏剧人物，或许可以反映出17世纪书商的某种身份自觉与自我肯定。

（二）江南书籍刻印业具有明显的物质、技术和人工优势

1.刻书原材料充足便利

与书业相关的墨、纸等材料制造业和书业的发展相辅相成。材料的改进为书业的发展提供了基础，书业的兴盛又刺激着材料的进步，这在明中后期的江南形成了良性的循环互动。墨、纸的生产，数量大，制作精，品种丰富。

明代制墨工艺有明显进步，制墨名家辈出，墨质精良，墨式新奇，以徽州最为有名。徽墨在明代制墨产业中长期居于主导地位，产区主要在歙县、绩溪和婺源三县。明代徽墨生产规模大，生产品类丰富，特别是油烟制墨法制造工艺发展成熟，逐渐取

代松烟制墨法的地位，占据了产墨业的主导地位[41]。明初洪武年间就已经有了专门总结油烟墨制作技艺的图书《墨法集要》，叙述油烟墨制作技法有条有理，极为翔实，将油烟墨的制作技艺归纳为浸油、水盆、油盏、烟碗、灯草、烧烟、筛烟、溶胶、用药、搜烟、蒸剂、杵捣、秤剂、锤炼、丸擀、样制、印脱、入灰、出灰、水池、试研等21个工序，图文并茂地介绍了油烟墨的制作工艺[42]。明代还出现了一批墨书[43]，方瑞生《墨海》、宋应星《天工开物》对油烟墨工艺都有精当总结和详细的叙述，这自然是制墨业发展的结果。

沈氏烧烟法中用于烧烟的油类品种增加了，"古法惟用松烧烟，近代始用桐油、麻子油烧烟，衢人用皂青油烧烟，苏人用菜籽油、豆油烧烟"。《墨法集要》同时指出最常用的油却是桐油，桐油得烟最多。制作桐油的桐树果生产周期短、更新快，不仅解决了松烟原料稀缺的问题，而且油烟墨制作工序简便，生产效率高，制作成本比松烟墨低，同时油烟墨墨色附着力强，克服了松烟墨不适宜印书的缺点，使产量大增，适应并满足了书业印刷发展对于墨的需求。明代的墨不仅颜色黑，附着力强，产量足，还有光泽，有香味，对明代中后期书业的勃兴起了促进的作用。

书籍刻印需要纸张作为载体。邱濬《大学衍义补》提到明代棉花种植"乃遍布于天下，地无南北皆宜之，人无贫富皆赖之，其利视丝枲盖百倍焉"[44]。棉纺业的兴起取代了大量的蚕桑丝织业，为桑皮造纸提供了充足原料，河北迁安、涞州一带及山东的桑皮纸业有了进一步发展。

尤其是，明代竹纸生产的发展促使造纸手工业发生了全面革新。江西、福建、浙江、安徽、广东、四川等省盛产竹，竹纸产区不断扩大，生产规模迅速增加，近竹林山区造纸槽坊林立。江西铅山的造纸工艺需要分工协作，槽房中从事造纸生产的工匠已有明确而细致的分工："石塘人善作表纸，捣竹为之。竹笋三月发生，四月立夏后五日，剥其壳作蓬纸，而竹丝置于池中……白表纸止用藤纸，药黄

表纸则用姜黄，细春筛末，称定分两。每一槽四人，扶头一人，春碓一人，检料一人，焙干一人，每日出纸八把。"[45]每一槽四人可视为标准定额。万历二十八年（1600年），江西铅山石塘镇"纸厂槽户不下三十余槽，各槽帮工不下一二千人"[46]。石塘镇纸厂雇工数量已如此之多，纸业规模可以想见。明中期之后，竹纸制造技术不断改进而日臻完善。水碓打浆技术在竹浆生产中的应用，为竹纸提高质量创造了条件。明宋应星《天工开物·杀青》记江西竹纸生产："凡水碓，山国之人居河滨者之所为也。……江南信郡[47]，水碓之法巧绝。盖水碓所愁者，埋臼之地卑则洪潦为患，高则承流不及。信郡造法，即以一舟为地，橛椿（桩）为之。筑土舟中，陷臼于其上。中流微堰石梁，而碓已造成，不烦椓木壅坡之力也"[48]，大致可见临近溪流因地制宜，水碓之法运用之巧妙。明代以来，南方多地用水碓做春捣加工，不必脚踏，不仅节约劳动力，且提高了劳动效率，扩大了产量。因杀青[49]等工序需用大量流动的水，因而纸坊多沿溪流。浙江湖州，"东沈钱家边，傍溪分流，激石转水以为碓，以杀竹青而捣之；垒石方空，高广寻丈以置镬，以和亚灰而煮之。捣之以糜其质也，煮之以化其性也"[50]；安徽泾县，"沿溪纸碓无停息，一片春声撼夕阳"[51]；安吉"水碓。惟孝丰以上有之。中虚可容黍数斗，不人而运，或截竹置其中，待水自春，捣烂如泥，辄用竹帘捞起，堆积蒸曝，便可成纸"[52]。竹纸生产大发展，逐步居于手工纸的主导地位。

明初起在江西设官局造纸供内府御用，所造者都是上等纸，不计工本。但民间槽户则不然，所造普通纸作印书用，价钱较便宜。此外，浙江、福建、安徽也大量生产纸张，"衢之常山、开化等县人，以造纸为业"[53]。《少室山房笔丛》介绍各类纸的品质与适用："凡印书，永丰绵纸上，常山束纸次之，顺昌书纸又次之，福建竹纸为下。绵贵其白且坚，束贵其润且厚，顺昌坚不如绵、厚不如束，直以价廉取称。闽中纸短窄黧脆，刻又舛讹，品最下而直最廉，余筐篚所收，什九此物，即稍有力者弗屑也。

近闽中则不然，以素所造法，演而精之，其厚不异于常，而其坚数倍于昔，其边幅宽广亦远胜之，价直既廉而卷帙轻省，海内利之，顺昌废不售矣。余他省各有产纸，余弗能备知。大率闽、越、燕、吴，所用刷书，不出此数者。"[54]谢肇淛说："国初用薄绵纸，若楚、滇所造者，其气色超元匹宋；成、弘以来渐就苟简，至今日而丑恶极矣！"[55]这"丑恶极矣"的纸指的是竹纸，因为纸质较绵为次，因而价格也相对低廉。采用竹纸是图书商业化的必然结果。浙、赣、闽、皖、川等省所产的竹纸、皮纸都成为"利市四方"的商品，而广销海内外。王世懋《闽部疏》说："凡福之绸丝、漳之纱绢……顺昌之纸，无日不走分水岭及浦城小关，下吴越如流水。"[56]常熟毛氏汲古阁刻书用纸，"岁从江西特造之"[57]。可见南方水运发达，各地纸张流通频繁而便利。

2.印刷技术的进步与装帧形式的演进

刻书字体方面。明代以前刻印书籍，对写样、刻板有很高的要求，相应要投入极大的人力和财力。到明代正德嘉靖年间，刻书字体版式发生了变化。这一方面是受文坛复古风气的影响，翻刻古籍追求版式字体都依旧式，另一方面是正德嘉靖年间有些书坊刻印科举考试用书，为了营利求速，内容错讹百出，官府严禁书坊窜改版式文字，如有违误即拿问治罪。刻书匠户为了避免违法受刑，凡刻四书五经都照旧版依式翻刻，就是新刻也极力模仿宋体，于是形成一种当时的刻书字体——仿宋硬体。宋体字（即匠体字）是模仿宋代浙江刻本形成的一种新字体，字体方正、横平竖直、棱角分明，书写方便，易于雕刻，极大地提高了刻板速度。宋体字出现于弘治年间的苏州地区，正德时期发展到苏州附近的常州、松江地区，嘉靖年间基本成型，为全国大部分地区出版业采用[58]。

彩色印刷方面，有三色、五色套印，还发明了饾版与拱花技术，图案更加生动活泼，各类书籍几乎"无书不有图"，这种图文并茂的形式可以吸引更大数量的读者。胡正言十竹斋运用饾版、拱花新技术，出版套印彩色版画《十竹斋书画谱》《十竹斋笺谱》，更是将中国版画艺术推上了巅峰[59]。

书籍装帧形式方面。元代书籍以包背装为主，一直延续到明代嘉靖以前。著名的《永乐大典》用的就是包背装。包背装书籍是用糨糊和纸捻粘接书页，外面包有结实的书皮，比以前各种装订形式都进步。但糨糊和纸捻的黏结力仍然比较差，长期翻阅或者书籍放的时间长了，书页还是要脱落、破散，于是书籍装帧就逐渐转向方册装（即今天所说的线装）。方册装的装订方法与包背装大致相同，折页也是版心向外，书页右边先打眼加纸捻，前后各加书衣，而后再打孔穿双根丝线订成一册，不用书衣前后包裹，并形成四眼订法，较大的书则在上下两角再各打一个孔，变成六眼订法。钉眼外露，装订成册，既容易存放，又节省材料，降低工艺难度，也降低了成本。这是中国书籍装帧史上的一次重大改革，简化了装订工序，提高了劳动效率，为书籍的大规模生产提供了技术支持，它适应当时书籍出版的客观需求，很快得到普及推广，成为书籍的主要装订形式。这种装帧形式的改变，应该是从明中叶开始。万历年间，紫柏真可等筹备刊刻方册大藏经，力排众议，毅然将大藏经从经折装改为简便的线装，就是因为"金玉尊重，则不可以资生；米麦虽不如金玉之尊重，然可以养生。使梵夹虽尊重，而不解其意，则尊之何益？使方册虽不尊重，以价轻易造，流之必溥"[60]，顺应了印刷出版技术发展的潮流，从而开创了佛教大藏经的线装时代[61]。

3.工匠数量多、流动性强，刊刻成本低廉

书坊主雇佣工匠刻印书籍，人数、规模扩大之势明显。毛晋刻书，"汲古阁后有楼九间，多藏书板，楼下两廊及前后，俱为刻书匠所居"[62]。毛晋之子毛扆回忆："吾家当日有印书作，聚印匠二十人刷印经籍。……今板逾十万……"[63]在刻书出版各环节中，刷印是需要人手最少的一个部门，汲古阁仅负责刷印的工匠就有20人，此外还有写手、刻工、校对、装订诸环节，规模堪称空前。嘉靖三十四年（1555年）无锡顾起经、顾起纶的"奇字斋"刊刻

《类笺唐王右丞集》，书末附表所录刻书工作日程与工匠名单：

无锡顾氏奇字斋开局氏里：

写勘：吴应龙、沈恒（俱长洲人）；陆廷相（无锡人）。

雕梓：应锺（金华人）；章亨、李焕、袁宸、顾廉（俱苏州人）；陈节（武进人）；陈汶（江阴人）；何瑞、何朝忠、王诰、何应元、何应亨、何钿、何钥、张邦本、何鉴、何镒、王惟寀、何铃、何应贞、何大节、陆信、何升、余汝霆（俱无锡人）。

装潢：刘观（苏州人）；赵经、杨金（俱无锡人）。

程限：自嘉靖三十四年十二月望授锓，至三十五年六月朔完局。[64]

从明代刻本书籍留下的刻工名录来看，刻书工匠在当时全国几处雕版印刷中心和城镇中流动。冀淑英曾提到："刻工也有很大的地域性。从现有资料看，有不同地区刻工同刻一部书的，说明刻工会有迁移，或是应邀往外地工作。"[65]明代徽州刊刻书籍与书籍版画的工匠文献中也有类似记载。刊刻于道光十年（1830年）的《黄氏宗谱》载有自明正统元年（1436年）至清道光十二年（1832）黄氏家族刻书资料，约400年间共有三四百名本族刻工的记录。"我们透过《黄氏族谱》，可以看出我国明清之际，有一支不小的版画队伍。他们始以务农，继之半工半农，最后专以刻书为业，成为特殊的手工业者。他们起初在本地刻书，后来声誉高了，路子也广了，相邀结伴，甚至全家迁往外地城市，以剞劂为生，至三四代人者都有"；族谱记载可见这些徽州籍的"黄氏子孙流寓在外地的人数不少，范围之广，也是少见的。他们北至北京，南至湖广，主要是在长江沿岸和浙江一带，虽然他们不一定都以刻书为业，但可以说大部分已证明他们是刻工"，足见刻工的流动性强；从黄氏刻工所刻书籍可见他们刻书鼎

盛期是万历至顺治年间（1573—1661年），计88年左右[66]。

叶德辉《书林清话》中有"明时刻书工价之廉"一条，记明代刻工工资之低："明代刻字工价有可考者。陆志、丁志有明嘉靖甲寅闽沙谢鸾识岭南张泰刻《豫章罗先生文集》，目录后有'刻板捌拾叁片，上下二峡，壹佰陆拾壹叶，修梓工资贰拾肆两'木记。以一版两叶平均计算，每叶合工资壹钱伍分有奇，其价廉甚。至崇祯末年，江南刻工尚如此。徐康《前尘梦影录》云：'毛氏（指毛晋——引者注）广招刻工，以《十三经》《十七史》为主，其时银串每两不及七百文，三分银刻一百字，则每百字仅二十文矣。'"[67]现在所见明代刻书成本的资料太少，《嘉兴藏》中有大量关于书版、写手、刻工工价的材料，而且绝大部分是杭州及其周边地区万历二十一年（1593年）以后的第一手材料，有极重要的资料价值。笔者曾在《毛晋与〈嘉兴藏〉关系考辨》中梳理了与毛晋相关的经卷的施刻文[68]，这里再略举几例崇祯年间嘉兴楞严寺刻藏的施刻文以见一斑：

嘉兴府楞严寺经坊馀资刻此《传法正宗论》卷上，计六千五百二十个，该银二两九钱三分四厘。襄楚释宗镜对。崇祯癸酉仲冬般若堂识[69]。

休宁居士金星焕施资刻此《仁王护国般若波罗蜜多经》上卷，计字七千八百十三个，该银三两零三分六厘。释微言对。泾县徐世胜书。进贤陈叔道刻。崇祯甲戌岁孟夏月。板存嘉兴楞严寺般若堂[70]。

嘉兴府秀水县信官朱大启捐资刻此《大宝广博楼阁善住秘密陀罗尼经》卷下，计字五千八百二十，该银二两六钱二分。襄楚释宗镜对。崇祯甲戌仲秋楞严寺般若堂识[71]。

每卷施刻文记述的钱数包括两部分费用：一是梨板的价格，崇祯末年常熟华严阁刻《嘉兴藏》，每块梨板价格4分。略早几年的嘉兴，用同样规格的梨木，价格应该是相当的。二是刻工工价，当然要准

确地推算出每百字工价还须另作专门研究。不过可以断言，明代后期的刻书工价是很低的。

（三）明中叶后江南社会文化繁荣，书籍需求旺盛

1.教育和科考普及，读书与识字率提升

明代自洪武以来，社会持续稳定发展，人民安居乐业，人口稳步增长。江南富庶之地，人口繁衍更快。曹树基推测，从洪武二十四年（1391年）至清代乾隆四十一年（1776年）[72]，常州、镇江两府人口年平均增长率为3.4‰左右，苏州府为2.5‰，嘉定府不足2‰，杭州为1.8‰，嘉兴为0.9‰，湖州为1.5‰。排除明清之际人口锐减的因素，明代浙江北部的人口增长速度与苏南相似[73]。万历时的杭州，"连同大量流动人口在内，杭州人口能达到百万左右"[74]，这个数字是相当可观的。

明代大众教育普及，教育系统从南北两京的国子监到地方府学、州学、县学、书院、社学（义学），官办与私兴的各级学校，衔接形成一个全国性的教育网。基层学校教育的发展，有助于民间读书氛围的形成。"盖无地而不设之学，无人而不纳之教。庠声序音，重规叠矩，无间于下邑荒徼，山陬海涯。此明代学校之盛，唐、宋以来所不及也。"[75]江南经济文化发达，学校普及，以书院为例，明代的浙江有书院120所，"方今天子更化，鉴观前代之失，独出睿算，以为宜近法宋，首建科目，以广取士之途。诏书既下，家有弦诵之声，人有青云之志"[76]。这就意味着读书人的增多，文盲率的下降。对于明代末期全国各地生员数量，顾炎武估计，"合天下之生员，县以三百计，不下五十万人"[77]。陈宝良利用明代方志和文集来统计明末生员总数，认为极有可能突破60万，"若加上各类不与科举的生员，其数字将更大"[78]。如此庞大的人数，为刻书出版业的发展开辟了广阔的市场。这场改变起自成化年间。郎瑛云："成化以前世无刻本时文，吾杭通判沈澄刊《京华日抄》一册，甚获重利。后闽省效之，渐至各省刊提学考卷也。"[79]说明科考用书书坊是在《京华日抄》大卖后才开始跟风而

上的。由此引起官府关注，"弘治十一年春正月戊申，河南按察司副使车玺奏言：祭酒谢铎尝奏革去《京华日抄》等书，诚有补于读书穷理，然令行未久，而夙弊滋甚，《日抄》之书未去，又益之以《定规》《模范》《拔萃》《文髓》《文机》《文衡》；《主意》之书未革，又益之以《青钱》《锦囊》《存录》《活套》《选玉》《贯义》，纷纭杂出，由禁之未尽得其要也。乞敕福建提督学校官，亲诣书坊，搜出书板尽烧之，作数缴部，仍行两京国子监及天下提学分巡分守等官，严加禁约，遇有贩卖此书，并歇家，各治以罪。若官不行禁约，坐以不奉诏令之罪。礼部以闻，上从之"[80]。大致可以看出坊刻科举用书颇具规模，以致官府要严行禁约。江南科举之盛冠于全国，科考用书风行，为书商带来了巨额利润。李诩曾感慨道："余少时学举子业，并无刊本窗稿。有书贾在利考，朋友家往来，钞得灯窗下课数十篇，每篇誊写二三十纸，到余家塾，拣其几篇，每篇酬钱或二文或三文。忆荆川中会元，其稿亦是无锡门人蔡瀛与一姻家同刻。方山中会魁，其三试卷，余为怂恿其常熟门人钱梦玉以东湖书院活字印行，未闻有坊间板。今满目皆坊刻矣，亦世风华实之一验也。"[81] 顾炎武《日知录》在引李诩这段话后有注："愚按弘治六年会试，同考官靳文僖批已有'自板刻时文行，学者往往记诵，鲜以讲究为事'之语，则彼时已有刻文，但不多耳。"[82] 顾炎武断定早在15世纪末叶即已有"刻板时文"，只是数量不多而已。顾炎武接着引杨彝的话说："十八房之刻，自万历壬辰《钩玄录》始。旁有批点，自王房仲选程墨始。"[83] 实际上，时文选本自明代中期就已经开始流行。阮葵生《茶余客话》云："昔杨升庵慨古文之废，论举业之弊，曰：士罕通经，徒事末节，五经子史，则割取碎语，抄节碎事，章句血脉，皆失其真。有以汉人为唐人、唐事为宋事者，有以一人析为二人、二事合为一事者。曾见考官程文引制氏论乐而以'制氏'为'致仕'，又士子墨卷引《汉书·律历志》'先其算命'作'先算其命'，书坊刻布，士子珍为秘宝，转相差讹，殆同无目人说词。"[84]

万历末年，江西人艾南英、陈际泰的八股文选本风行一时，苏州、杭州的书坊都竞相邀请他们去主持选政[85]。科考用书的出版愈益兴盛，以至"书坊非举业不刊，市肆非举业不售，士子非举业不览"[86]。

宋代以来经济重心向南方转移，江南社会经济得到充分发展，明代中叶以后，城市和集镇空前繁荣，市民阶层开始形成。他们物质生活安定，在富裕闲暇之余，就会对文化生活提出较高的要求。面对市民阶层的文化需求，日用类书以及戏曲、小说等文化娱乐书籍开始大量出现。明人叶盛言："今书坊相传射利之徒伪为小说杂书，南人喜谈如汉小王（光武）、蔡伯喈（邕）、杨六使（文广），北人喜谈如继母大贤等事甚多。农工商贩，抄写绘画，家畜而人有之；痴呆女妇，尤所酷好，好事者因目为《女通鉴》，有以也。甚者晋王休徵、宋吕文穆、王龟龄诸名贤，至百态诬饰，作为戏剧，以为佐酒乐客之具。有官者不以为禁，士大夫不以为非；或者以为警世之为，而忍为推波助澜者，亦有之矣。意者其亦出于轻薄子一时好恶之为，如《西厢记》《碧云騢》之类，流传之久，遂以泛滥而莫之救欤。"[87] 此外，基本的读、写、算的能力，是自主地进行商业化生产的小农场主和小作坊主所必须具备的。明话本小说《宋小官团圆破毡笠》，说正德时苏州府昆山县人宋金，出身小康之家，六岁时父亲故去，家遂破败，到十六岁时，已是孤身一人，穷得"只剩一双赤手，被房主赶逐出屋，无处投奔"，但"且喜从幼学得一件本事：会写会算"，后来被一旧识的船户收留，由于"写算精通，凡客货在船，都是他记账，出入分毫不爽，别船上交易，也多有央他去拿算盘，登账簿，客人无不敬而爱之"，倚此一技之长，得以在商船上记账为生[88]。"会写会算"的宋金，因为识字，能在商业活动中有稳定的营生。因此，获得独立从事一般经济活动所需要的读、写、算的基本能力，成为民间大众教育的重要内容，也是明清商书、日用类书得以传播的文化基础。出版业的发展，也使那些过去不能或者很少接触书籍的底层乡村社群成为书籍的消费者和受益者[89]。

2. 书籍成为士大夫日常收藏与交往的重要内容

明代中后期，私人藏书家不断涌现，藏书数量不断提高，藏书在万卷以上的藏书家越来越多，在江浙二省形成了浓厚的藏书风气。"大抵收藏书籍之家，惟吴中苏郡、虞山、昆山，浙中嘉、湖、杭、宁、绍最多。金陵、新安、宁国、安庆，及河南、北直、山东、闽中、山西、关中、江西、湖广、蜀中，亦有不少藏书之家。"[90]《中国历代藏书家辞典》统计明代知名藏书家358人，江苏142人，浙江114人，福建22人，江西20人，上海19人，山东7人，安徽7人，河南6人，其他省份少有分布[91]。范凤书《中国私家藏书概述》统计，明代藏书家有869人，主要集中在东南地区，最多的10个县市是：苏州（268人）、杭州（198人）、常熟（146人）、湖州（94人）、绍兴（93人）、宁波（88人）、福州（77人）、嘉兴（75人）、海宁（67人）、南京（60人）[92]。范凤书《中国私家藏书史》第四章第二节明代收藏万卷以上藏书家简表[93]，共收录藏书家231人，其中江苏60人，浙江57人，福建18人，山东16人，河南11人，上海10人，安徽10人，江西9人，陕西6人，山西6人，河北5人，湖北4人，云南3人，湖南2人，广东2人，海南、广西、四川、甘肃、北京各1人，还有宗室6人，有1人籍贯青城，因全国多地名"青城"，一时不能确定归属，就没有归入以上的行政区划。由这些统计可知，藏书家大多汇聚在江南。藏书家的大量出现，既表明书籍生产有了长足的发展，又说明书籍生产存在广阔而稳定的市场，为书籍商品生产的不断增长注入了动力。

晚明江南士大夫的日常交往中普遍存在着以书为礼的行为。胡应麟指出："今宦途率以书为贽，惟上之人好焉。则诸经史类书，卷帙丛重者，不逾时集矣。朝贵达官，多有数万以上者，往往猥复相揉，芟之不能。万余精绫锦标，连窗委栋，朝夕以享群鼠。而异书秘本，百无二三。盖残编短帙，筐筐所遗，羔雁弗列，位高责冗者，又无暇缀拾之。名常有余，而实远不副也。"[94]张升通过对《明代徽州方氏亲友手札七百通考释》的研究，发现《考释》共收礼帖51通，其中涉及赠书的达30通，占60%，书籍是当时士大夫交往中最常见的礼物之一。据《考释》作为礼物之书一般都是新书，即新刻印之书，往往包括赠书者之著作（主要是诗文集）、赠书者家人之著作、官书等。他同时提出："以书为礼发生在京城和江南地区的相对较多，因为这些地区士大夫比较集中，出版业发达，制作和获取书籍相对更容易，等等。从时间上来说，以书为礼主要发生在明代中期以后。"[95]冯梦祯，浙江秀水（今嘉兴）人，万历五年（1577年）进士，官至南京国子监祭酒。他的日记所记，是万历十五年（1587年）他去官归里后所写的行年录，内中就记有赠书之事，如："（己亥）八月初五，晴。早候胡葵南太守于新码头。自壬辰以丁内艰去守被论谪，起复补官，擢青州守。余以嘉善于丞大谀之任，有书相闻，所寄《三国志》，乃是俗本《衍义》。向在南都，一北台使者见问：所刻《三国》得非《衍义》乎？余微笑，语其实，何独一丞也？""（壬寅四月）十二，晴，小热。张孟奇来，惠诗刻，又云杭严何公刻诗集，索余作序。"[96]这类书籍往往记载在一些江南士绅文人的文集日记里多次出现[97]，以至晚明时许自昌说："老童低秀，胸无墨、眼无丁者，无不刻一文稿，以为交游酒食之资。"[98]现存明别集的数量，据《明别集版本志》前言所提，编纂《中国古籍善本书目》时，"当时全国近八百个藏书单位报送《中国古籍善本书目》总编的，约十五万四千种，其中属于'明别集'的一万一千种。审校中我们删除丛书和总集零种，合并复本（含批校题跋本），约得三千五百余种。此后又在美国普林斯顿大学葛思德图书馆发现一些就当时所知中国大陆尚未见著录的'明别集'复制本，亦予审录，并入此志，遂增至三千六百余种"[99]。《明别集版本志》还附录了279种"生活于明清间俗目为清人而版本传世较少者"，因为"对生活在两朝之间的人物，往往看法有歧异，从上从下，或不一致"[100]。这样的数字离实际相差应该不会太远，大概就是淘汰之余的明别集数量。明人文集较前代有突破性的增长，原因固然很多，但相当多的书是为了送礼而出版的。

三

16世纪中期以后，江南地区书籍出版业迅猛发展，出版机构如雨后春笋般出现，出版名家辈出，出版规模庞大，出版书籍数量众多，出版形式多样，出版分工与目标受众明确，书籍的社会文化功能日益丰富，出版商业化进展迅速。其中尤以南京、苏州、杭州等中心城市为典型代表，常熟、湖州等地也在明中后期书籍出版领域拥有无法替代的特殊地位。明中后期江南出版业的勃兴与商业化现象，是当时江南社会变迁的缩影。江南拥有优越的水运条件，明代之后江南经济日益发达，商贸繁盛，城镇繁荣。以湖州书船为代表的各类交通工具基于江南发达的水网条件，极大地促进了书籍的运转流通，不仅使江南各地购书更为容易，也通过京杭大运河和长江主干道，使江南书籍得以远销全国各地，甚至海外。技术与物质上，江南地区有长期的刻书传统，至明中后期，江南市镇发达，物质基础更为丰厚，如刻书原料充足、获取便利、印刷技术进步、刊刻成本低廉。同时期，江南地区科举应试和教育普及，作为知识精英的藏书家群体兴起，新的阅读群体市民的文化需求旺盛，士大夫的日常交往常以书为礼，书籍消费社会形成；出版主体发生变化，书商兴起，文人经商现象越来越普遍，书籍销售有了广阔通道。

在这场声势浩大的出版业勃兴中，最值得我们关注的，是印本对写本核心地位的取代。海外学者通过书目，敏锐地发现了这个现象。日本学者井上进根据《中国古籍善本书目》统计出来了宋元明时期随着时间进程出版书籍的数目表（宋元明代出版数目表[101]），使我们可以比较直观地对中国印本作历史分期的考察。由这个统计数，井上进说："加上明初刊本在内，宣德以前刊本的平均现存数也不及元代，这是出版量从元代开始减少这一趋势到了明代加速发展所带来的结果。建国后70年再到历时百年的正统天顺期，期间平均现存刊本数量是元代的1.4倍，即是否恢复到了元代水平很值得怀疑。总之，无论是从质还是从量上来说，和元代相

比，明初百年的的确确算得上是出版史上的衰退期了。"[102]井上进指出："出版量整体增加是从15世纪末，即弘治初年开始的。实际上16世纪前半期，从正德到嘉靖中期的坊刻本，大部分都是福建所印。在这之外的其他地方的出版大致限定于官刻和家刻。……江南的营利出版呈现向上的征兆大概是在16世纪中期嘉靖三十年代的事情。"[103]美国学者贾晋珠曾以弘治末年的1505年为界，将明代划分为前后两个时期，"发现在已知的总共1660种建阳坊刻或私刻书籍里，只有179种（11%）是前138年里刻印。因为有些计入明初的刻本实际上是元代版片的后印本，这个比例的偏态在事实上更严重。……还有一个类似的对江南各大出版中心（南京、苏州、无锡和杭州）的刻本统计显示，不到10%的书是明代前期印制的"。"清代和民国时期善本收藏家的藏书志也表明，他们珍视的明代非官刻本大多是16世纪中叶之后印制的"[104]贾晋珠是以1505年来作时间的划分，与本文的时间划分相比略有移位，但足以证明本文的观点。日本学者胜山稔对《明代版刻综录》著录的5200种明代印本数据做过统计，提出明代出版活动发展可以分为三个阶段：在明朝统治的头一个世纪，除了最后一个十年——1458至1468年外，所有其他的十年时间段里平均每年只生产不到十部书。到了下一个世纪，这个平均数为前一时期的三倍多，增长主要发生在1508年至1528年间。第三个时期从1561年开始，到16世纪末每年出版的书籍数量升至多达53部，直到1644年王朝终结才滑落至16世纪早期的生产水平[105]。缪咏禾统计《明代版刻综录》共著录图书7740种，其中洪武至弘治时期（1368—1505年）137年间的书共著录766种；正德、嘉靖、隆庆（1506—1572年）66年间的书，共著录2237种；万历至崇祯（1573—1644年）71年间的书，著录4720种[106]。周绍明从公私藏书的规模、藏书中印本的份额、获得书籍的难易程度、手抄本与印本生产的相对成本几个方面作了系统考察后指出，"明代对印本需求的增长，导致中国印刷机构性质的一个重要变化，政府传统的支配地位让位于许多私

人、通常是商业出版者不可遏制的崛起"；"晚明出版者的兴趣也会被消费者的口味所激发。对于同样的著作，读者越来越倾向于选择印本而非抄本，他们看中抄本更多的是因为其美学价值，尤其是书法，而不是其内容的稀有。这种更注重抄书者，而不是书本身及其内容、价格的现象，突出说明了到16世纪末的江南书业中印本在总体上崛起的程度"[107]。确实，诚如周绍明所说，雕版印刷术发明以来，印本书绝没有立即宣告手抄本时代的终结，是商业出版的爆炸式发展使得印本与抄本的消长形势发生了质的变化，印本在图书流通中取得了毋庸置疑的统治地位。但周绍明将井上进的观点推进了一步，说："与惯常的学术思维相反，井上认为只有在16世纪中期，而不是11世纪晚期或12世纪，印本才在江南地区永久性地取代了写本，成为传播书写文化的主要方式。"[108]将印本在数量上超过了抄本的时间确定在16世纪中期，显然是把事情的开端与结果混为一谈了，实际上直至16世纪中期印本还没有在中国取得优势，印本是在16世纪中期以后才开始变得普遍。

但无疑我们还是要充分肯定周绍明强烈的问题意识和敏锐的学术目光。

正如胡应麟所言："盖当代板本盛行。刻者工直重巨，必精加雠校，始付梓人，即未必皆善，尚得十之六七；而钞录之本，往往非读者所急，好事家以备多闻，束之高阁而已，以故谬误相仍，大非刻本之比。凡书市之中，无刻本则钞本价十倍。刻本一出，则钞本咸废不售矣。"[109]印本使书籍收藏更为容易，因此超越延续十多个世纪的抄本，成为当时藏书家的主要藏书，取得数量上的压倒性优势，奠定了其在此后中国出版史上的核心地位。技术的进步、商业的发展与旺盛的书籍文化需求，使得明中后期书籍出版业获得了质和量的双重飞跃，成为中国古代出版史上具有标志性意义的阶段。

附记：本文曾发表于《首都师范大学学报》（哲学社会科学版）2020年第4期，2023年4月于苏州参加"书香江南一千年——10—20世纪中国江南藏书刻书史国际学术研讨会"时，以此文与学界同仁交流讨论，此次经修改完善后重新刊出。

注释：

[1] 李伯重：《简论"江南地区"的界定》，《中国社会经济史研究》1991年第1期。

[2] 叶德辉：《书林清话》，中华书局1957年，第185、186页。叶德辉的引述较精练，原著见明代唐顺之《答王遵岩》，《荆川集》卷五，《景印文渊阁四库全书》第1276册，台湾商务印书馆1986年，第308页。

[3] 〔明〕胡应麟：《少室山房笔丛》，中华书局1958年，第55页。

[4] 〔明〕胡应麟：《少室山房笔丛》，中华书局1958年，第56—57页。

[5] 〔明〕胡应麟：《少室山房笔丛》，中华书局1958年，第55、56页。

[6] 〔明〕胡应麟：《少室山房笔丛》，中华书局1958年，第56页。

[7] 〔明〕胡应麟：《少室山房笔丛》，中华书局1958年，第56页。

[8] 张献忠：《从精英文化到大众传播——明代商业出版研究》，广西师范大学出版社2015年，第95、96—108页。

[9] 吴梅：《瞿安读曲记·明传奇·青楼记》，王卫民编《吴梅戏曲论文集》，中国戏剧出版社1983年，第435、436页。

[10] Lucille Chia, "Of Three Mountains Street: The Commercial Publishers of Ming Nanjing", in Cynthia J.Brokaw and Chow Kai-Wing ed., Printing and Book Culture in Late Imperial China, Berkeley: University of California Press, 2005, pp.111-123.

[11] 〔明〕胡应麟：《少室山房笔丛》，中华书局1958年，第56页。

[12] 杜信孚、杜同书：《全明分省分县刻书考》，线装书局2001年，江苏省书林卷第23—34页。该书的家刻卷和官刻卷还另有相应的著录，但不为张献忠所取。笔者在《南宋出版业考述》（《古代文明》2013年第2期）中曾经指出："其实以往版本学上刻意与坊刻分列的'私刻'，除了标有'某家塾''某宅'等字样外，与坊刻并没有什么实质性的区别"，对于古代出版业，按其投资和经营的性质分

为官府出版、私家出版和民间出版（指介于官府出版与私家出版之间，它们所刻书的投资有的既非公帑，亦非个人私家之钱，而是靠民间集体的力量集资刻书，如某些寺院、道观、祠堂等，用募捐或家族积累所刻的书，书院刻书也应该归于这个系统）三大系统，可能更便于看清当时出版的样貌。

［13］张献忠：《从精英文化到大众传播——明代商业出版研究》，广西师范大学出版社2015年，第124—126、138页。

［14］〔明〕胡应麟：《少室山房笔丛》，中华书局1958年，第56页。

［15］〔明〕胡应麟：《少室山房笔丛》，中华书局1958年，第55页。

［16］章宏伟：《明代杭州私人刻书机构的新考察》，《浙江学刊》2012年第1期。

［17］〔清〕毛扆：《影宋精钞本五经文字九经字样》，〔明〕毛晋：《汲古阁书跋》，潘景郑校订，古典文学出版社1958年，第128页。

［18］现存毛氏汲古阁《十三经注疏》，为明崇祯元年至十二年刻本，见中国古籍善本书目编辑委员会编《中国古籍善本书目·经部》总类著录第31—32种，上海古籍出版社1989年，第11页。

［19］〔明〕毛晋：《重镌十三经十七史缘起》，《汲古阁书跋》，潘景郑校订，古典文学出版社1958年，第123页。毛氏汲古阁《十七史》现存明崇祯元年至十七年刻本有二，见《中国古籍善本书目·史部》纪传类著录第1、2种；大多是明崇祯元年至十七年刻清顺治印本，或著录为清递修本，见《中国古籍善本书目·史部》纪传类著录第3、4种。中国古籍善本书目编辑委员会编：《中国古籍善本书目·史部》，上海古籍出版社1991年，第1—4页。

［20］〔明〕毛晋：《重镌十三经十七史缘起》，《汲古阁书跋》，潘景郑校订，古典文学出版社1958年，第123页。

［21］〔明〕胡震亨：《题辞》，《津逮秘书》第一册卷首，壬戌岁上海博古斋影印。

［22］〔清〕钱谦益：《隐湖毛君墓志铭》，〔清〕钱谦益著、〔清〕钱曾笺注、钱仲联标校：《钱牧斋全集》（第陆册），上海古籍出版社2003年，第1141页。

［23］〔明〕陈瑚：《为毛潜在隐居乞言小传》，《确庵文稿》卷十六，《四库禁毁书丛刊》集部第184册，北京出版社2000年，第394页。

［24］〔清〕李铭皖、谭钧培修，〔清〕冯桂芬总纂：《同治苏州府志》卷九十九，《中国地方志集成》江苏府县志辑（9），江苏古籍出版社1991年，第580页。

［25］〔明〕释苍雪：《赋赠毛子晋壬午赴试南场》，《苍雪和尚南来堂诗集》卷一，《续修四库全书》第1393册，上海古籍出版社2002年，第501页。

［26］〔明〕荥阳悔道人：《汲古阁主人小传》，〔明〕毛晋：《汲古阁书跋》，潘景郑校订，古典文学出版社1958年，卷首第3页。悔道人是郑德懋的别号。

［27］〔明〕陈瑚：《湖村晚兴十首》，《确庵文稿》卷二，《四库禁毁书丛刊》集部第184册，北京出版社2000年，第221页。

［28］《水陆路程》有壮游子序，水野正明作壮游子纂，山根幸夫作商濬。见陈学文：《明清时期商业书及商人书之研究》，洪叶文化事业有限公司1997年，第258页。商濬《水陆路程》藏日本尊经阁，未见。汪前进说："日本尊经文库存有商浚校订过的《水陆路程》书，为15.1cm×9.4cm的袖珍本，无黄汴之名，只有商浚的短短一篇《小引》云：商浚因以前的路程书多'鲁鱼亥豕'之误，而收集数种路程书，校较其异同，最后完成《水陆路程》。然而，本书与《一统路程图记》《天下水陆路程》无根本的不同。从书名判断，应是以《天下水陆路程》为基础编纂的。此书的特点是小型本，非常便于旅行者的携带，上面的三书属同一系统。"见汪前进主编：《中国古代科学技术史纲·地学卷》，辽宁教育出版社1998年，第200页。

［29］〔清〕宗源瀚等修、〔清〕周学濬等纂：《（同治）湖州府志》卷三十三《舆地略·物产下·舟车之属》，"书船"条，成文出版社1970年，第647页。

［30］〔清〕张鉴：《眠琴山馆藏书目序》，《冬青馆甲集》卷四，《续修四库全书》第1492册，上海古籍出版社2002年，第51页。

［31］〔明〕黄汴：《天下水陆路程》卷七《天下水陆路程　天下路程图引　客商一览醒迷》，杨正泰校注，山西人民出版社1992年，第235页。

［32］周庆云纂：《南浔志》卷四十九，《中国地方志集成》乡镇志专辑（22），上海书店1992年，第603页。

［33］〔清〕汪尚仁：《吴兴竹枝词》，〔清〕阮元、杨秉初等辑：《两浙辖轩录补遗》卷七，《续修四库全书》第1684册，上海古籍出版社2002年，第673页。

［34］参看章宏伟：《〈嘉兴藏〉的刊刻及其在日本的流播》，《古代文明》2011年第4期；章宏伟：《长崎贸易中的清宫刻书——以〈舶载书目〉为中心》，《中国出版史研究》2015年第1期；章宏伟：《清前期的江南书市与长崎贸易》，邹振环等主编《明清江南经济发展与社会变迁》，复旦大学出版社2018年，第306—328页。

［35］〔明〕黄省曾：《吴风录》，《吴风录　苏州风俗　吴下方言考》，广陵书社2003年，第11页。

［36］〔清〕唐甄：《食难》，《潜书》上篇下，《续修四库全书》第945册，上海古籍出版社2002年，第382、380页。

［37］〔明〕归有光：《白庵程翁八十寿序》，《震川先生集》卷十三，周本淳校点，上海古籍出版社1981年，第319页。

［38］〔明〕钟惺：《隐秀轩集·题潘景升募刻吴越杂志册子》，《四库禁毁书丛刊》集部第48册，北京出版社2000年，第494页。

［39］〔明〕袁宏道：《新安江行记》，钱伯城笺校：《袁宏道集笺校》，上海古籍出版社1981年，第461页。

［40］〔清〕孔尚任：《桃花扇》，王季思、苏寰中合注，人民文学出版社1959年，第183页。

［41］宋应星《天工开物》说其中松烟占十分之九，其余占十分之一（宋应星：《天工开物》卷十六，钟广言注释，广东人民出版社1976年，第415页），可能只是他在一地考察得出的结论，并不是明代制墨的实际情况。王伟通过文献研究和实地调研后指出，油烟墨从南宋以后，逐渐占据我国传统制墨的主流，并且一直延续至今。今天安徽皖南一带的墨厂，其主要产品均为油烟墨，采用原料多为桐油。见王伟：《中国传统制墨工艺研究——以松烟墨、油烟墨工艺发展研究为例》，中国科学技术大学博士学位论文，2010年，第24页。

［42］〔明〕沈继孙：《墨法集要》，《景印文渊阁四库全书》第843册，台湾商务印书馆1986年，第677—704页。

［43］明代墨书的简况请参阅陈卓：《古法制墨工艺探微——关于一个传统工艺案例的研究》，中国美术学院硕士学位论文，2015年。

［44］〔明〕丘濬：《大学衍义补》卷二十二，《景印文渊阁四库全书》第712册，台湾商务印书馆1986年，第307页。

［45］〔清〕连柱总修：《（乾隆）铅山县志》卷二《物产·纸》，《（乾隆）玉山县志　（乾隆）弋阳县志　（乾隆）铅山县志》，《故宫珍本丛刊》第110册，海南出版社2001年，第308页。

［46］〔明〕陈九韶：《封禁条议》，〔清〕汪文麟纂修：《（乾隆）上饶县志》卷八《封禁考略》，第15页，清乾隆九年（1744年）刻本。

［47］信郡：指广信府。唐乾元元年（758年）置信州，元至元十四年（1277年）升为信州路，至正二十年（1360年）朱元璋改置为广信府，辖境相当今江西贵溪以东的信江流域地，今江西上饶一带。请参看〔清〕蒋继洙等修、〔清〕李树藩等纂：《（同治）广信府志》卷一《地理·沿革》，成文出版社1970年版。

［48］〔明〕宋应星：《天工开物》卷四，钟广言注释，广东人民出版社1976年，第131页。

［49］《天工开物》所述造竹纸的工艺流程，先是将砍下的嫩竹打成捆，放入池塘内沤制百日，上面压以石块。沤好后，在河水中洗之，同时用力捶打竹料，使成竹丝状，剔除硬壳和青壳皮。宋应星将此工序称为"杀（sǎi）青"。详情请参看潘吉星著：《中国造纸史》，上海人民出版社2009年，第369—374页。

［50］〔清〕宗源瀚等修、〔清〕周学濬等纂：《（同治）湖州府志》卷三十三《舆地略·物产下·物产之属》，"纸"条引明《前溪逸志》，成文出版社1970年，第645页。

［51］〔清〕李德淦修、〔清〕洪亮吉纂：《（嘉庆）泾县志》卷三十二《词赋》之赵廷挥《感坑》，成文出版社1975年，第2753页。

［52］〔清〕沈翼机等修：《（光绪）浙江通志》卷一百二《物产》引《（嘉靖）安吉州志》，商务印书馆1934年影印光绪二十五年十月重刊本，第1844页。

［53］〔明〕陆容：《菽园杂记》卷十三，中华书局1985年，第157页。

［54］〔明〕胡应麟：《少室山房笔丛》，中华书局1958年，第57页。

［55］〔明〕谢肇淛：《五杂组》卷十三，《续修四库全书》第1130册，上海古籍出版社2002年，第608页。

［56］〔明〕王世懋：《闽部疏》，《四库全书存目丛书》史部第247册，齐鲁书社1996年，第685页。

［57］〔清〕郑钟祥、张瀛修，〔清〕庞鸿文等纂：《光绪常昭合志稿》卷三十二 "毛凤苞"，《中国地方志集成》江苏府县志辑（22），江苏古籍出版社1991年，第559页。

［58］李开升：《明代书籍文化对世界的影响》，《文汇报》2017年9月1日。

［59］章宏伟：《胡正言生平及其 "饾版"、"拱花" 技术》，《美术研究》2013年第3期。

［60］〔明〕释真可：《刻藏缘起》，见《紫柏老人集》卷之七，第2页，故宫博物院藏《嘉兴藏》续藏第52函。

［61］参看章宏伟：《方册藏的刊刻与明代官版大藏经》，《十六—十九世纪中国出版研究》，上海人民出版社2011年版。

［62］〔清〕钱泳：《履园丛话》二十二 "汲古阁"，张伟点校，中华书局1979年，第579页。

［63］〔清〕毛扆：《影宋精钞本五经文字九经字样》，〔明〕毛晋：《汲古阁书跋》，潘景郑校订，古典文学出版社1958年，第128页。

［64］〔唐〕王维撰、〔宋〕刘辰翁评、〔明〕顾起经注：《类笺唐王右丞诗集十卷文集四卷外编一卷年谱一卷唐诸家同咏集一卷赠题集一卷历朝诸家王右丞画钞一卷》，《四库全书存目丛书》集部第9册，齐鲁书社1997年，第250页。该书现存嘉靖三十五年（1556年）顾氏奇字斋刻本多部，可能是由于印次不同，导致版心刻工著录不尽一致，如想进一步了解，请参阅何朝晖、李萍：《明中叶刻书的劳动力配置、刊版效率与刻工工作方式——以顾氏奇字斋〈类笺唐王右丞集〉为例》，《大学图书馆学报》2018年第6期。

［65］冀淑英：《谈谈明刻本及刻工——附明代中期苏州地区刻工表》，《冀淑英文集》，北京图书馆出版社2004年，第88页。

［66］周芜：《〈黄氏宗谱〉与黄氏刻书考证》，《徽派版画史论集》，安徽人民出版社1984年，第19—47页。《黄氏宗谱》创自宋元，明季有黄应济（二十六世）重修刊行，清康熙间黄师浩曾重编修补，未及刊行，至清道光元年（1821年），"开箧复承祖父遗志，详加修订，增修付梓"，历十余年，实际上是道光十二年（1832年）才算最后刊成。

［67］叶德辉：《书林清话》，中华书局1957年，第186页。

［68］参看章宏伟：《毛晋与〈嘉兴藏〉关系考辨》，《北京大学中国古文献研究中心集刊》第11辑，北京大学出版社2011年版。

［69］〔宋〕释契嵩：《传法正宗论》卷上，明崇祯六年（1633年）嘉兴楞严寺刻本，故宫博物院藏《嘉兴藏》正藏第163函，第16a页。

［70］〔唐〕释不空译：《仁王护国般若波罗蜜多经》卷上，明崇祯七年（1634年）嘉兴楞严寺刻本，故宫博物院藏《嘉兴藏》正藏第75函，第21b页。

［71］〔唐〕释不空译：《大宝广博楼阁善住秘密陀罗尼经》卷下，明崇祯七年（1634年）嘉兴楞严寺刻本，故宫博物院藏《嘉兴藏》正藏第79函，第17a页。

［72］乾隆四十一年（1776年）是距明代最近的一个标准时点，此前至明末的一个多世纪属于中国人口数据的 "空白" 时期，没有复原全国分府人口的可能。

［73］曹树基：《中国人口史》第四卷明时期，复旦大学出版社2000年，第277页。

［74］韩大成：《明代城市研究》（修订本），中华书局2009年，第58页。

［75］〔清〕张廷玉等：《明史》卷六十九，中华书局1974年，第1686页。

［76］〔明〕徐一夔：《送赵乡贡序》，《始丰稿》卷五，《景印文渊阁四库全书》第1229册，台湾商务印书馆1986年，第210页。

［77］〔清〕顾炎武：《生员论上》，《顾亭林诗文集》，中华书局1983年第2版，第21页。

［78］陈宝良：《明代儒学生员与地方社会》，中国社会科学出版社2005年，第214、215页。

［79］〔明〕郎瑛：《七修类稿》卷二十四辩证类 "时文石刻图书起" 条，上海书店出版社2001年，第259页。

［80］〔明〕黄佐：《南雍志》卷四，《续修四库全书》第749册，上海古籍出版社2002年，第170页。

［81］〔明〕李诩：《戒庵老人漫笔》卷八 "时艺坊刻" 条，中华书局1982年，第334页。此条曾为《日知录》卷十六 "十八房" 条所引，略异。

［82］〔清〕顾炎武著、〔清〕黄汝成集释：《日知录集释》卷十六，栾保群、吕宗力校点，花山文艺出版社1990年，第728页注〔4〕。

［83］〔清〕顾炎武著、〔清〕黄汝成集释：《日知录集释》卷十六，栾保群、吕宗力校点，花山文艺出版社1990年，第727页。

［84］〔清〕阮葵生：《茶余客话》，《丛书集成新编》第86册，新文丰出版股份有限公司1985年，第13页。

［85］谢国桢：《明清之际党社运动考》，中华书局1982年，第119、120页。

［86］〔明〕李濂：《纸说》，〔清〕黄宗羲编：《明文海》卷一〇五，中华书局1987年，第1034页。

［87］〔明〕叶盛：《水东日记》，中华书局1980年，第213、214页。

［88］〔明〕冯梦龙：《警世通言》卷二二《宋小官团圆破毡笠》，魏同贤主编：《冯梦龙全集》第2册，凤凰出版社2007年，第301—320页。

［89］李伯重：《八股之外：明清江南的教育及其对经济的影响》，《清史研究》2004年第1期。

［90］〔清〕孙从添：《藏书记要》鉴别，《娱园丛刻十种》，光绪己丑（1889年）四月序刊本，第2b页。

［91］王河主编：《中国历代藏书家辞典》，同济大学出版社1991年版。

［92］范凤书：《中国私家藏书概述》，虞浩旭主编：《天一阁论丛》，宁波出版社1996年版。

［93］范凤书：《中国私家藏书史》，大象出版社2001年，第168—187页。

［94］〔明〕胡应麟：《少室山房笔丛》，中华书局1958年，第54页。原书断句，将"万余"二字前置，误，今改正。

［95］张升：《以书为礼：明代士大夫的书籍之交》，《北京师范大学学报》（社会科学版）2017年第5期。

［96］〔明〕冯梦祯撰、王启元校注：《快雪堂日记校注》卷十一、卷十三，上海人民出版社2019年，第215、216、266页。

［97］如〔明〕祁彪佳：《祁彪佳日记》，张天杰点校，浙江古籍出版社2016年版。

［98］〔明〕许自昌：《樗斋漫录》卷一，《续修四库全书》第1133册，上海古籍出版社2002年，第50页。

［99］崔建英辑，贾卫民、李晓亚整理：《明别集版本志》，中华书局2006年，"前言"第1页。

［100］崔建英辑，贾卫民、李晓亚整理：《明别集版本志》，中华书局2006年，"前言"第2页。

［101］［日］井上进：《中国出版文化史》，李俄宪译，华中师范大学出版社2015年，第120页。表下说明文字中的数据有误。

［102］［日］井上进：《中国出版文化史》，李俄宪译，华中师范大学出版社2015年，第121页。

［103］［日］井上进：《中国出版文化史》，李俄宪译，华中师范大学出版社2015年，第160、161页。

［104］［美］贾晋珠：《谋利而印：11至17世纪福建建阳的商业出版者》，邱葵等译，福建人民出版社2019年，第231、232、235页。

［105］［日］勝山稔「明代における坊刻本の出版状況について—明代全般の出版数から見る建陽坊刻本について—」，［日］磯部彰編『東アジア出版文化研究—にわたずみ』，日本文部科学省科学研究費特定領域研究「東アジア出版文化の研究」総括班2004年，81–99頁。

［106］缪咏禾：《中国出版通史·明代卷》，中国书籍出版社2008年，第10页。

［107］［美］周绍明：《书籍的社会史：中华帝国晚期的书籍与士人文化》，何朝晖译，北京大学出版社2009年，第62、67页。

［108］［美］周绍明：《书籍的社会史：中华帝国晚期的书籍与士人文化》，何朝晖译，北京大学出版社2009年，第42页。

［109］〔明〕胡应麟：《少室山房笔丛》，中华书局1958年，第59页。

明嘉靖时期苏州的写刻本

李开升（天一阁博物院）

内容摘要： 所谓写刻本，指的是宋体字出现之后，仍然使用日常书写的普通楷书体的版本，这种字体的特征是，书写自然，运笔灵活，笔画间常带牵丝，与横平竖直的方整宋体字不同。一般认为写刻本最早出现在万历时期，但苏州从正德时期已经几乎被新的宋体字全部覆盖。在这种情况下，苏州刻书中出现的写刻本就不是正德以前刻本的直接延续，而是在原来的刻书传统式微了几十年之后，在宋体字刻本统治下重新出现的。

关键词： 嘉靖　写刻本　苏州　宋体字

明嘉靖时期字体方整的苏州式刻本是苏州的主流版刻类型，是占有绝对统治地位的刻书风格，但毕竟还不是全部。前工业时代的出版印刷业作为一种手工业生产方式，还做不到完全标准化，因此总有与主流不同的版刻风格，其中一类即自然书写字体，比方整的宋体字灵动秀美，大概是对方体字长期统治的一种厌倦和反动。

所谓写刻本，指的是宋体字出现之后，仍然使用日常书写的普通楷书体的版本，这种字体的特征是，书写自然，运笔灵活，笔画间常带牵丝，与横平竖直的方整宋体字不同。一般认为写刻本最早出现在万历时期，如黄永年《古籍版本学》所论[1]。就全国大部分地区而言，万历说还是比较符合实际情况的。因为成熟的宋体字到万历以后才形成，也更加普及，覆盖面更广，而要宋体字出现之后，才有所谓写刻本，写刻本是相对于宋字本而言的。但对于苏州来说却不太一样，因为苏州从正德时期已经几乎被新的宋体字全覆盖了，这种覆盖程度一点也不比万历以后宋体字在全国的覆盖程度小。在这种情况下，苏州刻书中出现的写刻本就不是正德以前刻本的直接延续，而是在原来的刻书传统式微了几十年之后，在宋体字刻本统治下重新出现的。就目前已发现的三种写刻本而言，刊刻时间都在嘉靖晚期，最早的为嘉靖三十七年（1558年），其他二种都在嘉靖四十年（1561年）以后。如果从正德后期苏州式刻本成熟算起，到此时已经将近半个世纪了，有新的风格出现也在情理之中。写刻本使用自然书写体，字体各取所好，故三种版本字体各异，体现出早期写刻本的特征。

第一种为嘉靖三十七年（1558年）昆山周凤起刻其父周伦《贞翁净稿》十二卷（图一）。周伦（1463—1542年）字伯明，号贞庵，谥康僖，昆山人，弘治十二年（1499年）进士，官至南京刑部尚书[2]。此书存世极少，仅见中国社科院文学所和苏州图书馆有藏，后者入选第四批《国家珍贵古籍名录》（第10764号），并为《四库全书存目丛书》影印。此书首卷卷端镌"男周凤起寿梓"，周凤起为周伦第三子，以父荫官至太仆寺丞[3]。卷末有周凤起《刻先康僖公诗集后述》交代刻书经过：

> 先康僖公诗集十有二卷，出自手选，未几，考终于嘉靖壬寅（1542年）。先是，畀诸伯兄大理丞贞肃校定，复不幸，以庚戌（1550年）春力疾谋诸五泉先生，编次成帙矣。季弟凤来将谋诸梓，而乙卯（1555年）亦夭……凤起以先公尚书三载考绩荫，己酉（1549年）就选冢宰，承乏光禄。无何，以堂卿马公坐累，谪山东盐官，路阻弗就，而谋梓之心未尝一日亡也。丁巳（1557年）之秋，有辽左之命，便道归省，乃得谋诸五泉，始克就梓……岁戊午（1558年）春正月望不肖男凤起百拜谨述。

"先康僖公"即周伦。"伯兄大理丞贞肃"即周凤起兄周凤鸣（1489—1550年），字于岐，号山斋，正德九年（1514年）进士，官至大理寺丞[4]。"五泉先生"即此书校订者昆山赵士英。"季弟凤来"为周凤起弟周凤来（1523—1555年），字于舜，号六观居士，太学生，收藏家[5]。

据此段可知此书为嘉靖三十七年（1558年）周凤起回到昆山时刊刻。又本书卷首有归有光嘉靖四十年（1561年）序，卷末又有归有功万历十一年（1583年）后序，则此本当为万历以后刷印。其字体为精美小楷，似非一般写工所能为，笔画起收笔多有牵丝（如三点水），与一般的宋体字不同。但从结体来看，跟苏州式常见字体仍有内在一致性，明显受到了此时期主流字体的影响。

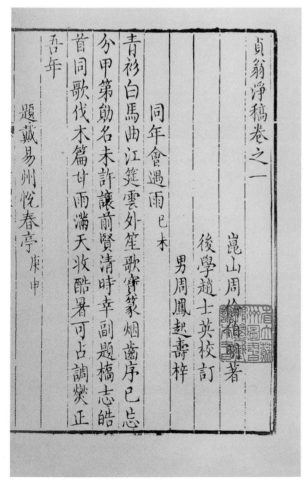

图一　嘉靖周凤起刻《贞翁净稿》

第二种为嘉靖四十年（1561年）王道行、张焊刻《庄渠先生遗书》。此书版本情况比较复杂，传世所见本按卷数不同分为三大类，十二卷本、十六卷本和二十六卷本。因为卷数不同，《中国古籍善本书目》集部将其分为三个条目著录，十二卷本作"明嘉靖四十年王道行刻本"，后二者均作"明嘉靖四十年王道行、张焊刻本"，三者内容相同的十二卷部分为同一版本。十六卷本新增四卷为嘉靖四十二年（1563年）魏校之子魏中甫与魏校门生俞国振、安希尧增刻，并将卷端"门婿归有光校正"剜改为"苏州府知府太原王道行校刻、昆山县知县清河张焊同梓、门人归有光编次"。二十六卷本则又增加附录十卷，不与前十六卷卷次连续[6]，为《大学古文》《大学指轨》（附《大学考异》）《周礼沿革传》《春秋经世》《经世策》《职官会通》六种十卷，卷端题"兵备副使王道行梓"，当为嘉靖四十一年王道行升任常镇兵备副使之后所刻[7]。十二卷本刷印最早，每册末钤有牌记"苏州府知府太原王道行校刻"。十六卷本卷首有嘉靖四十年六月直隶苏州府知府王道行向昆山县下发的刊刻《庄渠先生遗书》的公文一道：

直隶苏州府知府王　为表彰先贤文集以崇正学事。照得昆山县已故太常卿庄渠魏公德行文学师表一世，四方学者得其片言，重若拱璧。今据监生郑若曾送到家藏遗书若干卷，读之一终，率皆躬行心得之妙，可为垂世立教之书。若不早寿诸梓，恐将来散失无稽，景行徒切，考德何从。为此牌仰该县着落掌印官即备羹果，亲诣归经元宅，请其校正删次。停当动支本府及该县无碍赃赎银两，及早刊刻成书，印刷解送，以凭施行。须至牌者。右牌仰昆山县。准此。嘉靖四十年六月　日。[8]

这篇公文表明此书为官刻本，经费当来自苏州府和昆山县。此书字体非方整的宋体字，其笔画间常有牵丝（如三点水），这一点与《贞翁净稿》类似，但其字体不同于《贞翁净稿》的修长，而是略扁，结体不同于苏州式方体字。

第三种为嘉靖四十四年（1565年）王同道吴中刻本《梦泽集》十七卷（图三）。王同道（1531—?）字纯甫，号三湘，湖北黄冈人，嘉靖四十一年（1562年）进士，历任苏州推官、监察御史、内江知县[9]。卷首嘉靖四十四年皇甫汸序云：

> 是集也……凡诗赋十一卷、文六卷，共十七卷，成一家言。旧刻于家塾，季弟云泽君廷瞻刻于淮阳，侄三湘君同道又刻于吴中，而吴版益精矣。二君皆以进士为理官，善治狱，

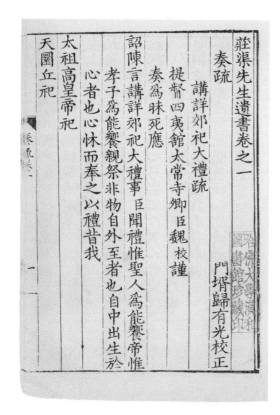

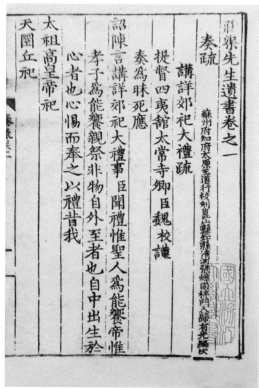

图二　嘉靖王道行、张焯刻《庄渠先生遗书》前印本（上）
与后印本（下）

图三　嘉靖四十四年王同道吴中刻本《梦泽集》

号神明。莅淮者以贤拜河南道御史，莅吴者亦被征行矣。三湘谓余知梦泽最深，命序诸首。

据此可知，此为此书第三次刊刻，王同道时任苏州府推官，书刻成时，王氏已收到擢升御史之命。王氏虽为官员，但此本似不宜直接视为官刻，一般官刻都是由知府或知县这种本行政区最高领导负责或由最高领导委托副手负责，与此书情况不同，但不排除其利用职务之便使用了一些官方资源，故此书性质介于官私之间。此本刻工为唐其、郭昌期、章甫言、黄周贤、严春、唐林等，皆苏州工匠。其字体与前二种皆不同，是一种比较个性化的字体，除了常见的牵丝之外，最大特点是整个字左低右高，几乎无平直之笔画。

这三种写刻本中，《贞翁净稿》当为私家刻本，《庄渠先生遗书》则是典型的官刻本，《梦泽集》介于二者之间。三者所用字体各不相同，可能其间并没有互相影响，而是不约而同采取了不同于主流宋体字的字体，是写刻本早期处于自发状态的特点。

类似的写刻本，似乎在南京地区也有出现，嘉靖三十五年（1556年）顾言刻本《顾沧江诗集》也是写刻，与苏州写刻本有无关系，还需要进一步论证。

写刻本风格各异，比字体风格较为统一的方整的宋体字刻本研究起来更加困难，目前嘉靖时期苏州的写刻本发现得还比较少，研究也很不成熟，需要进一步搜集材料，并结合隆庆、万历时期的情况综合研究，可能会有更多的发现。

注释：

［1］ 黄永年：《古籍版本学》，江苏教育出版社2009年，第130、131页。

［2］ 〔明〕王同祖：《五龙山人集》卷九《明故资政大夫南京刑部尚书贞庵周公行状》，明万历十六年（1588年）王炳璿刻本，天津图书馆藏（"中华古籍资源库"）。

［3］ 周伦第二子周凤仪出为周伦弟周佐之后，故本书赵士英《贞翁净稿叙》称周凤起为周伦"仲子"，当是未将周凤仪计入。本书归有光《贞庵诗集序》则称周凤仪为周伦"仲子"、周凤起为周伦"季子"。见前引王同祖《明故资政大夫南京刑部尚书贞庵周公行状》。

［4］ 〔明〕顾梦圭：《大理寺左寺丞山斋周公凤鸣墓志铭》，《国朝献征录》卷六十八，《续修四库全书》第528册，第732、733页。

［5］ 〔明〕俞允文：《仲蔚先生集》卷十三《亡友周于舜墓志铭》，明万历十年程善定刻本，中国国家图书馆藏（索书号15496，"中华古籍资源库"）。此墓志原石1995年于昆山陆家镇周都坟出土，题作《明太学生周于舜墓志铭》，见于华《俞允文撰书的墓志铭》，载昆山市政协文史征集委员会、昆山市文物管理委员会编：《昆山片玉》，古吴轩出版社1997年，第105、106页。

［6］ 《中国古籍善本书目》集部7634号著录作"庄渠先生遗书十六卷又十卷"，而丛部343号著录之"庄渠先生遗书七种二十六卷"，当即同书。

［7］ 《（乾隆）苏州府志》卷三十二页三十三知府："王道行，阳曲人，嘉靖三十八年由凤翔改任，四十一年升常镇兵备。"清乾隆十三年（1748年）刻本。

［8］ 《庄渠先生遗书》卷首，明嘉靖四十年（1561年）王道行、张焊刻本嘉靖四十二年（1563年）增刻后印本，国家图书馆藏（索书号7756，"中华古籍资源库"）。台北故宫博物院藏此本卷首无此公文（索书号平图014432—014436，中华古籍资源库）。

［9］ 《嘉靖四十一年进士登科录》页三十七，明嘉靖刻本，天一阁博物院藏。《（道光）黄冈县志》卷九页十五，清道光刻本。

丛书刊刻与印本差异

——以江南地区的明清刻本为主

郭立暄（上海图书馆）

内容摘要：本文结合版本鉴定实践，从单刻与零种、次序编排与子目出入、文字内容改换三方面，说明在古籍刊印过程中，丛书可能出现的形式文字差异，并讨论相应的处理办法。

关键词：丛书　明清刻本　江南地区

中国古书中，有所谓种书和类书之分：类书已被列入传统四部的子部，容易理解；种书的概念听起来有点陌生，其实就是指丛书，即汇集多种著作，依靠一定原则、体例编辑的书。比较典型的类书出现于南宋，兴于明清两代，尤其大盛于清代中叶以后。丛书由于刊印周期较长，不同时期的印本会出现一定程度的差异。笔者在工作中对这一主题有所关注，积累了若干例子，特撰文作一简述。

一　单刻与零种

古书有先刻出一种，后续刻若干种而形成丛书者。先出者为单刻，后出者收入丛书作为零种。二者虽出于同一版片，形式内容或有不同。大致说来，有以下几种情况：

（一）作者著作未能及身刊刻，由家人陆续完成，编成丛书

惠周惕《研溪先生诗集》六集七卷，卷一末有"小门生长洲王薛岐谨录"一行，以写刻精美著称；又有《诗说》，卷末有"小门生王薛岐谨录"一行。研溪康熙三十六年（1697年）卒于直隶密云知县任上，著作未及刊成。上述二种，盖由其子士奇于苏州刻印，均属单刻。

《诗说》所见为三卷本，吴志忠辑《经学丛书》本多附录一卷，包括《答薛孝穆书》《答吴超士书》《再与吴超士书》三篇。吴氏所据或为单刻后印本。

惠士奇又刻《文集》一卷，与前二书版片汇印，加一内封，题"砚溪先生全集，红豆斋藏板"，遂成丛书。丛书增入《砚溪先生集总目》上下二卷：卷上《诗集》七卷，卷下《诗说》三卷、《文集》一卷。《文集》中《答薛孝穆书》《答吴超士书》《再与吴超士书》三篇，版心有"诗说附录"字样，知编者曾将《诗说》单刻之附录移入《文集》。

漆永祥《东吴三惠著述考·砚溪先生全集考》云：

> 是集刻于康熙后期，雍正时有剜改。今考其书卷六《呓语集》有《闲行过积水潭口占［寄］纳兰恺功六首》，目录诗题中无"口占［寄］纳兰恺功"六字，卷七《谪居集》有《花朝泥饮唐仪部实君寓仝姜西溟赵文饶查夏仲汤西崖查声山官友鹿分韵兼寄纳兰恺功得圆床二字》，目录诗题无"兼寄纳兰恺功"六字，又同卷《题画史册子次恺功韵四首》，目录诗题亦无"次恺功韵"四字。……故笔者以为，惠士奇刻其父书虽在康熙末，然在雍正二年以后，又有剜改，于诗题中删去以上诸字以免贻祸，而原卷中诗题尚存其旧。[1]

漆氏拈出目录中删去揆恺功字样者三首，良是；而认为剜改则稍有未确。此书单刻无《总目》，目为后来编印丛书时刊版补入，无剜改痕迹，删字当是写样付刻时已然。

黄裳《清代版刻一隅》（齐鲁书社，1992年）涉及研溪著作，刘尚恒作如下评价：

诚如黄先生所言："这里所有的只是'一隅'。"就个人精力而言，诚难周备。如页一百四十四清惠周惕《研溪先生诗集》（康熙王薛岐刻本），录其《北征集》书影，黄先生云："集凡六集七卷:《北征集》《峥嵘集》（二卷）《东中集》《红豆集》《呓语集》《谪居集》。"又云："周惕别有《诗说》，亦王氏手写上版，当是同时付刻者。"其实《贩书偶记》著录，应为《砚溪先生全集》，凡八种十一卷，除上述（《诗说》三卷）外，还有《文集》一卷，显然黄先生支离了。于是我想若得其他"三隅"，还有待于组织多家藏书单位、多位学者专家共襄其事。[2]

按黄裳《一隅》所举《研溪先生诗集》，系用罕传之康熙单刻；《贩书偶记》著录之《全集》，为习见之丛书。对于二者概念的分别，黄氏是明白的，而刘氏并不清楚这一点，他的批评便显得无的放矢。

（二）作者次第刊成己作，原为单行，去世后书版转手，为他人编成丛书

李文藻曾搜访惠栋、江永、戴震等学者未刊著作，刻成十二种。乾隆四十三年（1778年）李氏殁于官，已刻书板藏置南涧青州家中。此前印出的本子，多有单刻内封，题字或篆或楷，款式不同：比如惠栋《九经古义》，内封题"潮阳县署锓版"[3]；《春秋左传补注》，内封题"潮阳县衙锓版"[4]；江永《古韵标准》（附卷首《诗韵举例》），内封题"乾隆辛卯锓，潮阳县衙存版"[5]；《四声切韵表》，内封题"乾隆辛卯开雕，恩平县衙藏板"[6]。戴震《声韵考》，内封题"潮阳县署锓版"[7]。李氏于乾隆三十四年（1769年）选广东恩平县令，三十七年调潮阳知县，这些本子当是南涧粤东任上梓行刷印，属单行本。

至乾隆五十四年（1789年），周永年从李家取板修补汇印，取名《贷园丛书》初集。丛书前有《叙》云：

《贷园丛书》初集共十二种，其板皆取诸青州李南涧家。其不曰《大云山房丛书》者，何也？曰："尚思续刻以益之。凡藏弄书板者，又将多所借以广之，不必限以一家故也。"余交南涧三十年，凡相聚及简尺往来，无不言传抄书籍之事。及其官恩平、潮阳，甫得刻兹十余种，其原本则多得之于余。今君之殁已十一年，去年冬始由济南至青州，慰其诸孤，因携板以来。忆君有言曰："藏书不借，与藏书之意背矣；刻书不印，其与不刻奚异！"尝叹息以为名言。使果由此多为流布，君之志庶几可以少慰乎！乾隆五十四年（1789年）岁次己酉仲夏，历城周永年书昌氏叙于京宣武坊寓舍。

可见周氏命名"贷园"，有提倡借板广印之用意。此后印出的本子，内封题"贷园丛书"，属于丛书本。单行本流传颇罕，通行者多属丛书本。学者指出单行本字迹清晰，丛书本有版片漫漶导致缺字，有修补失误。阮元辑《皇清经解》本依据后出之《贷园丛书》初集本，沿袭了其文字缺陷。[8]

（三）刻成未及收入丛书的单刻

有些本子在刊刻时曾计划收进某丛书，结果因故未能列入，成为事实上的单刻。这类本子往往刷印无多，印本最为难得。

《中兴馆阁录》及《续录》宋刻本罕见，一向只以抄本流传，刻本有通行的丁丙刻《武林掌故丛编》本。余嘉锡为考证宋人叶隆礼的一条生平资料，曾使用该书，恐怕丁刻出自四库本，脱误不足凭，又找来清钱氏潜研堂抄本核对一过[9]，他并不知道还有别本存在。但该书竟有一种翻刻本，系直接从宋刻增修本[10]翻出，严谨不苟。全书多用蓝印，也有数页先用朱色刷过，再用蓝印。我有幸获得一见，它混在寻常本子中，毫不起眼。开卷检视，则仅得十卷（卷一至四、《续录》卷一至六）。根据学者回忆，民国间蒋汝藻刻《密韵楼丛书》，未及成而身故，此册为蒋氏刊刻而未能毕工者[11]。清末至民国初年，藏书家翻刻宋元旧本，用佳纸以朱色或蓝色刷印，很讨人喜欢，一时成为风尚。这种印本至今流传尚多，本不足为怪。但这一册蓝印本却是风尘中尤物，足以移情而动魄。

以上是单刻与丛书零种的三种形式。一般来说，

单刻本罕见，丛书本存世较多，因而过去藏书界有以单刻本为贵的看法。叶德辉为张之洞《书目答问》作《斠补》，喜欢特别标举"自刻单行本"[12]，便是这种观念使然。

二 次序编排与子目出入

丛书随时排目，不同印次的印本收录品种会有多寡之别。

（一）次序编排

毛晋辑《宋名家词》，明末毛氏汲古阁刊，传世印本文字互异。初印本张孝祥《于湖词》仅一卷，增刻本《于湖词》增至三卷，校修本于杨炎正《西樵语业》、杨无咎《逃禅词》两种勘改文字，重编本改订次序。此后毛刻书板归常熟小东门兴贤桥邵氏，有味闲轩得版印本，文字仍旧，间有缺版。学者已有论述[13]，兹不赘。在此只说诸印本编排次序的分别。

毛刻初印本六集，每集前附内封面，列子目；后印本逐渐汰去内封面，于每集前加刻总目，亦列子目。二者编排之差异，集中体现于吴文英《梦窗稿》。

毛氏刊此书，系随得随刻。就梦窗词而言，毛氏先得丙、丁二稿，刊于第三集（三集内封面列有子目"梦窗丙稿"）；续得甲、乙二稿，刊于第六集（六集内封面列有子目"吴梦窗"），故早印本收入有两种《梦窗稿》，分在两集。重编本将梦窗甲、乙二稿移至三集《梦窗丙稿》前，使合成一种。为求统一，重编者或撤去三集、六集内封面，于第三集总目列"《梦窗稿》四卷"，第六集总目不复列吴梦窗一目。

《中国丛书综录》收录毛刻《宋名家词》，今查原工作卡片，知其所据为一邵氏味闲轩得版印本[14]，子目、次序一依邵本（表一）。

（二）子目出入

丛书在刊印过程中，形成不同时期的印本，印本之间往往会有子目出入。并非所有丛书零种都会呈现由少至多的渐变过程，在有些丛书中，零种书版可能会被抽出移作他用。

《通志堂经解》之刊刻及印次，关文瑛《通志堂经解源流考》记述如下：

表一 《宋名家词》毛刻印本差异表

	初印本			后印本			邵氏味闲轩得版印本
	甲本	乙本	丙本	增刻本	校修本	重编本	
夏树芳序	在全书前	在全书前	在全书前	在全书前	在全书前	在全书前	在全书前
胡震亨序	题《宋词序》，在全书前	改题《宋词二集叙》，在二集前	改题《宋词二集叙》，在二集前	改题《宋词二集叙》，在二集前	改题《宋词二集叙》，在二集前	改题《宋词二集叙》，在二集前	改题《宋词二集叙》，在二集前
一至六集内封	有	有	有	有	有	无	无
每种子目前有题"汲古阁绣镌某某词"字样内封	无	无	有	无	无	无	无
一集《淮海词》第二十八页	有	有	有	有	有	有	脱
二集《西樵语业》	未改	未改	未改	未改	已改	已改	已改
四集《于湖词》	一卷	一卷	一卷	三卷	三卷	三卷	三卷
五集《逃禅词》	未改	未改	未改	未改	已改	已改	已改
一集总目	有	有	有	有	有	有	有
二至六集总目	无	无	无	无	无	有	有
《梦窗甲乙稿》	在六集	在六集	在六集	在六集	在六集	在三集《梦窗丙稿》前	在三集《梦窗丙稿》前

（《通志堂经解》）始事于康熙十二年（1673年）癸丑，告竣于康熙十九年（1680年）庚申，凡七阅寒暑。健庵、容若各为序以识之。容若殁后，版藏健庵尚书家。……流传既久，原版或剥蚀不全，乾隆五十年（1785年），乃由四库全书馆臣，将版片之漫漶断阙者补刊齐全，订正讹误，遂复臻于完善。……嗣后《经解》原版藏于江宁藩署，而印本流传渐稀，于是同治十二年（1873年），粤东盐政锺君谦钧请于制府，重付梨枣，以广其传。鸠工庀材，甫一岁而蒇事。[15]

按关氏所记仅及两种印次，犹嫌未尽。所见《经解》原刻至少有四种印本，可将其中全书之原序、重印序、目录与零种之特点共同考察（表二）。

《通志堂经解》早印本有一印次收入特定零种，其他印次均未见录。学者各执所见，以至是非纷错，准裁靡定。姚元之《竹叶亭杂记》卷四记云：

《通志堂经解》，纳兰成德容若校刊，实则

昆山徐健庵家刊本也。高庙有"成德借名，徐乾学逢迎权贵"之旨。成为明珠之子，徐以其家所藏经解之书荟而付梓，镌成名，携板赠之，序中绝不一语及徐氏也。……书中有孙莘老《春秋经解》十五卷，而目录中无之。山东朱鸢湖在武英殿提调时得是本，以外间无此书，用活字板印之，盖以通志堂未曾付刻也。其时校是本者，为秦编修敦甫恩复。秦家有通志堂刻本，持以告朱，朱愕然，不知当日目中何以缺此也。[16]

按所见《通志堂经解》有初印本、乾隆三十九年（1774年）中印本、乾隆五十年（1785年）后印本，初印本春秋类有孙觉《龙学孙公春秋经解》，中印本、后印本无之。唯此初印本目录"春秋经解十五卷，宋孙觉"一行有挖改痕迹，恐非最初印本，姑且称为"初印乙本"，最初印本当无孙觉《春秋经解》一种。秦恩复家藏者当是一初印乙本，有孙觉《春秋经解》；朱鸢湖所据或是晚印本，原无此种，并非如姚元之说目中有缺失。

表二　《经解》印本差异表

	位置	初印乙本	初印丙本	中印本	后印本
全书	原序	有清康熙十二年纳兰成德序，康熙十九年徐乾学序、徐元文序	有成德序，徐乾学序，无徐元文序	有成德序，徐乾学序，无徐元文序	有成德序，徐乾学序，无徐元文序（整体补版）
	重印序	无	无	有乾隆三十九年胡季堂序，有彭元瑞序	无胡季堂、彭元瑞序，有乾隆五十年二月二十九日上谕
	目录	有"春秋经解十五卷，宋孙觉"一行（有挖改痕迹，当是后印改补）	无"春秋经解"一行	无"春秋经解"一行	无"春秋经解"一行
零种	孙觉《龙学孙公春秋经解》	收入	未收	未收	未收
	陆德明《经典释文》	卷一，第七页二行，"今亦■■[17]不取"	今亦■■不取	今亦■■不取	今亦课士不取
		卷四，第三至四页，原版墨色如漆，文字完整	第三至四页，原版墨色清晰，文字完整	第三页右部、第四页左部漫漶，文字已不可辨	第三至四页文字完整（整体补版，版心上方字数、下方刻工名一仍原版之旧）
		卷五，第一页第八行小注"既有齐鲁韩三家"，"三"字清晰	"三"字中横仅存一点	"三"字中横仅存一点	"三"作"二"

丛书零种之版片转手，也值得关注。孙觉《春秋经解》不见于康熙原刻《通志堂经解》中印本及后印本，其版片道光二十年庚子（1840年）经过修补，归入汪氏《正谊斋丛书》。通志堂刻初印本每页版心下有"通志堂"三字，卷末有"后学成德校订"一行，汪氏后印本均予削去。初印本有康熙丙辰（康熙十五年，1676年）纳兰成德容若序一页，汪氏后印本抽出不印。

有些丛书刊印无多，其收录子目之具体数量，书版去向如何，都需费一番查考工夫。

刘世珩辛亥以后避居上海，以家藏宋元本刻为《玉海堂影宋元本丛书》，这是人所共知的；刘氏又取藏本中尺幅较小者刊为《宜春堂影宋巾箱本丛书》，则不甚为人所知。后者印本究竟刻成几种，说法不一。《清史稿》卷四四六《刘瑞芬传附世珩传》称宜春堂刻有八种。缪荃孙《艺风堂文漫存·癸甲稿》有《刘楚园影宋巾箱本丛书序》，具体列出十种细目：

> 楚园兄于经刻《周礼》、《左传》，于史刻《晋书详节》、《隋书详节》，于子刻《淮南子》，于集刻《西汉文鉴》、《东汉文鉴》、《清真词》，附以《琵琶》、《荆钗》两记，共十种，传袖珍之秘籍，为墨海之雅观，诚古今所罕见者。

缪序未署撰年，此篇序文后一篇为《适园丛书序》，末署"岁在阏逢摄提格"，即甲寅年，则此序之作大致在民国二年（1913年）至民国三年[18]。

刘氏《宜春堂影宋巾箱本丛书》经部第一种《周礼》郑氏注，底本为一宋建刻巾箱本，附"重言"而无"重意"，阮元编《十三经注疏校勘记》时未及见，颇为难得。原系杨守敬旧藏，见杨氏《日本访书志》卷一[19]；后售与缪荃孙，缪氏影抄一部，以原书归刘世珩。刘氏据以翻刻，民国二十六年（1937年），潘景郑得见刘刻板片，命工印出一部朱印本，1951年以此该本捐赠上海市历史文献图书馆[20]。顾廷龙为之郑重作跋，予以表彰：

> 刘氏玉海堂覆刊。一九三七年酿印刘刻杂

剧，景郑见此板片，令工试印一帙，以前印过否，已不可知。版存苏州顾氏怡园，今已尽毁，是书益可珍矣。景郑检付本馆保存，率记数语，以告读者。一九五一年三月卅一日。

此朱印本之珍罕固不待言，但既然成于1937年，可知已非初印，卷七第二十六页有局部文字留白，显然是版片断烂所致。据潘说，似乎不仅《周礼》一种，刘氏玉海堂覆刻他种书板也藏于苏州顾氏怡园，其中或许也包括《宜春堂影宋巾箱本丛书》的若干零种。

三 文字内容改换

丛书在刊印过程中，或由政治因素，或因学术原因，刊印者在书版上作修改，会导致印本文字内容改换，读者不可不察。

由政治因素产生的改动很多，这里举两个例子。

上文提及惠周惕《研溪先生诗集》清康熙原刻，卷七《谪居集》第十三页《答薛孝穆书兼寄屈翁山》一首正文，单刻本内容完整，丛书本挖去屈翁山相关文字（见图一），则编者汇版时尚有之。

图一 惠周惕《研溪先生诗集》清康熙惠氏红豆斋刻本卷七《谪居集》第十三页《答薛孝穆书兼寄屈翁山》（左为单刻本，文字完整；右为丛书本，诗题及正文挖去涉及屈大均内容）

鲍廷博刻《知不足斋丛书》，从清乾隆开始刊刻，至道光间始克蒇事。同治间全书版片运至岭南，有更晚刷印本，已漫漶难读，姑置不论。后印本有出于政治原因而改刻失真者：如第七集皇侃《论语集解义疏》，卷二《八佾》"夷狄之有君，不如诸夏之亡也"句下疏文，初印本尚存原貌，后印本出于忌讳改刻失真。过去认为改动者是鲍廷博[21]，近有学者从印本考察入手，发现此书有王亶望进呈印本，已改动文字，则改字实出王手[22]，这一发现对加深鲍书刊印过程之理解很有帮助。

此刻后印本或附乾隆五十三年（1788年）卢文弨序，有"既而大府以他事获谴死，名不彰"等语，系指浙江巡抚王亶望于乾隆四十六年（1781年）以贪腐论死事。卢序之有无，可为区分印本先后之着眼点。此刻按其刷印早晚，大致可分以下四种（表三）。

表三 《论语集解义疏》知不足斋刻诸印本差异表

异文位置	王亶望刻初印本	王亶望进呈本	鲍氏后印甲本	鲍氏后印乙本
卢文弨序	无	无	无	有
卷端题	三行，有"临汾王亶望重刊"字样	二行，"临汾王亶望重刊"一行削去	二行	二行
"夷狄之有君"句疏文	未改	挖改	挖改	挖改
卷十末	有"钱塘汪庚校字"一行	削去汪庚字样，加刻"臣王亶望恭刊进"七字	削去"臣王亶望恭刊进"七字	同后印甲本

民国十年（1921年）上海古书流通处曾据许博明藏本影印，此种为初印未改本，而有卢序，当是取后印本卢序插入者，并非印成时原有。或将此本列为鲍刻一种印本样式，恐未确。

因学术原因而产生的文字改换，举如下几个例子。

（一）文字内容修改

《尚书大传》郑玄注，南宋时已有残缺，元明以降不闻有刊本传世，盖已亡佚。清乾隆中卢见曾从"吴中藏书家"访得一本，刊入《雅雨堂丛书》。雅雨

堂本实有初印、后印之别：初印本仅附《补遗》一卷，成于乾隆二十一年（1756年）；后印本增入卢文弨辑《续补遗》一卷《考异》一卷，成于次年[23]。卷四第三页"《学礼》帝入东学，上亲而贵仁，则亲疏有序，而恩相及矣"，初印本脱"而恩相及矣"五字，后印本换版补入。

《四库全书总目》盛称雅雨堂本，意其底本为宋以前相传之旧本。有学者质疑该底本的真实来历，比如孔广林便从内容角度提出疑问：

宋晁公武《读书志》则云今本四卷，首尾不伦。近德州卢氏得之吴中藏书家者正四卷，或即晁公武所云"首尾不伦"者与？然即其书校核之，凡《十三经注疏》《艺文类聚》《太平御览》《仪礼经传通解》诸书所引而今本讹误者，吴中本亦误。间有残缺者，吴中本亦缺。甚至如"帝入东学"一章，《大戴·保傅》文也。朱子《通解》取为《五学篇》，误以仆射注为郑君注，吴中本载在《略说》，亦录仆射注，并将颜籀《汉书注》"隃与逾同"四字厕之注首。又《五行传》录《皇览》"东方之极"至"小人乐"一章为《大传》。若然，岂直首尾不伦之谓哉？盖《大传》宋世已亡，晁氏所见疑即当时好古者捃摭成编，非其原本，而吴中本又近世慕古之士效前人而辑录者耳。[24]

此后陈寿祺提供更多证据，向雅雨堂本发难[25]。此书有惠栋手辑稿本，又有惠辑誊清稿本（惠氏红豆斋抄本），近年学者取二本与雅雨堂本校勘，确认卢见曾从"吴中藏书家"访得本即惠辑誊清稿本，并证实"惠栋在促成雅雨堂本成书过程中，可能有意隐瞒了自己辑录此书的痕迹"[26]。在这一发现中，手稿本、誊清稿本、刊本之间形成了文本渐变的三个环节。

孔广林、陈寿祺指雅雨堂本卷四"《学礼》"条出自《大戴礼记·保傅》，辑录者受朱熹《仪礼经传通解》误导，错将卢辩注当作郑玄注收入，是为惠氏一失。上面提及之《学礼》所脱五字，惠辑手稿已脱，誊清稿本、雅雨堂初印本仍之，后印本始为

补入。此条可在学者已揭示的三个渐变环节基础上补充一个环节,更证实雅雨堂本为惠氏辑本。

顾广圻《思适斋集》,清道光二十九年(1849年)徐渭仁刻本,有初印、后印之别:初印本卷首李兆洛撰《顾君墓志铭》末有"姑苏张杏村镌刻"一行,后印本铲去;后印本于目录有修校挖改。甲戌年(1934年)王欣夫借得常熟瞿氏抄本,用圣约翰大学图书馆藏徐本校一过,有手跋云:

> 此为初印本,卷十二目有《古砖录序(代陈寄蟠)》,卷十七目有《天后宫碑》,皆有目无文,不知何故漏刻,后来修版始将二目除去。误字稍有校正,然仍多不可读处。余先辑刻《补遗》二卷,今将并入重编,统加校正,以待重刊。篇末多记年月及地址,可考涧薲生平,惜亡友赵学南先生编《年谱》时未见也。欣夫又识。[27]

王欣夫曾藏徐刻另一印本,前有上海王庆勋跋,王氏定为"初印本"[28]。今查彼本目录卷十二《又序》、卷十七《天后宫碑》均已除去,《顾君墓志铭》末无"姑苏张杏村镌刻"一行,实为后印本[29]。王氏盖偶然误记。

鲍廷博刻《知不足斋丛书》,学者发现其中有些书曾据善本重校修版,并指出民国十年(1921年)古书流通处影印本所据为鲍刻初印本[30],这是于学术大有益处的发现。不过其中或许还有别情,比如收入第十一集之《颜氏家训》,传世尚有一早出印本,较影印所据底本少改动文字十余处,更接近元本之真。其他零种或许也有同样问题,则影印本所据当为鲍刻中印本。

鲍氏曾得见钱氏述古堂影宋(实为影元)抄本《颜氏家训》,正文七卷,附沈揆撰《考证》一卷,与明代通行二卷本不同,据以刊入《知不足斋丛书》第十一集。鲍本有挖改校修。常见者为中印本,卷七第一页未换版,上海古书流通处据以影印;又有后印本,卷七第一页换版,版心下有"癸酉重刊"字样,知刷印不早于嘉庆十八年(1813年),文字较中印本有几处更动。所见有鲍刻初印本,文字较中印本多有违异(表四)。

表四　鲍廷博刻本与元刻本对照表

卷	页	行	篇	清鲍廷博刻《知不足斋丛书》本			元刻本
				初印本	中印本	后印本	
一	三	后六	教子	年登婚官	宦	宦	官
一	六	五	兄弟	他亲则易弸	地	地	他
一	九	七	后娶	包日夜号泣,不能去,至被欧杖	殴	殴	欧
二	五	三	风操	北人无可便尔话说	何	何	可
二	八	四	风操	大功之哭,三哭而偯	哭	哭	曲
二	十	后九	风操	荐席淹渍	渍	渍	溃
二	十三	后四	风操	医虽浅虽少	贱	贱	浅
二	十五	八	慕贤	一本云校长短核其精粗	校其	校其	校
二	十六	八	慕贤	太子左卫率王侃坐东掖门	羊	羊	王
二	十六	后六	慕贤	遵彦后为李昭所戮	李	孝	李
三	五	八	勉学	苶然沮丧	茶	茶	苶
三	五	后九	勉学	故为武人俗吏所嗤共诋	嗤	嗤	嗤
三	七	后五	勉学	风操虫拙	蚩	蚩	蚩
三	十五	七	勉学	兄弟皆山傍立字而有名峙者	峙	峙	峙
四	六	后八	文章	堂上养老,送兄赋桓山之悲	桓	桓	桓
四	十五	后一	涉务	至乃尚马郎乘马,则纠勃之	马	书	马
四	十六	三	涉务	未尝目观起一拨土,耘一株苗	墢	墢	拨
五	二	后六	省事	思不出位,子非其任	干	干	子
五	三	五	省事	便为弗索何获	为	谓	为
六	七	后六	书证	简策字,竹下施束	束	束	束
六	十二	后七	书证	意为刕郎是觙倦之觙	郎	即	郎
六	十五	后七	书证	既下作毛为*字	髻	髻	髻
七	六	后三	杂艺	邵凌王颇行伪字	陵	陵	凌

161

钱氏述古堂影抄本今不可见，据鲍刻推知，钱抄前序末有"廉台田家印"琴式木记，黄丕烈旧藏元刻本[31]正有此记，则钱抄出自元本（图二）。如上表显示，鲍刻初印本有二十三条文字与元刻本相符，中印本改动十八条，后印本又改五条（图三）。鲍氏初刻时照元本而未改，后来校修者始改如通行本。初印本虽说有几处误字，却更接近元本面目，是其难得处。

图二 《风操》篇"父母疾笃"条元刻本（局部）

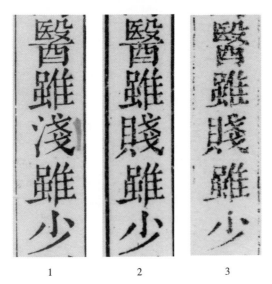

1　　　　2　　　　3

图三 鲍刻本卷二第十三页后四行局部
1.初印本　2.中印本　3.后印本

（二）文字内容增加

民国二十九年（1940年）董康自刻本《课花盦词》一卷，单刻本（甲本）无目录，正文仅十页，收词作二十六首；后来收入《广川词录》，文字递有增补，每增刻几首，即有一种印本问世，传世印本页数各不相同[32]。所见有四种：一董康自藏蓝印本（乙本），前附目录，列词作三十二首，正文十二页；一李一氓旧藏美浓纸印本（丙本）[33]，目录列词作三十八首，正文十七页；一刘絜敖旧藏本（丁本），目录列词作三十九首，正文十七页；一董康自藏本（戊本），目录列词作四十首，正文十八页，收词作四十一首，又夹附一首，合计四十二首。再后来有更晚印本（己本），附于《书舶庸谭》后出版，目录列词作四十五首，正文二十页。最晚出印本虽说仍以一卷著录，较之最初印的单刻本，已足足多出十九首词作。

（三）文字内容撤换

丛书不同印本之间文字内容之撤换，或体现在序跋中。

缪荃孙曾以家藏影宋抄本《寒山诗集》翻刻行世，由单刻而收入丛书，其刻书跋语数次改动署名，形成曲折离奇的公案。周叔弢为自藏翻刻宋本《寒山子诗》作跋云：

顷取江阴缪氏景日本内府本对勘一过，日本内府宋本《寒山诗》缺七首，又缺"我法"二句、"道子"四句、"蓬扉"四句；《拾得诗》缺五首，诗中注语皆删削，不及此本之善，若字句异同，则互有短长耳。缪本有长跋，叙《寒山诗》本子甚详，其言多本岛田翰。后书版归乌程张氏，乃妄增一跋，词意仍袭缪氏，继悟其非，遂即用缪跋而易己名。后之人不同见三本，将不知刻书者为谁何矣！校毕特记其因革于此，亦书林之逸话也。庚午（民国十九年，1930年）十月，弢翁记于自庄严堪。

所见此刻有红印初本，为邓之诚故物，可明跋后无牌记、刊工，犹是单刻。卷尾有缪氏长跋，惜脱去末页，不详其末署何人。后缪版转归张钧衡，收入《择是居丛书初集》，可明跋后增入"乌程张钧衡石铭据景写宋尹家本开"木记一行，"黄冈陶子麟刊"一行。跋语第一页与红印本同版，末页文字如下：

> ……又旧藏广州海幢寺本八行十七字，字句不同。黄跋云有拾得"云林最幽栖"一首，此篇所无，惜无别本可校耳。岛田影摹朱子、放翁两帖，寒山诗首二行，余俱用新式铅字排印，不及从前东国影刻书远甚。今刊此书，质之岛田，当为我取各本一校异同否。癸丑（民国二年，1913）小春，乌程张钧衡跋。
>
> 徐兴公书目作五卷，"五"字疑"三"字之误；另有慈受《拟寒山诗》一卷。然据《红雨楼题跋》，亦有朱子、放翁手札，似与瞿氏本同。

又见更晚印本，跋语重刻二版，将末段跋语"徐兴公书目作五卷"云云文字移前：

> ……又旧藏广州海幢寺本八行十七字，字句不同。黄跋云有拾得"云林最幽栖"一首，此篇所无，惜无别本可校耳。徐兴公书目作五卷，"五"字疑"三"字之误；另有慈受《拟寒山诗》一卷。然据《红雨楼题跋》，亦有朱子、放翁手札，似与瞿氏本同。岛田影摹朱子、放翁两帖，寒山诗首二行，余俱用新式铅字排印，不及从前东国影刻书远甚。今刊此书，质之岛田，当为我取各本一校异同否。江阴缪荃孙跋。

署名由"乌程张钧衡"改为"江阴缪荃孙"，删去"癸丑小春"字样。更于该跋后添刻一跋，末署"岁在昭阳赤奋若相月乌程张钧衡跋"，内容大体出自前跋，毫无新意。据周叔弢说，张钧衡在增入一跋后"悟其非"，又一次改易己名，是知还有更晚出改本。

另一种情况是丛书刊印者找到了更好的底本，对某些子目的内容进行撤换。

毛晋辑《宋名家词》，明末毛氏汲古阁刻成后，文字有增改，其中张孝祥《于湖集》一种，初印本仅一卷，后印本增刻至三卷。毛晋刊刻时未见全集，据黄升《花庵词选》辑得于湖词二十八首；清康熙中其子毛扆觅得抄本五卷，出自宋乾道刻本《于湖先生长短句》，遂据为底本，在初印本卷一后增刻词作二卷，收词达一百八十一首[34]。

康熙三十一年（1692年），顾嗣立于秀野草堂刻成《元诗选》初集；后得朱彝尊帮助，于康熙四十一年（1702年）刻成二集；又因应召入京参加编纂《宋金元明四朝诗》，得以获观内府藏书，而于康熙五十九年（1720年）刻成三集。学者发现在此过程中，顾氏对已刻成的部分品种作了增补，仅《元诗选》二集，顾刻后印本有增补者已达三十四家。而其中某些子目，比如丘处机一家，是由于觅得更完善的底本而改换内容。秀野草堂刻初印本以《长春子稿》上版，重修本使用了更好的《磻溪集》为底本，增多二十八首[35]。

余 论

中国古代的丛书作为雕版印刷的一部分，在出版过程中存在很多复杂的变化，印本之间往往不能简单地作复本理解。在使用丛书子目时，我们需要特别谨慎，如果怕麻烦而不作印本比对，许多有价值的资料便会从手指间溜走。

丛书随刻随印，随印随改，印本之间呈现动态变化，有其相对独立的概念体系。老辈学者或因不明这些概念具体所指，而对丛书包含的信息作出不正确的阐释，这是当时条件所限。我们年轻一辈的学人，应注意少犯这类错误。

从清嘉庆年间顾修《汇刻书目》推出，此后有傅云龙、朱学勤、朱记荣、杨守敬、李之鼎、刘声木、孙殿起等学者先后编辑丛书目录。到一九五九年，顾廷龙先生以上海图书馆藏书为基础，联合全国各公藏系统图书馆同仁，编成《中国丛书综录》（以下简称《综录》），成为丛书目录中集大成的著作和方便读者检索的工具书。

《综录》对于丛书的著录，大致的办法是尽可能寻找子目最多的藏本，以之为标准件，为子目分析的基础。在当时的条件下，使用这一方法，无疑是可以兼顾多快好省的最优选。不过，在新的历史条件下，我们也逐渐发现《综录》的先天不足，尤其是它的成书快，是以对子目较少的印本忽略不计作为代价的。因此，《综录》的某些著录，对学者理解丛书刊印的动态变化过程有一定程度的遮蔽作用，这是我们在《综录》的具体使用中需要特别加以留意的。

注释：

[1] 漆永祥点校：《东吴三惠诗文集》，台北中研院文哲所2005年，第434页。

[2] 刘尚恒：《二余斋说书》，河北教育出版社2004年，第54页。

[3] 今藏上海图书馆（书号805636—805637）。

[4] 今藏上海图书馆（书号820944—820945）。

[5] 今藏山东省图书馆（书号3/00605）。

[6] 今藏浙江省图书馆，《续修四库全书》经部第253册据以影印。

[7] 此本今藏福建省图书馆。

[8] 樊宁：《惠栋〈春秋左传补注〉版本考述》，《文献》2020年第6期。

[9] 余嘉锡：《四库提要辨证》，云南人民出版社2004年，第231—233页。

[10] 卢锦堂《希古右文：1940—1941抢救国家珍贵古籍特选八十种图录》将此宋刻本定为"南宋嘉定间刊宝庆至咸淳间增补本"。"国家图书馆"2013年，第100页。

[11] 虞坤林整理《陈乃乾日记》1929年12月3日："午后至授经（董康）家，点取《密韵楼丛书》七种版片，及宋本《吴郡图经续记》《新定严州续志》《中兴馆阁录》三种，又明本、钞本书十余种，交付芹伯（张乃熊）处。《密韵楼丛书》原拟刻十种，今已刻成七种，已刻未修版者《文中子》《严州续志》二种，未毕工者《中兴馆阁录》一种。近年来孟苹无意于此，此板弃置久矣。今谷孙（蒋祖诒）拟续成之，会将有辽东之行，故托芹伯经纪其事，余则代为接洽。今日与授经讲定，以后刻工每千字价十五元。"中华书局2018年，第14页。

[12] 叶德辉：《书目答问斠补》，民国二十一年（1932年）排印本，第5页。

[13] 武悦：《毛晋〈宋名家词〉初印、后印与底本撤换考》，《中国曲学研究》第五辑，中国社会科学出版社2021年9月，第91—116页。该文论述毛刻之增刻、校改，很有价值。惟涉及印次处，作者稍有误解：其一，中国国家图书馆藏陆贻典、毛扆校本（书号6669）曾经毛氏改装，次序改变，作者据以为毛刻一种印次之标准，与事实不尽相符；其二，台北图书馆藏本（书号14937），实属初印本，该馆编目员不查，所列子目同后印本，作者误信著录，定为"重编后印本"。以上两项误会，导致作者所列前后印本次序错乱，所称编次变化指向偏差。笔者参考该文，依据所见印本，重加排次。

[14] 此本内封面题"汲古阁校选，味闲轩藏板"，为朱彭寿寿鑫斋旧物，今藏上海图书馆（书号T08940—T08965）。

[15] 关文瑛：《通志堂经解提要》四卷首一卷附录一卷，民国二十三年（1934年）新京排印本（关氏嗣守斋丛书）。

[16] 〔清〕姚元之：《竹叶亭杂记》卷四，清光绪十九年（1893年）刻本。

[17] 黑方块为墨钉，指版面上常有文字般大小的黑墨块，形状似钉帽。出现的原因是文稿雕版时有未定的文字，等待校勘后写上去再印。

[18] 郑伟章：《得一书必为之刻，刻一书必求其精——刘世珩聚学轩刻书述略》文，称此书"有民国二三年（癸甲）〔缪荃孙〕所写《刘楚园影宋巾箱本丛书序》"（《出版工作》1990年第12期，第108页）。按郑氏此文定缪序作于国二、三年间，当是。郑氏《书林丛考》称缪荃孙此序作于民国二十三年（1934年）（广东人民出版社1995年，第175页），按艺风先生民国八年（1919年）已归道山，此误疑出编辑意改。本条得山东大学许艺光、张鑫龙二君提示，谨表感谢。

〔19〕 瞿氏铁琴铜剑楼旧藏一宋巾箱本《周礼》，行款为九行十七字小字双行十八字，与此相同，卷二、四、七、八、九配缪氏影宋抄本，今藏北京中国国家图书馆（书号6579），或与刘藏本为一刻。

〔20〕 此本今藏上海图书馆（书号T31559—T31570）。

〔21〕 顾洪：《皇侃〈论语义疏〉释文辨伪一则》，《文史》第二十五辑，中华书局1985年，第222页。

〔22〕 樊长远《古籍初印、后印本例析十种》，《版本目录学研究》，复旦大学出版社2022年，第252—256页。

〔23〕 据雅雨堂刊后印本卢见曾跋，增入附录事在丁丑年，即乾隆二十二年（1757年）。

〔24〕 〔清〕孔广林《通德遗书所见录》卷七十二《叙录》第六页，清光绪十六年（1890年）山东书局刻本。

〔25〕 〔清〕陈寿祺《尚书大传辨讹》，附陈辑《尚书大传》后，收入《左海全集》，清道光三山陈氏家刻本。

〔26〕 侯金满：《雅雨堂本〈尚书大传〉底本来源及成书考实》，《文史》2019年第2期。

〔27〕 此本今藏华东师范大学图书馆（书号愚集1049），有王欣夫手校并跋。卷十二目《古砖录序》下有《又序》一篇，卷十七目《砚铭九首》前有《天后宫碑》，知为初印本。

〔28〕 王欣夫：《蛾术轩箧存善本书录》甲辰稿卷四，上海古籍出版社，2002年，第1384页。

〔29〕 该本有王欣夫手校并跋，今藏复旦大学图书馆（书号3093）。王氏跋文收入吴格等编《蛾术轩藏书题跋真迹》页五五，复旦大学出版社，2015年。

〔30〕 林夕（杨成凯）：《初印和后印——古书版本知识》，《藏书家》第九辑，齐鲁书社2005年，第153页。

〔31〕 〔清〕黄丕烈：《荛圃藏书题识》卷五，第二十四页，《颜氏家训》跋。此本今藏上海图书馆（书号754329—754331）。

〔32〕 承日本立命馆大学文学部芳村弘道教授告知，谨表感谢。

〔33〕 此本今藏四川省图书馆（书号李1147）。

〔34〕 武悦：《毛晋〈宋名家词〉初印、后印与底本撤换考》，《中国曲学研究》第五辑，中国社会科学出版社2021年，第102页。

〔35〕 顾廷龙、陈先行：《〈元诗选〉琐谈》，《顾廷龙文集》，上海科技文献出版社2002年，第505页。

开放型文博图书馆服务模式探索

——以上海世博会博物馆图书馆为例

陶　成（上海世博会博物馆）

内容摘要：对社会开放的文博图书馆既是专业图书馆，也具备了所在博物馆的公共文化服务功能。上海世博会博物馆的世博图书馆探索了在同一空间内，以保障主责业务为前提，服务馆内外各类读者，提供多层次服务的路径。图书馆调研了读者需求，分析了馆内活动要素，整合软硬件资源，设计了服务内容，提出部分解决思路。

关键词：文博图书馆　开放服务　专业图书馆

我国有5000多家博物馆，大多设有图书馆或阅览室，馆藏专业性、学术性强，非出版资源丰富[1]。文博图书馆作为博物馆内的专业图书馆，有文献资料收集、组织、保存、转换、检索、流通、推广、研究、情报和展示教育功能[2]。2018年4月，文化和旅游部正式挂牌成立，公共文化行业和旅游行业通过结构调整、业务合作带来新的实践机遇，形成了一批新的成果。比如，公共图书馆通过和景区合作，开展了有声有色的景区＋图书馆模式[3]，景区为图书馆提供了全民阅读的新场景，图书馆为景区提升了人文内涵。如今，很多博物馆既是文化机构也是景点，在《博物馆条例》引导下，开展了深刻发掘自身主题与藏品内涵的多类服务，丰富了博物馆的公共文化服务[4]。近年逐渐有学者提出博物馆内图书馆应对馆内外人员提供服务，提升博物馆的社会作用[5]。国外博物馆中，美国史密森尼博物馆、东京国立博物馆、开罗博物馆的图书馆对公众开放，美国大都会博物馆、蓬皮杜艺术中心等的图书馆对研究者开放。这些开放型文博图书馆向社会提供了空间、资源、服务。我国文博图书馆从业者也陆续提出文博图书馆应该响应社会化开放趋势，广东省博物馆、苏州博物馆、中国港口博物馆、青岛市博物馆[6]等博物馆的图书馆也在这一领域先行先试，对到馆游客开放阅览空间，以专题资源补充公共图书馆综合性馆藏，为馆内外实务和研究提供智力支撑，延伸博物馆泛展陈体系，拓展博物馆公共文化服务内涵，丰富游客到馆综合体验，提升资源利用率。

然而文化设施对外开放需要研究解决区域动静隔离、功能相互区别、服务守正创新的问题[7]。开放型文博图书馆如何平衡主责业务和社会服务功能、如何提升专业图书馆服务能级、如何输出有博物馆主题的特色产品，相关研究和实践还不多。

上海世博会博物馆（以下简称"世博馆"）由上海市人民政府与国际展览局（以下简称"国展局"）合作共建，是国展局唯一官方博物馆和官方文献中心。世博馆的图书馆是文献中心的组成部分，既是行业信息资源中心、博物馆内图书馆，也是服务于公众的阅读空间。为探索在同一空间内对馆内外读者提供有针对性、有特色、有质量的服务，世博图书馆分析专业图书馆的服务属性，调研文博图书馆社会化服务内容，分析本馆读者需求和活动要素，设计了服务管理模式。

一　文博图书馆作为专业图书馆的服务特征

（一）馆藏为本，全面开展服务

专业图书馆主要任务为系统收集、整理、保管文献，建设符合需求和特色的特藏资源，构建适合自己的服务模式，加强文献组织和培训交流工作[8]。文博图书馆的资源建设紧贴博物馆业务和主题，高度注重馆藏针对性、系统性、连续性：通过征询专家意见、关注重点出版社等方法，采访紧贴本馆项目和业务的文博图书、期刊、古籍，收集考古报告等非书专题资源，同时订购数据库、数字化古籍以提供文献保障[9]。文博图书馆还通过搭建系统，实现服务标准化、规范化，并开展一系列的讲座、培训，实现教育文化和娱乐功能[10]。

（二）突出特色，深加工特色资源

专业图书馆馆藏专业性强，读者专业程度、文献要求高，图书馆主要开展一次文献流通、二次资源检索和基于深加工资源的信息咨询服务[11]。博物馆展览、文创、研究等部门需要细粒度的信息甚至知识，就需要图书馆深加工资源。故宫图书馆数字化随书附图，形成数据库，弥补机读目录数据不足，补充对文物的理解，提高图录文献利用率[12]。

（三）需求导向，个性化支撑业务

专业图书馆的读者信息需求有范围弹性、学术深度、强专指性，服务应该以读者需求为导向，开展信息化、个性化、面向课题的服务[13]，包括简讯、专题在内的衍生资源产品和应用工具产品都可作为常规服务的补充[14]。中国国家博物馆图书馆围绕馆内重大科研项目和展览，制作专题档案，提供文献、文摘之类的二次文献，甚至是综述之类的三次文献支持业务[15]。

二 国外文博图书馆社会化服务内容

世博图书馆招募了一名厦门大学文博专业研究生驻馆实习从事前序研究，以开放型文博图书馆建设为题撰写学位论文。研究调研了美国、法国、西班牙、日本的十家开放型文博图书馆，发现国外开放型文博图书馆分仅面向馆外研究者和服务公众两种类型，共有的基本服务为开架阅览、图书检索、检索咨询、资料复印和参考咨询。此外，面向研究者的文博图书馆为研究者提供和馆内员工相近的资源和空间服务。例如，大都会沃森图书馆对研究者开放馆际互借、扫描传递服务，还开放深度阅读空间，提供更安静、良好的研究环境。对公众开放的文博图书馆的常见服务还包括展览延伸阅读、教育培训和其他文化活动。比如，史密森尼学会图书馆还推出图书馆展览、讲座、研讨会、新书推介会、

幼儿学习与实践课堂、手工活动、花园派对、主题参观、游学等服务，主题多与馆内展览、自有馆藏、馆内空间有较强关联[16]。

三 世博图书馆的服务探索

（一）世博图书馆的活动要素

专业图书馆是一个复杂的集合体，基于系统科学的视角，专业图书馆系统结构分为系统主体、客体与活动：主体为馆员，客体为用户，馆员与用户间的活动要素包括资源、技术、服务、人、空间和管理[17]。

资源方面，世博图书馆在国展局和世博社区支持下，已初步形成包括国展局托存文献、上海世博会档案、世博专题图书（含部分古籍和纸制品）、文博专题图书、综合参考图书和世博声像资源、国际博览会文献元数据在内的七大资源体系，探索了国展局共享、世博后续机构支持、世博会期征集、平时自主采访、特藏数字化加工、馆际文献交流、接收社会捐赠、收集馆外开源资源八种资源建设路径[18]。

空间方面，世博图书馆位于世博馆东北角，建筑面积1600平方米，分为三层承担推广阅读、专业阅读和闭架保存的功能。

技术方面，图书馆在馆内信息部门支持下，搭建了图书馆业务系统、图书馆门户、小程序、自建数字资源库四个基本服务管理平台。

人员方面，图书馆员和包团人员在世博馆多个业务部门支持下、依托全馆的物业、安保、保洁、客服等服务团队，为世博行业（国展局、世博会申办举办国家、世博会参展者、世博后续机构）、国内外高校、媒体、馆内工作人员和游客提供服务。

管理方面，文献研究中心为世博图书馆管理单位，制定了文献资源采访、编目、流通、剔旧、专题检索办法等九条图书馆内控规章和若干条服务章程，行政管理、合同签订等流程遵循世博馆的内部制度。

服务方面，图书馆目前已经为员工读者提供基本的实体馆藏流通、文献荐购、高精度数字资源提供、决策咨询、专题检索服务；对世博行业和各类

机构提供过专题检索、特藏借阅、信息咨询服务；面向公众，图书馆和馆内相关部门合作，通过共同策划文献展、组织讲座、开展文献推广直播、撰写公众号文献推广文章等途径，在读者不进入图书馆的前提下，展开了一系列的读者服务。

（二）服务提升的维度和原则

尽管图书馆目前已为多类读者提供了多样化的服务，但有较多改进和创新空间：一是图书馆前序精力集中于新馆建设，读者服务主要采用一事一议模式，服务管理模式有待整体优化；二是随着服务记录积累、馆藏资源建设推进、同行调研深入，图书馆对读者的常态化、重复性需求逐步明晰，有条件陆续主动提供针对性的服务；三是随着运营人员逐步到位，图书馆即将对社会开放阅览空间，开辟基于空间的实体文献提供和推介活动。

在扩大服务内涵的同时，世博图书馆服务提升也将遵循以下原则：一是主次分明、量力而行。文博图书馆的基本服务对象是馆内读者[19]，服务重心是文博科研和管理工作，文博图书馆在社会化服务时，应从实际出发、量力而行，评估自身文献馆藏、人员编制、服务设施等硬件和所能提供服务的种类和质量，不应影响主责工作[20]。二是针对差异、有的放矢。对口领域专业读者的信息素养较高，对图书馆的信息需求也不同于普通游客，普通游客主要重视的是资源的广泛、空间的舒适，而专业读者更重视过程的高效率、省精力和专业精准[21]。三是资源服务、保护先行。文博图书馆馆藏专指性强、副本少、支撑本馆资源保障体系，利用和推广工作应当以资源安全为前提。

（三）世博图书馆的服务提升路径

1.读者需求分类，分析异同

图书馆通过线上线下分发问卷，调研了480名游客对图书馆的利用需求，约98%读者愿意尝试博物馆开放型图书馆；图书馆还通过统计信息咨询记录、观察信息检索行为、访谈三种方式了解馆内员工和馆外咨询者的需求。

世博图书馆按照读者来源、和与主责工作的相关性，把六大来源的读者分为员工读者、专业读者和普通读者，并梳理各类型读者的需求异同。

①资源方面，世博馆各部门员工需求集中于和业务相关的一次文献、和世博相关的零到三次文献，部分条线需要精加工的细粒信息产品；以世博社区和高校及研究机构代表的专业读者主要需求为世博会一手档案和声像资料；普通游客集中于和馆内展览及世博相关的一次文献。因此，世博专题零次到一次文献成为三类读者的共性需求；而展览相关文献是员工读者和普通读者的共同需求，但在利用时序上有先后差异。博物馆各业务板块的各类文献、案例、规章标准则是员工读者的特异性要求。

②空间方面，大部分普通读者主要利用阅览空间和活动空间；专业读者、员工读者需要相对安静地在馆空间内阅读必须在馆使用的资源（如保存本、档案和仅在馆阅览的数字资源），或开展关于资源的讨论。因此，图书馆一层到二层的阅览空间是三类读者的共性需求。

③服务方面，普通读者要求更便利地使用空间，通过文献展、数据库等形式了解世博馆特色文献；专业读者和员工读者则对调阅目标资源，获取专题检索结果等深加工产品有需求。

④创新方面，少部分普通读者在问卷中提出希望能使用有声图书馆、扫描展板/展品二维码关联图书、阅读或写书评。

2.活动要素分级，多机制保障原则

不同于公共图书馆，世博图书馆的大部分专题资源副本少、不可再生，馆舍面积不大、同层难以区隔，馆员人手有限。为最大程度地满足主要需求，确保服务原则，图书馆在设计开放服务内容时，对自有活动要素分级，对读者分类赋权，并引入馆外读者须注册、利用紧张要素须预约、部分服务和资源须申请审批、按需数字化、适时对外引流等多种控制机制疏解潜在的需求冲突。

①资源方面，图书馆按相关性、珍稀性和密级设定资源的获知获取级别（开架、展览锁定、保存本、内部参考用书、档案、古籍特藏），按资源的内

容标引主题类型（世博、文博、综合）。图书馆明确了世博主题的古籍特藏、档案、保存本是核心文献，应重点保护，同时核心文献也是三类读者的共同需求，应优先数字化其中的热门书目，设立实体资源提供审批程序，限制一定周期内的出库次数；其余资源可以适度流通。在为各类读者利用文献赋权时，也以此为原则：古籍特藏、档案不予流通，仅员工和专业读者经审批可以提借；保存本仅员工和专业读者可以阅览，不予流通；内部参考用书仅员工可检索、获取；开架本所有人可阅览，员工和专业读者可以借阅；暂时用于推介的锁定书不予流通。如有多位读者需要同一份实体文献，图书馆一是推荐读者去附近入藏目标文献的图书馆，二是代查线上免费资源或利用"全国图书馆参考咨询联盟"提供文献传递，三是建议读者使用预约功能以尽快使用资源。

②空间方面，出于保护核心文献、优先保障专业和员工读者安静阅读[22]、兼顾普通读者阅览需求的目的，图书馆采取了两方面措施。一是流线设计上按由动到静划分了一到三层的功能区域：将推广文献、报刊、观赏性强的大开本文献、部分数字资源阅读终端和活动空间分配在一层，世博专题、文博专题的开架文献和深度阅读区、独立研究室和讨论室分配在二层，文献档案库房在第三层。二是分级赋权，确保员工读者在使用空间的范围、时长和时序上的便利性，适当照顾专业读者和有空间利用需求的普通读者：员工读者在图书馆开放日和馆部工作日均可进入阅览室，普通读者需在图书馆门户或小程序注册并预约入馆，专业读者仅需注册无需预约；独立研究室供员工读者和专业读者使用，讨论室为所有读者预约后使用。

③服务方面，书目检索、阅览室管理等常见服务已基本可以满足普通读者需求，专题馆藏也是图书馆的常态化工作。除此以外，还有两种服务在可行性、耗时性和采用率上有不确定性，且在任务间差异较大，因此仅作为基本服务的补充，向专业读者和员工读者提供。一种是专题检索，可能占用馆员时间较多且不会复现（比如展览策划、项目立项时的专题检索）。当有需求冲突时，图书馆会和服务申请对象就任务范围、难度、时长和预期成果充分沟通，请示领导排定任务优先级；如申请对象预算充足，可推荐其前往其他有服务能力的图情机构购买服务。另一种是博物馆情报工具、专题素材包等再加工信息产品，它们是博物馆发展的"增长点"[23]，也是文博图书馆服务的"附加题"，图书馆可在平时留心积累，不定期提供。

3.提供再加工信息产品，提升服务层级

世博图书馆目前可提供两种面向业务情境、适度超前的信息产品。

一种是服务世博馆中长期发展和日常工作、基于外部信息和工具的信息产品。该产品收集范围包括三个方向。一是文博行业法规、政策、标准、技术和标杆同行案例成果。二是世博行业及相关学科的研究动向。三是有助于世博馆业务、了解文化市场和技术的开源工具。比如"清博指数"[24]可以了解本馆、其他文博机构公众号发布和浏览情况；文本分析、可视化工具Voyant[25]可以统计文本词频和关联，辅助研究部门快速浏览外文资料；百度指数[26]可以就关键词了解检索热度、关联词语；阿里研究院微信公众号可以找到文化产品电商消费报告。由于目前图书馆人手有限，该部分目前仅提供目标平台和工具的链接及介绍，在图书馆门户的站外资源导航模块更新，并可通过世博馆OA通报新增资源，在员工培训中说明。人手充裕时，图书馆可提供细粒度的剪报、述评，比如为研究部门开辟定题检索，定期梳理世博会阶段性新成果、热门交叉学科、活跃学者和机构，并通过邮件或OA系统发布。

一种是迎合文旅热点、基于馆内和开放资源的素材包。在文旅融合的背景下，博物馆应积极采用新思路、新方法，发掘自身主题与藏品内涵，顺应文化消费转型升级的趋势，打造多元、创新的文化体验[27]，不仅是展览、活动，食、住、行、游、购、娱六方面都可以成为文旅融合背景下阅读推广的新路径[28]。世博馆拥有丰富的文旅体验业务版图，图书馆世博专题文献类型也非常广泛，除了图录、报告、文件，甚至包括了小说、漫画、乐谱、食谱、地图、桌游。图书馆可捕捉行业热点产品、形式、渠道，梳理馆藏的视觉元素、易转化类型、特殊载体工艺、细粒度知识、业务流程，为各业务部门提供包含"应用场景＋自有馆藏＋资源使用路径"的素材包，共同打造世博馆沉浸式的文旅体验。一是提取视觉元素，创造富含世博元素的新空间：图书馆书架定期或者按活动更换涂装；把馆藏插图、纹饰等元素制作成打卡装置，在博物馆各处再现书中场景。二是聚类特色文献，开辟复原世博体验的新业态：世博馆拥有咖啡厅和餐厅，图书馆可以从多届世博会官方导览、报刊中抽取食谱、菜单，为食品、饮品、用具提供内容素材和视觉元素，让游客在餐饮服务中得到只属于世博馆的文化体验。三是融入业务流程，开展推广文献的新活动：图书馆可以利用视频直播平台展示新文献到馆开箱过程，就图书馆编目加工解析世博文献的主题和载体特征。四是借用工艺形式，设计嫁接世博创意的新产品：世博古籍立体书可以作为手工体验的素材；多份19世纪展品图录由石板印刷，可以作为涂色、印刷体验的

渊源；多届世博纸质纪念品采用了"大富翁"桌游形式，报刊常见数独、字谜等游戏，世博馆可以将其复原，或向其注入新的主题内容，成熟时可以搭配世博历史展品目录中提及的各类玩具，组织"不插电儿童节"等体验活动。五是发掘细粒度关联，打开解读世博文献的新视角：多种文献类型在世博历史上具有连续性，有一部分已经完成了数字加工，如用一个或多个关键词对同一种文献连续检索，可以得到该主题在世博历史上的持续演变。比如用"困难"及近义词在《官方目录》中持续检索，可以得到参展各国在各个历史时期的难题以及克服困难的历程；在《评委会报告》或《最终报告》检索"图书馆"，可以了解世界图书馆发展的片段和图书馆参与世博会的角色。这些素材包带有浓厚的世博特色，可转化成推文、展览和各类活动产品，直接或者间接响应普通游客对世博图书馆的活动、展览的需求。

综上所述，对标其他文博图书馆的服务内容、匹配读者常见需求和馆内活动要素、对标定位职能和实际条件、顺应文旅发展趋势，世博图书馆设计了开放服务内容（图一）。

读者类型	注册范围	空间使用权限	资源利用范围	服务项目	推广活动
普通读者	14周岁以上	•预约到馆 •开架阅览室 •使用深度阅读区 •预约讨论室	•阅览开架图书、报刊 •阅览策展人书架和其他专题推荐图书 •浏览部分数字资源 •浏览图书馆门户 •浏览互动触摸屏 •浏览馆外资源导航	•读者荐购 •预约开架本 •预借图书 •预约无障碍服务 •行李寄存服务 •参考咨询	•微型展览 •阅读活动 •文献推荐 •其他快闪体验活动
专业读者	14周岁以上；因学习、工作有长期资源利用需求；如开通借阅权限需缴纳押金	•无需预约到馆 •预约独立研究室	•预约保存本 •申请调阅档案	•图书流通 •申请下载部分数字资源 •申请利用高精度资源 •申请专题检索	
员工读者	世博馆在编在职员工	•更长的开放时间	•使用订阅数据库 •调阅闭架参考用书 •申请借阅古籍特藏	•订制新员工书单 •信息素养培训 •提供业务信息产品 •特藏建设优先级建议权	

说明：专业读者权限包括普通读者权限和专业读者附加权限，员工读者权限包括专业读者权限和员工读者附加权限。

图一　世博图书馆开放服务内容

（四）面临的问题及解决思路

馆内重视不够、预算有限、人手不足是文博图书馆常常面对的问题，一定程度制约了文博图书馆的发展[29]。世博图书馆将从下述维度探索破局。

1.加强业务宣传和馆内横向互动

一是及时通过新文献开箱、文献推广短文、微型展览等方式展示资源建设工作成果，增加馆内外曝光频率。二是在编制五年规划、次年行动计划阶段，主动调研馆内各条线需求，据此编制馆藏资源发展计划，以有限的资金保障近期需求。三是在重点项目关键节点主动沟通，排定服务重点，以有限

的人手提供服务。四是和其他部门就读者建议及时沟通，逐步落实其中对我们有帮助的意见。

2.逐步加码、重点突出、优化流程

世博图书馆人手和预算有限，需要以一班人马、一个空间承担后台日常业务和前台服务（图二）。图书馆把试运行分为对内部员工、定向邀请专业读者、对公众开放三个阶段，试运行初期仅周五、周六（工作日、休息日各一天）对社会开放全力保障主要服务内容，其他工作日从事特色资源建设等工作，有条件时提供拓展服务。逐步加码的方式便于密切观察，检验服务模式匹配性、适应性，便于灵

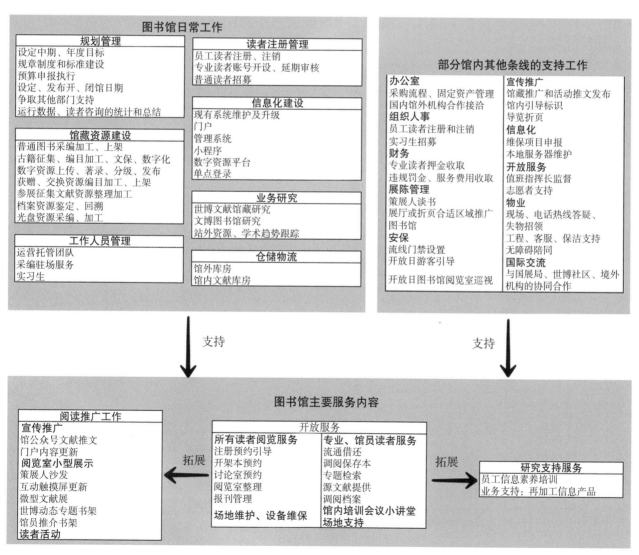

图二 世博图书馆工作分解图

活调节。同时，图书馆会记录读者咨询和意见台账，制作常见问题清单或者书目，组织有针对性的信息素养培训，提高员工自行解决常见需求、利用常用资源的能力，节省馆员时间。

3.以实习为机制获取人手和学术支持

世博图书馆招募不同周期的实习生，协助完成部分主业外的业务和服务"增项"：可以招募不少于2个月的短周期实习服务展览项目、推广工作，学生熟悉项目所需资源后，能承担专题检索、文案写作的辅助工作；体量较大的学术课题则适合以学位论文为成果形式，招募半年的实习生，实习生校内导师在辅导学生论文的过程中，图书馆也获得了学术建议。

四　结语

从规划至试运行，世博图书馆始终以保障主责业务为前提，探索响应服务馆内外各类读者，提供多层次服务的业务路径。由于人手、资源紧张，服务务必精准，图书馆调研了读者需求；由于预估多种读者的潜在冲突，图书馆分析了馆内活动要素，对软硬件资源分级、为读者分类赋权，设计了渐进式的服务内容。为了适应全新的开放模式，图书馆

制定了逐步加码的试运营方略，通过加强向上汇报和横向沟通、高校合作引进实习生缓解用人紧张。

世博图书馆2022年10月31日起试运行，截至2022年12月31日，开放37天，在对外开放服务等方面数据如下：接待公共图书馆、高校、世博同行、文博机构等14批专业团体到馆交流；积累了500名注册读者（本馆员工占比10%），小程序累计用户数1100余人；图书馆门户OPAC检索2600余次，小讲堂支持各类活动12次，图书馆全年流通图书162次；文献中心数字资源平台提供读者检索6800次，预览1200次，下载76件；为国内外读者提供13次参考咨询，回答12次读者问题；向相关部门推荐藏品保管线索70余条；公众号推广方面，设立"只在世博图书馆""读者和图书馆的美好关系""文献里的壁纸"三个系列，发布推文6篇，阅读量超过15000次；设计制作一种试运行纪念书签"书香传世"；课题《图书馆参与世博会的角色研究》受日本世博学研究会邀请在第八次研讨会上发表。今后，世博图书馆还将用好日报和月会制度，加大对读者、馆内部门和同行的调研，通过分析反馈进一步优化开放运行策略，在保障主责业务的前提下，走好开放服务之路。

注释：

［1］ 张曼西：《谈博物馆文献情报工作与文献资源整体化建设》，《图书馆》1998年第2期。

［2］ 梁宇红：《试论博物馆中图书馆的职能与读者服务的深化》，《晋图学刊》2013年第5期。

［3］ 张磊、周芸熠、尹士亮：《图书馆+景区（公园）：文旅融合背景下阅读推广的新模式》，《图书馆建设》2022年第3期。

［4］ 张晓云：《文旅融合语境下的博物馆旅游探析》，《中国文物报》2021年3月16日第6版。

［5］ 刘萍：《论博物馆内图书馆参考咨询服务的功能与实施》，《中国博物馆》2004年第4期。

［6］ 李广新、张秋红：《多维度提升文博图书馆公共文化服务能力——以吉林省博物院信息技术中心（图书馆）为例》，《文物鉴定与鉴赏》2021年第6期。

［7］ 李国新、李阳：《文化和旅游公共服务融合发展的思考》，《图书馆杂志》2019年第10期。

［8］ 陈静：《小型专业图书馆服务创新探析——从厦门国家会计学院图书馆服务创新谈起》，《福建省图书馆学会2013年学术年会论文集》，福建省图书馆学会2013年，第65—67页。

［9］ 张毅：《博物馆图书馆的图书采访策略探讨》，《科技情报开发与经济》2007年第4期。

［10］ 张欣、张立红：《文博类图书馆信息化服务特色研究——以南京博物院图书馆为例》，《中国新通信》2017年第12期。

［11］ 万亚萍：《基于Living Library的社会科学专业图书馆服务创新》，《图书馆工作与研究》2014年第7期。

［12］ 杨虎：《文博图书馆馆藏数据库建设的新思考——以故宫博物院图书馆为例》，《图书馆工作与研究》2011年第9期。

［13］ 王琦、文杰：《浅议小型专业图书馆知识服务》，《图书情报工作》2008年第S2期。

［14］ 马恩：《新形势下专业图书馆的信息资源产品与服务》，《图书情报工作》2017年第S2期。

［15］ 刘萍：《论博物馆内图书馆参考咨询服务的功能与实施》，《中国博物馆》2004年第4期。

［16］ 张佩娜：《博物馆内的开放型图书馆的构建研究》，厦门大学硕士学位论文，2020年。

［17］ 胡畔畔、陈锐、冯占英等：《专业图书馆的智慧转型架构与服务管理模型设计思考》，《图书馆新时代：坚守、转型、颠覆——第十届上海国际图书馆论坛论文集》，上海科学技术文献出版社2020年，第300页。

［18］ 陶成：《文旅融合背景下博物馆内图书馆的资源建设—— 以上海世博会博物馆世博图书馆为例》，《四川图书馆学报》2022年第4期。

［19］ Collins，K. Patrons，*Processes*，*and the profession*：*comparing the academic art library and the art museum library*，Journal of Library Administration，2003：39（01）。

［20］ 李萍：《当代中国文博系统图书馆社会化服务模式与方略探索》，《艺术百家》2012年第S2期。

［21］ 胡畔畔，陈锐，冯占英，宋欣，刘雪涛：《专业图书馆的智慧转型架构与服务管理模型设计思考》，《图书馆新时代：坚守、转型、颠覆——第十届上海国际图书馆论坛论文集》，上海科学技术文献出版社2020年，第300页。

［22］ 李国新、李阳：《文化和旅游公共服务融合发展的思考》，《图书馆杂志》2019年第10期。

［23］ 崔岢岚：《博物馆竞争情报系统的建立与服务》，《春草集——吉林省博物馆协会第一届学术研讨会论文集》，吉林人民出版社2011年，第131页。

［24］ https://www.gsdata.cn/rank/wxrank

［25］ https://link.zhihu.com/？target=https%3A//voyant-tools.org/

［26］ https://index.baidu.com/v2/index.html#/

［27］ 张晓云：《文旅融合语境下的博物馆旅游探析》，《中国文物报》2021年3月16日第6版；徐佩佩：《多样与特色：塑造更丰富的博物馆观众体验》，《中国博物馆》2021年第2期。

［28］ 康思本、徐红昌、夏旭：《文旅融合背景下图书馆阅读推广模式与路径研究》，《图书馆理论与实践》2021年第5期。

［29］ 纪娇：《浅谈我国专业图书馆的管理和发展》，《经济研究导刊》2013年第8期。

文化遗产的伦理学思考

孙　晨（扬州市文物考古研究所）

内容摘要：随着考古学和文化遗产学的发展，文化遗产相关工作中面临的伦理问题逐渐凸显，如何处理好学者与公众、古代与当下、族属与国家的关系等，逐渐成为广大文化遗产工作者亟待解决的问题。本文就如何处理好研究之后遗体的安置问题、是否使用劫掠文物进行研究、对待文物修复的态度、文化遗产工作者的职业道德、个人情感与民族主义的态度等文化遗产领域亟待解决的相关问题进行了思考，尝试建立起更好地与公众沟通、处理文化遗产伦理问题的机制，让文化遗产伦理成为学科进步的自然成果。

关键词：伦理　文化遗产　公众

近年来随着新媒体的快速发展，与文化遗产、考古、博物馆相关的影视作品和以《探索发现》《国家宝藏》《如果文物会说话》等为代表的电视节目广泛传播，社会公众越来越关注文化遗产以及与之密切相关的考古学这个冷门学问并时常引起热议。在这大量关注的舆论当中，有相当大部分是对考古学及考古工作者的质疑、误解甚至污蔑，如认为考古是"探险、鉴定的活动"，是"刨人祖坟的勾当"。这些存在的问题和误解往往和伦理命题密切相关，这就促使我们不得不思考与考古、文化遗产相关的伦理问题，以完善学科的理论构成、处理好与公众之间的关系并促进学科更好地发展。

一　文化遗产伦理研究的历史

文化遗产伦理是一个值得关注的问题，其研究对象、研究目标、研究方法尚未有专门的文章和著作作明确表述，但在数十年的发展过程中已经基本建立了一个研究的框架，因而也有作为一门"学"的潜力。作为一个与伦理问题相关的课题，关于文化遗产伦理问题的探讨历史并不长，其原因在于文化遗产学本身的历史较短和伦理问题本身的边缘化，与伦理相关的问题也一直未成为文化遗产研究中的重大问题。然而，尽管其并非当代文化遗产学讨论的重大问题，但是其却与文化遗产活动相伴始终。作为文化遗产研究中坚力量的考古学，自传入中国起即因为其与传统的伦理纲常相悖而遭到保守派的反对，被称为"中国考古学之父"的李济先生将他的第一次发掘定在西阴村的部分原因归结为史前遗存不存在挖宝的嫌疑和发掘墓葬引起的纠纷[1]。尽管并无意破坏文化遗产，但考古工作者在一些考古发掘过程中仍然会面临这样的问题，如1938年国立西北联合大学历史系在城固县发掘"张骞墓"，就因为遭到当地村民的反对而停止[2]。在一些考古发掘的过程中有时也会遇到这种情况：发掘到一座晚期墓葬时就会有当地老人来认亲，这往往会给考古工作带来一些麻烦甚至大大影响考古工作的进展。尽管其真实性扑朔迷离，但其起因也属于伦理方面的问题，然而长期以来，面对这一问题，始终没有有效的解决办法和见诸文字的讨论。

国际上，与文化遗产相关的伦理问题直到上个世纪的后半叶才逐渐引起较多的关注。1970年联合国教科文组织针对国际上存在的损害世界文化遗产的现象通过了《关于禁止和防止非法进出口文化财产和非法转让其所有权的方法的公约》来遏制非法进出口文物的问题。另外，使用私人收藏进行研究的情况也不少，如1988年Donnan利用私人收藏发表了研究莫奇文化的文章[3]，这也引起了学者们对其性质的思考。而对于出土的骨殖的态度则成为考古伦理中最难解决的一个问题。考古发掘中往往会出土大量的人类骨骼，当研究结束之后这些人类骨骼该如何处理呢？是应当归还当地，还是使用其他的方式保存，这是一个需要长期讨论的问题。在考古学起步较早的美国，1989年印第安人要求美国博物馆归还其陈列在博物馆的印第安人的尸体，类似的事件引起了考古学家们的注意，令他们不得不思考考古学的伦理问题并试图进行一定的规范化尝试。1992年美国考古学会制定了期刊编辑原则新规定：凡是以盗掘、出处不明、走私出境的文物为材料的研究文章不予发表[4]，这在文化遗产的保护和伦理问题的思考上迈出了重要一步。直到20世纪末还没有专门的文章和著作讨论与文化遗产伦理相关的问题，2008年在都柏林举办的考古大会上，才将其作为讨论题目之一，其范围有三方面：第一为文化遗产的应用价值；第二为实践中的伦理问题；第三为个人伦理与实践的关系，这在很大程度上为文化遗产伦理相关问题的讨论奠定了基础。

中国关于文化遗产伦理的思考与研究并不多，发表的文章主要集中在近二十多年。1998年《文博》上刊载的罗宏才《戴季陶挑起的一场考古学大论战》[5]一文介绍1934年时任国民政府考试院院长的戴季陶与蔡元培、徐旭生等人的一场关于能不能发掘古墓的论战，论战中诸多学者以理驳斥了戴季陶的言论，但像戴季陶这样的顽固势力却仍旧拥有很深的基础；2008年3月6日《南方周末》上刊载了罗新的《新出墓志与现代学术伦理》[6]一文，文中阐述了作为专业研究者的矛盾，即面对被盗文物之时既不能弃文物于不顾，又不能因此而纵容破坏文物的犯罪行为的矛盾心理，引发人们关于是否应当使用劫掠文物进行科学研究的思考；2011年第1期的《甘肃社会科学》上刊载了郑蓉妮和梅建军的《使用劫掠文物进行科学研究的学术伦理问题》一文[7]，该文分析和梳理了国际上对劫掠文物的态度，支持一方认为考古学家应当对劫掠文物展开研究以弥补其因为劫掠而带来的损失，而反对方则认为脱离考古背景的文物已经失去了研究价值并且这样的行为还会促使新的劫掠情况发生，作者认为中国学者在处理这一类情况的时候应当更加慎重，如面对上博简、清华简的时候就应当考虑到真实性及对其研究

可能会产生的负面影响；同年刊载在《东方考古》上的菲莉丝·M·梅辛杰的《文化遗产保护与考古伦理学》一文[8]对考古伦理学进行了阐述，作者从美国考古协会面临的伦理问题出发，认为应当更多地尊重原住民的历史，并在此基础上阐发对于考古与文化遗产相关的管理制度、问责制度、商业化、公众教育、知识产权、公众教育等问题的认识，这也值得引起我们对中国文化遗产相关伦理问题的思考；2011年余琲琳在《东方考古》上发表的《先祖遗骸的遗产价值与管理——以中美两国为例》一文[9]和2012年刊载在《西部考古》（第六辑）上的张小虎的《考古学中的伦理道德——我们该如何面对沉默的祖先》主要针对考古对待遗体的态度进行了讨论[10]，余文分析了中美两国对待先祖骨骸和文化遗产的异同，认为祖先骨骸不仅是一种文化遗产，也是民族的象征，张文更多地结合了中国的国情阐述了对处理祖先骨骸的态度，认为应当给予祖先以足够的尊重并在条件成熟的时候进行重新掩埋。另外，陈光祖的《田野考古》中的《试论考古学工作伦理》和尼可拉斯·戴维德、卡洛尔·克拉梅尔著，郭立新、姚崇新译的《民族考古学实践》第三章《田野工作与伦理》也对考古工作中的伦理问题有所提及，但均未做深入研究。

这些文章和著作都通过一个方面对考古伦理进行了阐述，为文化遗产的伦理问题进一步研究铺路搭桥，但是尚未形成完善的成体系的论述，在学科研究对象、研究方法上尚未成熟。

二　文化遗产伦理若干问题的思考

在考古和文化遗产保护研究工作中会出现很多与伦理相关的问题，这不仅给考古发掘造成了一定的困扰，也不利于对文化遗产的保护和利用。这里且以几个较为亟待解决的问题为例来简单谈谈文化遗产面临的相关伦理学困境和思考。

1.对待遗体的态度

考古学因为其特殊的学科特征，自产生以来就和传统伦理有一定的矛盾，尤其是田野考古工作中对于古墓的发掘和处理，而对待逝者遗体的态度则

是一个永远绕不开的话题。现代考古学起源于西方，早期主要集中在对城址古迹的发掘，但随着其范围的扩大也面临着伦理问题，如美国对本土居民墓葬的发掘和对其遗体的展示就引起了本土居民的不满。这一矛盾在中国尤其凸显，不过主要动因不在于民族矛盾而在于传统伦理，这就造成了早期以戴季陶为代表的一批人反对发掘古墓的现象。尽管这一风波并非能阻挡考古发展的大势，但是传统伦理与考古发展之间的矛盾却一直未能得到解决。当今社会传统的孝道形式已经发生了改变，但是最基本的孝的观念和对于祖先、逝者、古人的敬畏还深深影响着每个人。同时，考古工作者在实际工作中因为种种原因并未能时时考虑怎样处理这些出土的人类骨骸。在人文主义和人文关怀成为时代潮流的今天，是否也应当考虑在考古工作中给予这些古人以应有的人文关怀和尊重，也成为一种值得仔细聆听的声音。

尊重古人就要在条件允许的情况下尽量减少对他们墓葬的破坏，这与考古发掘工作尤其是配合基本建设的考古工作天然存在矛盾，然而实际上两者的矛盾并非不可协调。在实际工作中大部分的墓葬都是在生产建设活动中暴露出来的，这个时候考古工作的进行虽然也是在破坏，但相比于更严重的破坏，考古活动则更是在保护地下的文化遗产和人类遗体免受伤害。从这方面来看，尊重古人，就要让他们的墓葬得到妥善保存，尽量小地改变墓葬的状态，并在科学研究之后对其进行妥善的处理。对待他们的骸骨，或集中埋葬，或原地掩埋，对有出处的历史名人骸骨，则当在研究之后原地保存。近年来美国对中国部分劳工骨骸的处理[11]和中国对远征军将士骨骸的回归安葬处理[12]，为这一问题的解决提供了有益的尝试。制度和道德并行，让人文学科温情的血液融入理性的考古工作当中，这或许是当代社会人文学科应当发展的一个方向。

2.对待劫掠文物的态度

劫掠文物问题是国际文物界最显著的历史遗留问题之一，关于劫掠文物的归属问题国际上已经有了较为一致的看法和逐渐成熟的国际共识，近些年来也有越来越多的中国文物从海外回归，如2008年从日本追回的蝉冠菩萨像[13]、2010年从美国追回的唐敬陵贞顺皇后石椁[14]和2015—2020年从欧洲追回的甘肃礼县大堡子山金饰片[15]。然而关于劫掠文物和不明来历的文物是否应作为科学研究的材料却具有很大的争议。郑荣妮、梅建军的《使用劫掠文物进行科学研究的伦理问题》一文对国际学术界的观点进行了梳理，支持者和反对者皆有充足的论据。究其争论之根本，在于劫掠文物与私人收藏文物的研究价值及对其研究造成的危害的利弊权衡。从纯学术的角度来看，劫掠文物、私人收藏文物同出土文物一样也具有研究价值，不过因为脱离了原来的位置，失去了出土信息、位置信息、组合信息等，但仍然具有一定的研究价值。但是从社会总体来看，对劫掠文物和私人收藏文物的研究会间接造成文物市场的活跃，进而造成犯罪分子通过不法方式对文物破坏的现象多发，严重损害有限的文物资源。对于研究者而言，这是在纯粹的学术取向和整体的社会价值（实际上也关乎学术资源问题）之间的权衡。

因此，更多的学者认为在具体实践中当以整体的社会价值为重，采取审慎的态度，尽量不使用劫掠和有争议的文物，遇到具有极为重要价值的也要商议决定。在考古工作中这似乎已经成为多数学者的共识，同时也不能忽略另一派的声音和影响，具体到某件或某类文物上尚有很大的争议，比如对《清华简》和《上博简》的研究就难以轻易忽略，而更多的劫掠文物和来路不明的文物则需要采取审慎的态度进行处理，令每件文物都成为可靠的历史证据，这样既有利于文物价值的充分发挥，也能够令以材料为基础的文章具有更强的说服力。

3.对待文物修复的态度

博物馆的文物修复人员在修复文物的时候经常会面临一系列的问题。在对待文物修复的态度上，修与不修以及怎样修是两个长期被讨论的话题，这也和文化遗产伦理密切相关，这一问题一方面涉及对待来历不明的文物的态度，另一方面涉及对文物修复应当秉持的态度、程度等原则的思索。正如罗新在《新出墓志与现代学术伦理》中提到的Sanchita Balachandran面临的问题一样，修复师在修复的时候面临的同样的问题值得我们思考：作为一个专业文物保护人员，是否应当去修复那些非正常渠道得来的文物呢？从保护文化遗产的角度来看，自然需要修复，这也是最常见的做法，作为一个文物保护工作者，又怎忍心看着一件重要的文化遗产因为自己的不作为而损坏？但是一旦修复了这件文物，就在一定程度上间接地承认了其来源的合理性，也会助长盗掘文物的风气。这是一个两难的决定，实际上和对待劫掠文物是同一种性质的问题，即面对来历不明的文物作为还是不作为的问题。

同样，对来历清楚的文物的修复态度也值得探讨。文物修复中经常会遇到严重损坏的器物，是保持其原貌、尊重其本来面目还是进行融入个人想法的复原修复，是一个值得深思的问题。一方面，基于大量实践经验的复原型修复有利于还原其本来面貌和展示，但经验和判断具有不稳定性，另一方面，保持其原始状态即最真实的状况，是对遗物的充分尊重，但却不利于展示和对其整体面貌的研究。修复在很多时候带有一定主观色彩，尽管很多是基于大量的同类器物和修复经验，但仍旧有一定的不确定因素，有些则可能明显失真，如根据口沿复原一个器物存在较大风险。所以，对文物是否修复以及修复尺度之把握，还需要秉持审慎的态度，具体问题具体分析。

4.对职业道德与学术规范的态度

职业道德是每一种职业都应当遵守的基本准则，学术规范是科学研究的必然要求，文化遗产的发掘和保护工作尤其如此。曹操墓发现之后社会上就掀起了一场关于其是非的争论，这其中甚至出现了声称发掘者造假的言论，这不得不引起相关从业者的关注。这不仅是大众对于专业人士工作方法科学性的质疑，更是对于考古工作者工作态度和职业道德的怀疑。这种怀疑虽然与大的社会环境密不可

分，但仍有考古工作本身的原因，部分来自于公众对专业知识不了解造成的困惑，部分则是出于人之常情的道德追问，都值得我们反思：一方面是对考古学和文化遗产学怎样服务于社会的探索，另一方面，在新媒体快速发展的今天，我们应当以怎样的态度和方式来面对大众和媒体是一个不可避免的话题，相关工作者也可以对民众喜闻乐见而不失其专业性的公众文化遗产活动进行一定的探索。近些年来一些不成文的规定也已经见诸文字，默认的职业道德也成为正式的规定，如2012年中国文物协会、中国博物馆协会颁布的新版《中国文物、博物馆工作者职业道德准则》和2009年国家文物局颁布的新版《田野考古工作规程》，这既是对学术道德和工作方法的强调与规范，也是对社会质疑声音的一种回应。

严格遵守学术规范、坚守职业道德，应当是对考古工作者最基本的要求。以李济、徐旭生等为代表的前辈学者提倡不收藏文物，不危害文物，不以权谋私、顺手牵羊，这些管理和科学发掘理念应当被永远传承。让制度成为一种自觉、让自觉成为符合制度的自然行为，或许是当代考古工作的一个发展方向。

5.对个人情感与民族主义的态度

民族主义情感在每个民族当中都或多或少地存在，这是一个民族联结自身历史和当前现实的重要的非物质力量，本身无可厚非，但是在学术研究中如果过分受到其影响甚至先入为主地代入某种观点，就会导致学术研究的方法与结果出现偏转，因而在科学研究尤其是人文科学研究之中要注意区分其中的民族情感成分，也不应当让一时的情感和兴趣左右自己的学术观点。尽管以器物为代表的文化遗产在阐释历史的过程中有很大的主观性，但文物考古研究毕竟是使用科学的方法和材料进行的科学研究，应当遵循实事求是的原则，不应当掺杂过多的个人感情。如以强烈的民族主义观点来看待问题，可能会有选择地使用有利于自身观点的材料和论证，这必然会造成极大的偏差，违背研究的初衷。在过去

的几十年里，民族主义在很大程度上推动了包括东亚、拉丁美洲和广大第三世界的世界各地的考古学和文化遗产事业的发展，但是反观历史，文明的发展往往并非孤立进行，文化之间往往存在着或多或少的交流与互动，秉持着科学的态度回首过去，一些观点也并非不可商榷。以较强的民族主义为指导的研究必然会出现偏差，出现像苏联考古学那样的"以论代史"的情况，这些都不是唯物主义史学研究的正确路径。

因此，虽然在一定的社会背景下民族主义的情感会或多或少地影响我们看待问题的态度，但秉持着科学、理性的态度总会令我们更加接近真实，科学的考古学方法和实事求是的精神是考古学和文化遗产学良好发展的基本保障。

三 研究意义

对伦理问题的思考是考古学和文化遗产学走向成熟的标志，它促使我们思考这门学科的本质以及将来的发展方向。一个学科发展到一定程度，人们便会反思其历史，反思其在历史发展过程中对整个社会的影响，从而在学术史的反思中寻找新的出路，而伦理学正是对这门学科中一些敏感问题的反思，这涉及道德方面的底线。一个学科总是开始于一个小的方面，然后与类似的问题集聚在一起，逐渐组成一个庞大的体系，并且吸收这个体系周围其他的课题且与其他的学科进行合作，不断丰富自身的内涵、扩展其外延并完善自身的理论体系，但是在达到一定阶段的时候就会面临一些非单纯学术的阻碍，即关于道德的问题，这在一定程度上限制其扩张，这点在医学上体现得尤为显著，如关于安乐死、克隆、堕胎、试管婴儿等问题的讨论，早已经超越技术范围走向了道德伦理的思考范围，迫使人们不断追问人的本质。同样，作为社会科学的文化遗产学也面临着类似的问题，对这门学科的道德限制的探索有利于我们更好地认识和权衡科学研究和社会责任的轻重。

对文化遗产伦理的探讨也有助于回答社会上一些关于考古学、文物学、文化遗产学的误解和质疑。面对诸如"考古就是盗墓/挖宝""文物保护就是粘陶片"的声音，无数文化遗产工作者已经或者正在发出自己的声音，但是在芸芸众生之中似乎听不到回响，这就迫使我们反思自身。公众质疑的源头一方面在于自身的局限性，另一方面则在于对考古工作方法、工作态度的质疑，曹操墓的争论便是一个体现。对于骨殖的处理、学术的真伪等问题都摆在大众面前，对于考古伦理学的思考迫在眉睫，这有助于我们回答社会上的质疑，也能回答自身的疑惑。

四 结语

本文简要地回顾了文化遗产伦理研究的历史，并对一些亟待解决的问题进行了简单的讨论，最后，我们则不得不思考，文化遗产伦理作为一门学科是否能够成立。文化遗产伦理学之"学"能否成立？笔者以为在当下其尚不能成为一门学科，但是已经具有了一定的理论基础，其研究对象和研究目的已经初现端倪，因而在将来可能发展成为真正的"文化遗产伦理学"。文化遗产伦理学作为一种对文化遗产学学科性质和本质的思考，必然会成为文化遗产学和考古学发展中的一股重要力量，也是其走向成熟的标志，而在其成熟之前我们还有相当长一段路要走，在完善其学科定义、明晰其研究对象、探索其研究方法等方面还需要更多更深入的思索。

后记：本文源自于作者2015—2017年间关于文化遗产伦理问题的思考，其间受到陈洪海教授的启发影响。另外，本文大纲曾发表于2020年9月11日《中国文物报》，因报纸篇幅所限未能尽述，本文在大纲的基础上进行了详细的陈述，希望对文化遗产研究有所裨益。

注释：

[1] 李济：《安阳》，河北教育出版社2000年，第68页。

［2］ 陈显远:《西北联大发掘张骞墓始末》,《文博》1998年第4期。

［3］ Christopher Donnan. "Archaeology and Looting: Preserving the Record." Science251（1991）.

［4］ 郑荣妮、梅建军:《使用劫掠文物进行科学研究的学术伦理问题》,《甘肃社会科学》2011年第1期。

［5］ 罗宏才:《戴季陶挑起的一场考古学大论战》,《文博》1998年第1期。

［6］ 罗新:《新出墓志与现代学术伦理》,《南方周末》2008年3月6日第D24版。

［7］ 郑荣妮、梅建军:《使用劫掠文物进行科学研究的学术伦理问题》,《甘肃社会科学》2011年第1期。

［8］ 菲莉丝·M·梅辛杰:《文化遗产保护与考古伦理学》,《东方考古》第8集,科学出版社2011年,第8—16页。

［9］ 余珀琳:《先祖遗骸的遗产价值与管理——以中美两国为例》,《东方考古》第8集,科学出版社2011年,第35—43页。

［10］ 张小虎:《考古学中的伦理道德——我们该如何面对沉默的祖先》,《西部考古》第6辑,三秦出版社2012年,第46—50页。

［11］ 参考消息网:《13具华人遗骸在美被挖出作研究 20多年后按中国仪式安葬》。http://www.hnr.cn/news/xwtx/201807/t20180704_3115932.html

［12］ 周强:《忠魂归葬天地同悲——中国远征军忠魂入葬记》,《云南档案》2011年第11期。

［13］ 郭映雪,李梅:《被誉为"东方维纳斯女神"的东魏蝉冠菩萨像》,《春秋》2022年第3期。

［14］ 《中国成功从美追回唐代石椁》,《新京报》2010年6月18日。http://www.bjnews.com.cn/news/2010/06/18/43578.html

［15］ 赵建牛:《大堡子山金饰片回归记》,《甘肃日报》2020年12月3日第12版。

从《新安江上》看宋文治的新山水画探索

高建刚（宋文治艺术馆）

内容摘要：创作于1964年的《新安江上》是宋文治扎根传统艺术，探索新的艺术手法，表现河山新貌的代表之作。在长期的写生实践中，宋文治以现实主义为思想指导，山水画创作形成了成熟的自我艺术风格。在《新安江上》这幅代表作品中，宋文治在写生方式、表现对象、笔墨、色彩等方面进行了诸多有益的探索，令人耳目一新。宋文治的新山水画探索根源于大的时代背景下，艺术观念由传统文人画向现实主义创作的转变。

关键词：宋文治 山水画 写生 现实主义 技法

一 宋文治早年的山水画创作

作为新金陵画派的代表人物之一，宋文治的艺术生涯大体可以分为三个阶段：他早年学古，中年出新，晚年求变，一生艺术面貌多样。在宋文治的青年时代，他的山水画创作以拟古为主，以清初"四王"为学习对象，并由此上溯，远师黄公望、王蒙等"元四家"的作品，这与他当时的个人际遇和身处的环境有关。1947年，经太仓前辈画家朱屺瞻介绍，宋文治拜武进籍画家张石园为师。当时张石园客居沪上，山水画以"四王"为宗，拟王石谷几可乱真，在沪上颇有画名。在张石园门下，宋文治接受了以"四王"为代表的"南宗"山水画的系统学习。这段经历为他打下了传统画法的基础，也奠定了他一生山水画创作清新秀雅的江南文化基调。

宋文治早期的山水画作品留存不多，主要有创作于20世纪40年代的《松隐觅句图》（图一），创作于1949年的《西庐笔意》，创作于1954年的《秋山萧寺图》，创作于1955年的《松风水阁图》（图二）等。这些作品无论是水墨或浅绛，画中一丘一壑、皴法笔墨皆有来历，为典型的拟古之作，是董巨、"元四家"、清"四王"一脉正统"南宗"山水画的延续。

图一 宋文治《松隐觅句图》（20世纪40年代，宋文治艺术馆藏）

关于传统山水画的创作目的，宋代郭熙在《林泉高致》中说，画山水画是为了"不下堂筵，坐穷泉壑"，即满足文人士大夫"卧游"的需要，作为心灵的隐居之所。元代文人画兴起以后，山水画创作更是以老庄思想为旨归，借高逸的笔墨陶写性灵，

图二　宋文治《松风水阁图》（1955年，私人藏）

抒发画家不谐流俗、高蹈隐逸的避世情怀。宋文治早期的山水画创作也属于传统文人山水画的范畴，画中表现的多是逸人高士的隐居生活。

二　现实主义——宋文治创作观念的转变

中华人民共和国成立后，我国确立了人民当家

作主的制度，党带领全国人民开展社会主义革命和建设，国家的各项事业蓬勃发展，社会面貌焕然一新。作为社会主义劳动者的一部分，文艺工作者肩负着表现劳动人民的生活与精神面貌，表现社会主义建设伟大成就的历史使命。这就要求他们走出书斋，深入现实生活，以现实主义为指导思想和创作纲领，在继承和发扬优秀艺术传统的同时，通过写生，不断积累创作素材，探索适宜表现新时代内容的表现技法，创造出与时代同步的"新国画"作品。

在国画改造的大背景下，艾青提出了"崇新"思想，认为国画要有"新思想""新形式""新内容"，"画山水必须画真山水""画风景的必须到野外写生"[1]，强调以写生为基础的现实主义创作观。1957年2月，江苏省国画院筹备成立，宋文治经筹委会推选以助理画师的身份调入江苏省国画院工作。进入江苏省国画院后，在同事的帮助和领导的关怀下，宋文治提高了认识，艺术方向有了初步转变，开始了积极的"新国画"创作探索。

三　宋文治的山水画探索

1.基于写生的新山水画创作

山水画产生于晋宋，画家在创作过程中颇为重视写生。东晋顾恺之有《画云台山记》，论述画山水的阴阳向背和构图设色等问题。南朝宋宗炳"好山水，爱远游，西涉荆、巫，南登衡岳"，"凡所游履，皆图之于室"[2]。发展至五代宋初，山水画逐渐走向成熟，各类皴法日渐完备，具有空前的表现能力，出现了数位"百代标程"的山水画大家，如营丘李成写山东平远之景，烟林清旷，气象萧疏；华原范宽写关陕之景，峰峦浑厚，势状雄强；江南董源、巨然写钟陵山色，淡墨轻岚，天真烂漫。他们根据各自所处的地域环境，心师造化（写生），创作出具有浓厚地域特色的山水画作品。

然而传统山水画的写生不同于西方绘画的写生。传统山水画写生"非常注重主体对客体的感悟，在一种'悟对通神'的状态里，画家把对象归纳、整理、转化为笔墨形象"，"以心灵之眼笼罩全景，从全部来看部分，把全部界景组织成一幅气韵生动，

有节奏的和谐画面"[3]，而非一一对景写生。因此画家运用散点透视法，景随步移，从而达到"万里之远，可得之于咫尺之间"的效果。同时传统中国画写生强调画家主体心灵的引领作用，画家"胸有丘壑"，不役于外物，而是"以一管之笔，拟太虚之体"，充分发挥画家的主体作用。

元明以降，文人画大兴，受绘画能力的限制以及对笔墨书写性的追求，画家创作的重心开始转向笔墨趣味的表达，对真实山水的描绘日渐丧失兴趣。在这种创作趋势下，晚明清初，以董其昌、清"四王"为代表的山水画家重笔墨，轻造化，重程式，轻写生，董其昌曾言："以蹊径之怪奇论，则画不如山水；以笔墨之精妙论，则山水决不如画。"[4]在他们的笔下，山水画创作逐渐成为一种抽象的程式和笔墨表现的载体。这固然有益于文人画家借山水画抒发自我性灵，但也导致山水画创作脱离现实生活，成为文人书斋中逸笔草草的笔墨游戏。

中华人民共和国成立后，现实主义的创作指导思想要求画家走出书斋，走向生活，在写生中汲取丰厚的现实主义营养，为"新国画"增添源源不断的创作活力，表现社会主义革命和建设的伟大成就，表现祖国的河山新貌。宋文治早年在学习"四王"山水画的同时，同样受到过西方绘画的训练，学习过写生、素描等课程。后来在太仓浏河小学任图画教师期间，宋文治考取苏州美专（沪校），学习油画、水彩、水粉等。太平洋战争爆发后，苏州美专停办。抗战胜利后，宋文治再次进入沪校，通过交作业的方式取得学分，最后得以顺利毕业。苏州美专的这段经历对宋文治至关重要，"对西画知识的学习，掌握了写生、油画、水彩、素描的基本技能，透视、色彩、造型能力也有了很大提高"[5]，为他日后的变法创作打下坚实的造型写生基础。

在《新安江上》（图三）这幅作品中，宋文治将中西方绘画的写生方法完美结合起来。在描绘新安江秀美的山水风光时，宋文治采用了传统山水画散点透视的写生方式，将新安江的广阔山水浓缩于短短的画幅之中。画面采用远景略带俯视的视角，描

图三　宋文治《新安江上》（1964年，宋文治艺术馆藏）

绘群山耸翠，绿水萦回，一座大坝飞架两峰之间的壮丽场景。画中近景山势高峻，危峰万仞，远方可见汀洲历历、岛屿萦回，咫尺之间仿佛有千里之遥。宋文治打破了山水的空间物理限制，描绘出"竖画三寸，当千仞之高，横墨数尺，体百里之迥"的视觉效果。在描绘新安江水电站及房屋、舟船、高塔、电线等新时代新事物时，宋文治则采用了西方绘画的写生方式，严格按照焦点透视比例，景物细节描绘一丝不苟。画中的大坝，规矩短长，如镜取影。坝上工棚错落，起重机正在紧张的施工中，汽车穿梭在宽阔的堤坝之上，起重机与汽车的大小比例不爽毫发。山间的高压电线塔兀兀高耸，细节描绘十分精到，充满了朴实的现实主义生活气息。

2.表现对象的开拓

在传统山水画中，山水为主要表现对象，山水

间点缀草亭别馆、水槛幽阁，画中人物多为逸人高士、渔樵舟子，烘托出避世隐逸的主题。晚清以来，以康有为为代表的有识之士开始批评国画的日益衰落腐朽，倡导学习西方绘画，重拾传统绘画中的写生精神。新文化运动以来，"改良中国画"的呼声日益高涨，以"四王"为代表的传统山水画受到前所未有的批判，陈独秀将王石谷的山水看作"迷信"，迷信体现在绘画上的因袭临摹、不关心现实和创造，因此必须彻底否定程式化的临摹[6]。

　　随着时代的发展，传统山水画中的表现对象已与新时代的现实生活严重脱节。新中国成立后，宋文治曾言："一个当代的山水画家，如果仍停留在'古道、夕阳、昏鸦'那样一种意境，显然是不够的。我们要十分珍惜当代生活这一艺术创作的源泉。继承传统、创新变革，都离不开这个源泉。"[7]

　　在《新安江上》这幅画中，山顶半腰，只见红墙白瓦，屋宇错落。长空之际，有铁塔摩天，电线高悬。桥上桥下，舟车往来，一片繁忙热闹的建设场景。在山水画中描绘新事物、表现新生活，是山水画发展史上的一大进步。更为难能可贵的是，《新安江上》描绘的新时代新事物与整体山水并不违和，这是宋文治长期尝试的结果，与创作于1956年的《桐江放筏》（图四）相比，有了很大的进步。

　　《桐江放筏》为宋文治以传统山水表现新时代、新事物的尝试之作。画中山水依然有着浓厚的"四王"风格，云烟缥缈，景物闲美。宋文治在传统山水画中加入了工人放筏等现实生活的元素。然而在这幅画中，古与今的结合并不协调，只是传统山水与新时代事物的简单相加。在《新安江上》中，这种不协调感已经消失，宋文治通过长期的写生实践，在山水画技法上有了很大突破，成功将新事物完美融合在山水画中。

　　3. 皴法的创新

　　宋文治早年从张石园学习"四王"山水画，"四王"尊崇黄公望，山水画中多用"披麻皴"法。"披麻皴"画法源自五代董源，以长线条表现江南地带土质山脉的质感，温润细腻。"披麻皴"具有内敛而含蓄的

图四　宋文治《桐江放筏》（1956年，中国美术馆藏）

特点，更适宜发挥笔墨的书写性特长，能够满足元代以来文人画家"以书入画"的艺术追求，故而在文人画兴起之后被视为画法正宗。而以马远、夏圭为代表的南宋院画家，则多采用"大斧劈"皴法，运笔多方折顿挫，笔墨劲拔，淋漓毫素，具有刚强劲健的审美特征，但也因刻露而少含蓄，受到文人画家的排斥。

　　1960年3月，江苏省国画院正式成立，画家继承和发扬优秀艺术传统，对于古代山水画艺术精华兼收并取，并无刻板的"崇南抑北"的门户之见。南宋院画家的"大斧劈"皴法雄秀苍劲，水墨淋漓，饱含昂扬向上的雄强力量。在创作《新安江上》时，

宋文治大胆采用"大斧劈"皴法，渴笔干墨，雄秀苍沉，刻画出山石高峻、奇峭的特点。宋文治以大斧劈皴写新安江山水，一扫传统山水画陈陈相因的靡弱积习，与生机勃勃、昂扬向上的时代氛围十分契合，体现了画法跟随时代的特征。

宋文治在学习前人画法时，并非亦步亦趋，盲目照搬，他的大斧劈皴又与马远、夏圭的大斧劈皴有所不同。马夏的大斧劈皴多用湿笔，方折顿挫，笔墨爽利，有"水墨淋漓幛犹湿"的视觉效果。宋文治的大斧劈皴则多用干笔渴墨，一眼望去，苍苍莽莽，弱化了峭刻的特点。相较古人皴法，宋文治的皴法多用散锋，这种散锋皴法或得益于傅抱石的启示，带有些许"抱石皴"的特点，以散锋大笔触兼皴带写，很好地表现出山石的阴阳向背、纹理质感。宋文治在传统"大斧劈"皴的基础上推陈出新，满足了新国画的创作需要。这得益于宋文治在写生过程中，勤于思考，勇于探索，不论传统、当代，博综诸家技艺之长，从而形成自我的皴法风格。

4.用墨的突破

在《新安江上》这幅作品中，宋文治以大斧劈皴写出山体，以散锋渴笔皴擦，营造出山川的体势和质感，再以湿墨泼染，墨色清透，层次丰富，营造出林木蓊郁，华滋苍秀的艺术效果。大面积的水墨晕染，以团团墨块写山林树木，这种画法在传统山水画中是比较少见的。传统山水画绘山林树木多以笔见长，较少大面积的水墨晕章，这要求画家对用水、用墨有着更高的控制能力。宋文治在长期的写生过程中，不断积累创作经验，同时向同时代的优秀画家学习，吸收他们的笔墨长处，从而形成自我的用墨风格，相对传统山水画的笔墨语言来说，是一种新的突破。

宋文治的用墨方法，离不开同时代画家陆俨少的启发。对于宋文治而言，陆俨少堪称良师益友，二人于1948年相识，一见如故。宋文治对陆俨少的笔墨功夫十分钦佩，时常到嘉定南翔陆俨少处请教，并借他的画稿临摹。据陆俨少回忆："他（宋文治）的画受我影响很深，酷似我这一时期的风格。"[8]然而宋文治对陆俨少用墨方法的学习却并非亦步亦趋。

陆俨少的画法以泼染为主，笔墨松秀，云水无涯。宋文治在泼墨的同时，同时注重其中用笔的主导作用，故而在大面积的水墨晕章中，能够看到繁多的用笔痕迹，这些用笔多用笔尖竖点，点染出水墨的肌理，更好地描绘出树木的形体，笔墨苍隽，营造出苍翠葱茏的艺术效果。

5.设色的新意

宋文治在早年的绘画生涯中，曾经陆俨少引荐拜沪上名家吴湖帆为师。吴湖帆的山水画融汇南北二宗，尤擅青绿浅绛画法。在色彩运用方面，吴湖帆有着自己独到的手法，他以词人心性作画，用色清灵秀雅，风致婉约，曾获得陆俨少的称赞："然其一种婉约的词境，风韵嫣然的娴静美，终不能及。"[9]

宋文治在《新安江上》这幅画中很好地继承了吴湖帆的用色特点，清逸而明丽，有一种江南特色的婉约风致。然而宋文治在师法前人画法时却并不墨守成规，能够根据山川特点和写生需要自出机杼。传统青绿山水画描绘山体多青绿并用，在山根处大量使用赭石，形成了一贯的经典画法。与之不同的是，宋文治在创作《新安江上》时，所用色彩几乎是一体的淡青色，只在中景处的山根水涯略施淡赭。统一的用色很好地烘托出新安江群山草木丰茂，苍翠欲滴的视觉效果。而用色的清淡则使画面更加空灵秀美，这是宋文治在传统山水画基础上的大胆突破。

四　总结

《新安江上》是宋文治中年时期山水画的代表作。宋文治继承古代山水画优秀传统，以现实主义创作观为指导，贯彻艺术为人民服务，为社会主义服务的宗旨，在长期写生中不断积累创作经验，逐步形成了成熟的新山水画面貌。在这个过程中，宋文治转益多师，博采众长，不断推陈出新，融合各家画法，探索新的笔墨技法，拓展传统笔墨的表现能力，在写生方式、表现对象、皴法、墨法及用色方面多有创建。在他的笔下，山水画不再是文人书斋中逸笔草草的笔墨游戏，而是承载着表现河山新貌，讴歌社会主义建设成就的伟大使命，饱含现实主义的生活气息和昂扬向上的时代浪漫主义情怀。

注释：

［1］ 艾青:《谈中国画》,《文艺报》1953年第15期。

［2］ 陈传席编:《六朝画家史料》,文物出版社1990年,第149页。

［3］ 肖蓝:《中国画写生概论》,《湖北美术学院学报》2021年第3期。

［4］ 〔明〕董其昌:《画禅室随笔》,浙江人民美术出版社2022年,第104页。

［5］ 周和平:《宋文治传》,江苏凤凰美术出版社2019年,第29页。

［6］ 王鹏杰:《民国绘画思想史论》,山东美术出版社2020年,第30、31页。

［7］ 周和平:《宋文治传》,江苏凤凰美术出版社2019年,第90页。

［8］ 陆俨少:《陆俨少自叙》,西泠印社出版社2004年,第50页。

［9］ 陆俨少:《陆俨少自叙》,西泠印社出版社2004年,第25页。

论清代苏南义庄的助学功能

张 琨（张家港博物馆）

内容摘要：义庄是传统中国社会宗族的一个重要组织，到清代，苏南地区义庄林立，成为全国最集中的地区。义庄具有救济、助学和祭祀三大功能，救济与祭祀增强了宗族的向心力和凝聚力，助学则是为宗族发展、强大、兴盛提供动力。助学大体分为启蒙资助、科考资助及习业资助三大类，前者是对蒙童进行教化、开智，进而选拔人才；中者是以科举入仕为目的，希望以此光宗兴族；后者是帮助科考无望者（潜力不足者）学习掌握谋生技能，进而自立养家。这就构成从儿童到青年完整的教育资助体系。助学为族人入仕和谋生提供了良好的条件。正是由于义庄的助学，苏南诸多宗族兴旺发达，长久不衰。

关键词：清代 苏南 义庄 助学

传统中国是宗法社会，宗族是一个重要的地方组织。义庄是宗族的重要机构，对族人的日常生活产生重要影响。义庄始于北宋时期范仲淹创设的范氏义庄，到了明清时期，义庄有了较大发展，但整体发展不平衡。江南地区由于经济、文化发达，故义庄十分兴盛[1]，晚清时，苏州成为江南义庄最集中的地区[2]，仅《重修常昭合志》卷八《善举志》就列举邑中义庄多达91处，其中规模超过一千亩的超过60处[3]。学界对义庄研究取得丰硕成果[4]，对义庄教育功能也有关注[5]，尚无从儿童到青年完整的教育资助体系的视角来论述的专文。

义庄具有救济、助学和祭祀三大功能，救济与祭祀增强了宗族的向心力和凝聚力，助学则是为宗族发展、强大、兴盛提供动力。助学的目的是为族人入仕和谋生提供良好的条件，培育家族人才，提高族人文化素质。

义庄助学始于范仲淹，"范文正公尝建义宅，置义田、义庄，以收其宗族。又设义学以教，教

养咸备，意最近古"[6]。范氏义庄义学设置，扩展了义庄的功能，义庄由慈善救助兼具教育功能，成为基层教育的重要组织形式，是民间社会力量投入教育事业，部分承担了政府的教育功能。对后世影响深远，为后来其他家族义庄仿效，将其视为义庄要务，摆在突出位置。苏州大阜潘氏、常州盛世、恽氏等义庄规条都有"子姓读书最为训族第一事"[7]。清中后期，义学的广泛设立已成为"江南宗族社会中引人注目的现象"，"作为义庄事业的一部分，常设庄塾于其中，尤其在江苏的江南地区，更是成为风尚"[8]。义庄已经意识到对蒙童从小不仅要"养"，更要通过"教"以助其获得"谋生之计"，进而自立，而不再依靠义庄"果腹"。各义庄，不论素族、望族，在创建义庄时，均考虑将义学纳入其中，即使暂时无法设立庄塾，也将其视为未来计划之要，纷纷从长远角度看待义学的重要性，将义学视为振兴家族、保持家族长盛不衰的重要手段。苏州状元潘世恩在《杨氏读书田记》中说：

> 吾郡自范氏、申氏创为义田，踵而行者盖寡。公既师其良法美意，而此则又推广于其法之外者，近世素封之家，谁不良田大宅为子孙衣食久远计，而无当于敦劝勖勉之义，卒至骄盈矜夸，坠其家声。此疏太傅所谓但教子孙怠惰耳。唯公深谋远虑，为能得乎诒谋燕翼之大，而义方之训亦于是乎备焉。比静闲以奉封公讳旋里，偕贤昆季清厘图籍，闻于大吏，得于义庄及墓祭田并谘户部立案，优免徭役，公之用心可以永之百祀，而后之服先畴而勤播获者，其食报正未有艾[9]。

在杨氏义庄滋养下,杨氏家族在清代人才辈出,出现了杨希铨(嘉庆十六年进士)、杨泗孙(咸丰二年榜眼)、杨崇伊(光绪六年进士)三位进士,并都出自杨岱(杨氏义庄的创建者)一支。

助学大体分为启蒙资助、科考资助及习业资助三大类。助学的经费一般来源于族田、学田和义庄的其他收入。启蒙资助是对蒙童进行教化、开智,达到一定年龄,一般为十五六岁,通过日常考察进行分流、选拔。资助部分优秀者开始走科举之路,以科举入仕为目的,进而光宗兴族。成绩一般者则资助他们习业,获得谋生技能,进而自立养家,不再依赖宗族而"果腹"。蒙童通过约9年(一般7—15岁)私塾启蒙教育,粗识文义,完成基础教育,成长为青年。此时,进行分流,一小部分继续走传统的科举之途,视为正统;还有大部分则是通过习业的职业教育,获取谋生自立本领,走上工商之路,这"偏途"在晚清也逐渐被认可和重视,甚至将其与科举视为同等。这就构成从儿童到青年的完整的教育资助体系。

一 启蒙资助,开智选才

《礼记》云:"玉不琢,不成器;人不学,不知道。"《常熟恬庄杨氏读书田纪略·规条》说:"古人立教,惟学为亟。……人惟能读书,方能明理。"[10]江南自古有崇文重教之风,义庄助学从启蒙开始。启蒙资助的对象是族中无力就读子弟,一般从7岁起,至15、16岁止,是青少年期。启蒙资助希冀达到破蒙识字、粗识文义、知晓伦常、开发心智的目标,从而为青年科考或习业做准备。

启蒙资助主要有两种:一种是义庄在自己的庄祠中开设私塾,聘请先生,族人子弟可以免费上学;另一种是由于居住甚远,往返不便或尚未设立宗塾,则是送钱自请老师。

各庄基于财力等状况规定了具体数额。常熟邹氏隆志堂义庄:"族中无力读书者,自膳至塾就读。塾师修脯,分六节送,每节六两。远居者每年给束脩银三两,听便从师,七岁起至十六岁止。"[11]苏州延陵义庄:"族中无力读书者,每年给七束脩十制

钱三两,听便从师。"[12]吴县陈氏义庄:"义庄立而凡子弟贫不能从师者,每年予学费钱六千……其后又于义庄之中设立家塾,先开量斋,曰经塾,曰蒙塾。"[13]昭文俞氏义庄:"附置书田二百亩有余,设义塾以课本族子弟。"[14]常熟顾氏义庄:"设义塾以课本族子弟。"[15]常熟恬庄杨氏义庄:"族中无力读书者,近庄子弟至家祠中就读,塾师脩脯随时酌送。远居者每年给束脩银三两,听便从师,至十六岁止。"[16]苏州贝氏义庄:"义庄教养并重,今义塾尚未设立,贫乏子弟有志读书者,每岁暂助从师费四千,作文成篇者八千,贫孤倍给,均按四季支发,俟经费充足设塾后,此项停给,另议塾规。"[17]镇江丹徒吕氏义庄:"族中童子,除有力者入家塾外,无力者特立义学延师教读。其居处远而不克至义学者,七岁至九岁岁贴修金银二两,十岁至十二岁三两,十三岁至十六岁四两。"[18]

晚清对于私塾教育更为重视,一些财力雄厚的宗族,资助更加多样。常州盛氏义庄规定,本族子弟7—15岁者均可入学,学习所用的书本和笔墨纸砚均由义庄提供,对教师进行择选,重视其德行,聘请"耐性坐定,摒除一切应酬者"为先生。为了保证教学质量,盛氏义庄严格控制授课单位人数,规定:"一斋授徒以十四人为率,如多一二人,并入之。再多至四五人,便分作二斋,每斋岁定束脩,钱十二千,分四季致送,无赞仪,无节敬。"[19]对学童营养和健康也很重视:"每季折灯油烟酒点心茶叶钱一千,四季共钱四千。每日午晚饭两餐,祠丁供膳。本祠贴饭菜钱五十文,按在馆日计给。"[20]

为保证教育质量,义庄管理者庄正(支总)会定期到庄塾,亲自测考本族学童,督促学习,并给优秀者以奖励,激励他们。吴氏义庄"仿照文正书院之例,设立私塾,每月初二日,集族中生童会课,晨集暮散,酌备菜饭,听庄正将卷送名宿批阅。取首名者,给发七十制钱五钱;二、三名者,七十制钱三钱,以为笔纸之费,且以鼓励子弟读书向上之心。"[21]陈氏义庄"每月朔,均令至庄察课,优者有奖"[22]。潘氏义庄"每仲月朔日,各支总带

领本支学徒到庄，分别试以背诵、写字、作文，优者加奖，如实系可造者，再酌加修金，期得日新之益"[23]。盛氏义庄制定了详细奖惩条文，"背诵、写字、作文，优者加奖"；同时加强惩戒，但对"学业荒落或规避不到者，停减贴费"[24]。这体现了江南大族对教育的格外重视。通过日常考试，初步遴选出读书种子，为青年分流提供参考。

二　科考资助，光宗兴族

清代科举考试大体过程：从州（县）、府基层考试开始，叫作童试，赴考者称为童生；府试录取的童生才有机会参加院试，院试包括岁试和科试，通过岁试才有入学（即入泮）资格，称为生员（即秀才）；生员（秀才）再通过科试，才准许参加乡试。各地生员（秀才）再去省城参加较高级别的国家正式考试——乡试，考中者称为举人；举人再赴考更高一级的礼部举办的会试，考中者称为贡生；贡生再赴皇帝亲自主持的金銮殿的殿试，考中者称为进士，此殿试的第一名称为"状元"，二、三名称为"榜眼"和"探花"，合称"三甲"。随着考试地点的变迁，距离家乡一般会越来越远，所需费用自然越来越高。

科举一直被视为中国传统社会读书人的正途，几乎是唯一出路，晚清在"欧风美雨"的影响下，观念上出现了一些松动，但仍视为正统。义庄将科举视为助学最重要的目的，希望以此来光宗耀祖、兴盛家族。王鸣盛在《王氏宗祠碑记》中说："义庄之设，合族之贫者日给以米，赡其身焉，俾无饥而止耳。然

而立国以养人才为本，教家何独不然？今合族子弟而教之，他日有发名成业，起为卿大夫者，俾族得所庇庥，则无义庄而有义庄也。"[25]这是一项具有独特战略眼光的投资。从纵向发展来看，只有宗族后辈不断入仕发达，才能为义庄发展提供不竭动力，获取更多政治文化与社会资源，进而不断壮大宗族力量，形成长久不衰的文化科举家族。从横向范围来看，苏南地区文化发达，科举竞争异常激烈，科举已不仅仅是个人的较量，更牵涉到整个家族乃至宗族的较量。只有举家族乃至宗族之力去保障，才有可能取得科举入仕的优势，进而形成良性循环[26]。诸多江南的名门望族正是由此兴旺发达，长久不衰。

蒙童长成为十五六岁的青年人后，面临职业选择，当然更多是"被选择"，义庄根据各自在私塾的表现，遴选出读书种子。义庄对于有志考取功名者，助其参加科举考试，给予从师费和考试费。对于考中不同级别功名者，给予不等奖励，不论家庭状况，一律均发。因为这是奖励性质的。

在古代，读书不是一般平民家庭所能承担的，宗族助学助考为家境贫寒的子弟上升提供了一种可能，与此同时也为宗族发展提供更多潜在优势和人才资源，可实现互利共赢。

义庄对族内子弟有志科考者进行资助，一是提供每年的从师费；二是提供各种科考开销，从县试府试到最顶端的会试殿试，资助费一路上扬；三是奖励科考优者，从入泮，到中举人，再到中进士，奖励也是从一个台阶到另一个台阶地上扬（表一）。

表一　苏南义庄科考资助情况表

义庄名称	从师费	考试费	奖励金	资料来源
常熟邹氏义庄	如仍有志功名者，从师肄业者，每年给银六两，至二十二岁止	应童子试、县试，给考费银一两，府试二两，院试三两……岁科试各给三两，乡试十两……会试给银四十两	入泮加给十两……（乡试）中式加给二十两……（会试）中式加给三十两	《常熟邹氏隆志堂义庄规条》，王国平、唐力行主编：《明清以来苏州社会史碑刻集》，苏州大学出版社1998年，第232页
常熟恬庄杨氏义庄	如仍有志功名，从师肄业者，每年给脩脯银六两。	如应童子试，县试给考费一两，院试二两……岁科试各给三两。乡试十两……会试五十两	如入泮加给十两……（乡试）中式加给二十两……（会试）中式加给三十两。	《杨氏义庄规条》，该碑现收藏于张家港博物馆

义庄名称	从师费	考试费	奖励金	资料来源
常熟丁氏义庄		县试给钱壹千文，府试叁千文，院试贰千文……岁科试各给钱肆千文，乡试给钱柒千文……会试给钱叁拾千文	入泮加给钱叁千文……（乡试）中式加给钱拾肆千文……（会试）中式加给钱贰拾千文	《常熟丁氏家谱》，光绪二十九年（1903年），《义田规条》，费成康主编：《中国的家法族规》，上海社会科学院出版社2002年，第305页
苏州济阳义庄		族中子弟，玉峰考试，贴钱一千……补廪，同乡试，给费四千……会试，给费二十千	入泮，送钱二千四百……（乡试）中式，送钱八千。副榜减半……（会试）中式，送钱三十千	《济阳义庄规条》，王国平、唐力行主编：《明清以来苏州社会史碑刻集》，苏州大学出版社1998年，第261页
苏州延陵义庄	至十六岁以上有志功名，从师肄业者，每年给膏火七十制钱六两	如应县、府试，各给考费七十制钱一两。院试二两……岁科试，各给六两。乡试十两……会试，五十两	如泮，奖给十两……（乡试）中式，奖给二十两……（会试）中式，奖给三十两。殿试，奖给三十两。恩拔、副岁、优贡，十六两	《延陵义庄规条》，王国平、唐力行主编：《明清以来苏州社会史碑刻集》，苏州大学出版社1998年，第277页
苏州汪氏耕荫义庄		应县府试各给考费制钱一两，院试给制钱二两，岁科试给制钱二两，乡试给制钱八两，会试给制钱三十两	凡入泮者奖给制钱四两，乡试中式奖给制钱十六两，会试中式奖给制钱三十两，殿试奖给制钱三十两，恩拔副优岁贡奖给制钱八两	〔清〕汪体椿等：《吴趋汪氏支谱》卷末《平阳汪氏耕荫义庄赡族规条》，宣统二年（1910年）木刻活字本
苏州程氏义庄		子弟院考，送考费钱一千文，乡试考费钱三千文，会试考费钱六千文	县试……十名前三两。府试亦照此例……入泮六两。岁科试……一等二两，五名前三两	《成训义庄规条》，光绪十六年（1890年），上海图书馆编，陈建华、王鹤鸣主编；周秋芳、王宏整理：《中国家谱资料选编》第8册《家规族约卷（上）》，上海古籍出版社2013年，第268页
苏州潘氏松麟义庄		凡参加县试、府试、院试、岁科试、乡试、会试，不分有力无力，由义庄分别资助钱一千文至三十千文不等	会试中式，另给二十千文	潘家元：《大阜潘氏支谱》附编卷二《义庄规条》，民国十六年（1927年）铅印本
苏州潘氏荥阳义庄		乡试路费四两，会试路费八两		〔清〕潘绍贻：《东汇潘氏族谱》卷六《荥阳义庄规条》，光绪十九年（1893年）木刻活字本
常州盛氏义庄		子弟考试。县府试各给钱一千文，院试二千文……岁科试二千文……乡试六千文……会试三十千文	入泮加给十两……（会试）中式十千文……（会试）中式二十千文	盛文颐：《龙溪盛世宗谱》卷二十三《义庄录·拙园义庄规条》，民国三十二年（1943年）木刻活字本
镇江丹徒吕氏义庄		族人应童子试县府考者，给银一两，院考三两……应乡试者给银八两……会试给银五十两	入泮十两……（会试）中式者三十两	吕绍山等：《〔江苏丹徒〕开沙吕氏族谱》，光绪十六年（1890年），上海图书馆编，陈建华、王鹤鸣主编；周秋芳、王宏整理：《中国家谱资料选编》第8册《家规族约卷（上）》，上海古籍出版社2013年，第268页
无锡华氏华新义庄		县试酌给钱五百文，府试酌给钱一千文，院试酌给钱二两，乡试酌给钱五两，会试酌给钱三十两，朝考会试例。		华新义庄《规条十二则》；《华新义庄事略》，光绪辛丑年（1901年）刻本，袁灿兴：《无锡华氏义庄：中国传统慈善事业的个案研究》，合肥工业大学出版社2017年，第230页

江庆柏对苏南望族的助学经费做过估算，认为每年资助每名子弟的经费约相当于一个雇农的半年收入，或相当于一人全年所需的口粮，有的家族可能还要高于此[27]。正因如此丰厚的物质保障与奖励，义庄士子无须为生计而忧，潜心读书，博取功名者远胜其他地方。

"助学和奖学的结合，使苏南望族既能实现一定程度的普及教育，又重点培养了一批家族中的优秀人才，这批优秀人才往往成为家族的中坚人物。"[28]宗族义庄为本姓子弟读书应举营造了良好的氛围，并提供了物质保障，使得很多家族源源不断地产出科举人才，成为科举文化世家，如苏州潘氏、常熟杨氏，等等。族人科举入仕为家族带来巨大的好处，形成良性循环：其一，抬升本族名望，争取更多社会资源，荫庇族人；其二，通过与名门望族联姻，形成关系网络，提升族人素养，构建利益共同体；其三，给后辈应试者提供经验和指导，如潘世恩为家族应考者编辑《潘氏科名草》一书[29]；其四，士绅反哺，将其积累的财富捐赠给义庄，扩大义庄规模，如常熟杨氏义庄自杨岱创建后，其中举入仕的后裔有感于义庄恩泽和先祖美德，杨希铨、杨沂孙、杨泗孙均添置义庄财产。

三　习业资助，学技自立

明清以来江南商品经济发达，市镇涌现[30]，苏南地主阶层不满足于乡居，纷纷搬往市镇或县城，获取更多社会资源。明代嘉靖以后士大夫阶层开始城居化[31]，清后期士绅由乡居而城居的进程显著加快，数量明显增多[32]。据潘光旦、费孝通对915份清代举子朱卷统计研究，江苏超过四分之三的人数是城居者[33]。地主与商人为一体成为趋势，市民阶层壮大。很多家族通过经商而发展起来，积累财富而建立义庄，苏州很多义庄由徽商家族建立，如潘氏。清后期，义庄收益日益多元化，不再完全依靠义田、学田，还包含工商业收入。常州科举望族的盛氏，在晚清工商业领域中逐步崭露头角，这不是个例而是代表，并不鲜见，商、绅阶层逐渐成为一体。江南工商活动对中国传统社会"商为末业"的观念进行否定，树立"工商皆本"的观念。无锡荣

氏家族家训提出："职业当勤。士农工商，所业虽不同，皆为本业。"[34]在"经世致用"理念的影响下，苏南大族纷纷追求"有用自学"[35]，"期切于实用耳"[36]，习业自立自然受到普遍鼓励和支持。

世代簪缨的长州彭氏提出"读书不成者，习业亦足以谋生"[37]。"质钝不能进业，年届十五，令其改图生计"[38]。科举望族荦门陆氏、龙溪盛氏、大阜潘氏认为习业与读书同等重要："习业谋生足以自立，与读书应试无异，亦应推广成就。"[39]

"习业"是指学徒通过学习来掌握某一行业的生产或经营技能，这成为中国古代社会无力从读的寒门子弟务农之外的另一谋生途径。晚清后，苏南义庄家族的习业教育往往是作为童蒙教育后的职业教育。贫寒宗族子弟到青年时（十七八岁），义庄进行分流，停止对科考无望青年的读书资助，往往转向提供习业资助，帮助他们掌握一门谋生自立的技艺。义庄对习业的资助名目不一，多少不等，包含铺程钱、关书钱等名目，还有在习业期间或结束时发书钱、贺钱。科举望族对子弟读书仕进的重视是自始至终的，但对习业教育的支持，有一个转变过程，是基于对晚清苏南经济社会的深刻变化做出的理性选择。苏州大阜潘氏松鳞义庄建于道光十二年（1832年），给予子弟习业资助是在三十年后的同治七年（1868年）。建于道光二十九年（1849年）的吴趋汪氏耕荫义庄，则到咸丰六年（1856）在续订赡族规条中增添习业资助。陈勇、李学如注意到，"义庄对习业的资助多出现在咸丰、同治朝以后的庄规中，越往后期，越是普遍，同、光之际，已成为家族教育的重要组成部分"[40]。晚清已降，苏南义庄适应时代潮流而作出调适，相对于晚清其他区域，苏南宗族已经超前，获取发展机遇。

对照义庄科考资助（表一），可见，义庄不仅在理念上重视习业，其资助力度（表二）不亚于科考，甚至高于前者。对此，蒋明宏解释道：一是外出"习业"相当贫苦，资助稍多；二是广泛重视[41]。从观念到行动的重视，反映出苏南家族的开阔视野，以及对时代感知和适应的能力。

表二 苏南科举望族义庄资助习业情况表[42]

义庄名称	庄规制定时间	习业资助	资料来源
苏州陆氏丰裕义庄	咸丰五年（1855年）	铺陈费4两、关书费16两、习成费4两、改习费2两	〔清〕陆锦啁等：《陆氏葑门支谱》卷十三《赡族规条》，光绪十四年（1888年）刻本
苏州汪氏耕荫义庄	咸丰六年（1856年）	制钱6两，同治十一年（1872年）年加给2两	〔清〕汪体椿等：《吴趋汪氏支谱》卷末《平阳汪氏耕荫义庄赡族规条》，宣统二年（1910年）木刻活字本
苏州潘氏松麟义庄	同治七年（1868年）	铺陈钱制钱4千文、关书钱16千文、习成费4千文、改习费2千文	潘家元：大阜潘氏支谱《附编卷二《松麟义庄增定规条》，民国十六年（1927年）铅印本
苏州彭氏义庄	光绪四年（1878年）	铺陈费4千文、关书费10千文、习成费4千文、改习费2千文。每年限3人	彭文杰、彭钟岱：《彭氏宗谱》卷十二《庄规》，民国十一年（1922年）刻本
常州盛氏义庄	同治十二年（1873年）	习业费4千文、习成费（习成后，鼓励费）4千文、改习费2千文（三年内）	盛文颐：《龙溪盛氏宗谱》卷二十三《义庄录》，民国三十二年（1943年）木刻活字本
苏州皋庑吴氏义庄	光绪七年（1881年）	十五六岁习业谋生，贴给铺程（陈）费4千文	〔清〕吴大澂：《皋庑吴氏家乘》卷十《义庄汇记》，光绪七年（1881年）刻本
吴县唯亭顾氏义庄	光绪二十九年（1903年）	难望学成者、改习业者，贴铺陈费4千文	〔清〕顾来章：《重修唯亭顾氏家谱》附卷《庄规》，光绪二十九年（1903年）刻本
苏州杨氏义庄	光绪三十年（1904年）	铺陈费5千文、关书费10千文、改习减半	〔清〕杨廷杲：《吴郡杨氏家谱》（不分卷），光绪三十年（1904年）刻本
苏州叶氏义庄	宣统三年（1911）	铺陈费洋4元	〔清〕叶德辉：《吴中叶氏宗谱》卷六十三《经理规条》，宣统三年（1911年）木刻活字本
镇江丹徒吕氏义庄	光绪十六年（1890年）	若十三以后自揣资难以读书，即当及时习业。有赴诸处学生理者，既勿居家，应除月米，仍岁给米三石六斗，贴店饭食，至十六岁止	吕绍山等：《[江苏丹徒]开沙吕氏族谱》，光绪十六年（1890年），载上海图书馆编，陈建华、王鹤鸣主编，周秋芳、王宏整理：《中国家谱资料选编》第8册《家规族约卷》（上），上海古籍出版社2013年，第268页

在商业化浪潮的冲击下，苏南宗族虽依然保持崇文重教的传统，但是对教育的目的有了新的认识。苏南家族清醒地认识到不是每个子弟都能走通科举这座独木桥。晚清工商业的发展，造就了更多岗位，通过习业可以谋生自立，不再需要义庄救助，甚至可以经商致富，反哺义庄。这也是更多子弟的生活出路和职业选择。众所周知，能否通过科举获取功名踏入仕途，除后天努力外，与先天资质不无关系。苏州皋庑吴氏认为，"族中子弟成丁之后，或读书上进，或习业谋生，各父兄当因材而教"[43]。反映了苏南义庄注重对子弟因材施教，不再视科举为唯一出路。因这种教育理念的盛行，近代苏南工商领域从业人员的文化素质普遍较其他区域为高，从事报业、银行等新兴行业，对推动苏南工商业的兴盛和众多实业巨擘的涌现，当有一定的关系，如常州盛氏、无锡荣氏。

结　语

苏南地区义庄林立，除救济、祭祀外，另一个重要职能就是助学，由原来传统启蒙资助、科考资助两项，发展到三项，增添习业资助，适应了社会变动，形成一套从蒙童到青年的完整的教育资助体系，包含基础教育和职业教育，开风气之先。体现出苏南家族在"外驱"下的与时俱进的"应变"能力。这是由于这些家族的开阔视野和崇文重教的传统，以致在1905年科举废除后，苏南义庄一直保持助学功能，创办新式私塾和小学，资助族人就读新式学堂，甚至出国留学[44]，追寻教育的本质：开智。正因如此，这些家族在百年大变局中保持旺盛的生命力，长久不衰，成为百年家族，如苏州贝氏。

"义庄实质上部分地承担了政府的教育功能，成为推广教育、宣扬教化的重要组织。苏南的望姓大族，正是通过义庄、义学，培养了代代人才，支撑了家族的兴旺，又反过来促进家族的崇文重教之风。"[45]一方面"族学最大的获益者还是族中的绅士，他们的子弟是族学的主要教育对象，同时绅士通过族学进一步对所在乡族实行社会控制，成为社区的支配者"[46]。另一方面，"义庄的助学兴教提升了苏南地区人口的整体素质，契合了苏南商品经济发展的需要，为经济和文化之间的良性互动起到了

推动作用"；"义庄的教育资助为孤寒子弟提供了向上流动的阶梯，使其在和谐人际、安抚人心、活化社会结构以及社会自我调节等方面都起到了独特的作用"[47]。

苏南义庄家族对"因材施教"的坚守、对教育本质的追寻及与时俱进的教育人才观，对今天的教育仍不乏启示和借鉴意义。

注释：

［1］ 张研：《清代族田与基层社会结构》，中国人民大学出版社1991年，第54、55页。

［2］ 徐茂明：《互动与转型：江南社会文化史论》，上海人民出版社2012年，第160页。

［3］ 常熟市地方志编纂委员会办公室标校：《重修常昭合志》，上海社会科学院出版社2022年，第282—287页。

［4］ 学界对义庄有较多研究，专著方面：如张研的《清代族田与基层社会结构》（中国人民大学出版社1991年），李文治、江太新的《中国宗法宗族制度与族田义庄》（社会科学文献出版社2000年），袁灿兴的《无锡华氏义庄：中国传统慈善事业的个案研究》（合肥工业大学出版社2017年）；论文方面：如冯尔康的《论清代苏南义庄的性质与族权的关系》（《中华文史论丛》1980年第3辑），范金民的《清代苏州宗族义田的发展》（《中国史研究》1995年第3期），余新忠的《清中后期乡绅的社会救济——苏州丰豫义庄研究》（《南开学报》哲学社会科学版1997年第3期），王卫平的《从普遍福利到周贫济困——范氏义庄社会保障功能的演变》（《江苏社会科学》2009年第2期），等等。这些研究成果涉及义庄族产、规模、分布、管理、功能等多方面。

［5］ 陈勇、李学如的《近代苏南义庄的家庭教育》（《历史研究》2011年第5期），张琨的《明清以来苏州义庄浅析》（《苏州教育学院学报》哲学社会科学版2013年第6期），蒋明宏等的《明清江南家庭教育》第六章（知识产权出版社2013年）等研究成果对义庄教育功能有较深入论述，但未论及义庄从儿童到青年的教育资助体系。

［6］ 〔元〕牟巘：《义学记》，〔宋〕范仲淹：《范仲淹全集》（下），李勇先、王蓉贵校，四川大学出版社2002年，第1188页。

［7］ 潘家元：《大阜潘氏支谱》附编卷二《松麟庄增定规条》，民国十六年（1927年）铅印本。

［8］ 韩凝春：《清代浙江族学研究》，张国刚主编：《中国社会史评论》第一卷，天津古籍出版社1999年，第80页。

［9］ 《杨氏读书田记》，该碑现藏于张家港市凤凰镇恬庄杨氏孝坊内。

［10］ 转引自张剑：《清代杨沂孙家族研究》，中国社会科学出版社2010年，第80页。

［11］ 《常熟邹氏隆志堂义庄规条》，王国平、唐力行主编：《明清以来苏州社会史碑刻集》，苏州大学出版社1998年，第232页。

［12］ 《延陵义庄规条》，王国平、唐力行主编：《明清以来苏州社会史碑刻集》，苏州大学出版社1998年，第232页。

［13］ 《吴县陈氏义庄记》，王国平、唐力行主编：《明清以来苏州社会史碑刻集》，苏州大学出版社1998年，第266页。

［14］ 常熟市地方志编纂委员会办公室标校：《重修常昭合志》，上海社会科学院出版社2022年，第282页。

［15］ 常熟市地方志编纂委员会办公室标校：《重修常昭合志》，上海社会科学院出版社2022年，第285页。

［16］ 《杨氏义庄规条》，该碑现藏于张家港博物馆。

［17］ 《留余义庄周族规条》，张一苇：《神秘的东方贵族：贝聿铭和他的家族》，苏州大学出版社2014年，第90页。

［18］ 〔清〕吕绍山：《［江苏丹徒］开沙吕氏族谱》，光绪十六年（1890年），上海图书馆编，陈建华、王鹤鸣主编，周秋芳、王宏整理：《中国家谱资料选编》第8册《家规族约卷》（上），上海古籍出版社2013年，第268页。

［19］ 盛文颐：《龙溪盛氏宗谱》卷二十三《义庄录一·现行事宜》，民国三十二年（1943年）木刻活字本。按，"斋"相当于现在的"班"。

［20］ 盛文颐：《龙溪盛氏宗谱》卷二十三《义庄录一·现行事宜》，民国三十二年（1943年）木刻活字本。

［21］ 《延陵义庄规条》，王国平、唐力行主编：《明清以来苏州社会史碑刻集》，苏州大学出版社1998年，第278页。

［22］ 《吴县陈氏义庄记》，王国平、唐力行主编：《明清以来苏州社会史碑刻集》，苏州大学出版社1998年，第266页。

［23］ 潘家元：《大阜潘氏支谱》附编卷二《义庄规条》，民国十六年（1927年）铅印本。

［24］ 盛文颐：《龙溪盛世宗谱》卷二十三《义庄录·拙园义庄增定规条》，民国三十二年（1943年）木刻活字本。

［25］ 〔清〕王注绶等：《青浦县志》卷三《建置·坛庙》，光绪五年（1879年）刻本。

［26］ 江庆柏：《明清苏南望族文化研究》，南京师范大学出版社1999年，第101页。

［27］ 江庆柏：《明清苏南望族文化研究》，南京师范大学出版社1999年，第95页。

［28］ 江庆柏：《明清苏南望族文化研究》，南京师范大学出版社1999年，第94页。

［29］ 陈香：《科举家族的近代教育转型——以大阜潘氏家族为例》，《扬州大学学报》（高教研究版）2020年第3期。

［30］ 刘石吉：《明清时期江南市镇研究》，中国社会科学出版社1987年；包伟民：《江南市镇及其近代命运》，知识出版社1998年；樊树志：《江南市镇：传统的变革》，复旦大学出版社2005年；等等。

［31］ 〔日〕滨岛敦俊：《明代中后期江南士大夫的乡居与城居——从"民望"到"乡绅"》，邹振环、黄敬斌主编：《江南与中外文化交流》（第三卷），复旦大学出版社2009年，第1页。

［32］ 余子明：《从乡村到都市：晚清绅士群体的城市化》，《史学月刊》2002年第8期。

［33］ 费孝通：《费孝通文集》，群言出版社1999年，第447、448页。

［34］ 荣福龄：《荣氏家训十二条》，《荣氏家谱》卷三十《家训》，民国二十四年（1935年）木刻活字本。

［35］ 盛文颐：《龙溪盛氏宗谱》卷十九《先德录一》，民国三十二年（1943年）木刻活字本。

［36］ 荣敬本、荣勉韧等：《梁溪荣氏家族史》，中央编译出版社1995年，第70页。

［37］ 潘文杰、彭钟岱：《彭氏宗谱》卷十二《彭氏谊庄庄规》，民国十一年（1922年）木刻活字本。

［38］ 潘文杰、彭钟岱：《彭氏宗谱》卷十二《庄规》，民国十一年（1922年）木刻活字本。

［39］ 〔清〕陆锦喁等：《陆氏莳门支谱》卷十三《赡族规条》，光绪十四年（1888年）；盛文颐：《龙溪盛世宗谱》卷二十三《义庄录·拙园义庄增定规条》，民国三十二年（1943年）木刻活字本；潘家元：《大阜潘氏支谱》附编卷二《松麟庄增定规条》，民国十七年（1928年）铅印本。

［40］ 陈勇、李学如：《近代苏南义庄的家族教育》，《历史研究》2011年第5期。

［41］ 蒋明宏等：《明清江南家庭教育》，知识产权出版社2013年，第64页。

［42］ 陈勇、李学如：《近代苏南义庄的家族教育》，《历史研究》2011年第5期；蒋明宏等：《明清江南家庭教育》，知识产权出版社2013年，第63、64页。

［43］ 〔清〕吴大赝：《皋庑吴氏家乘》卷十《义庄规条》，光绪七年（1881年）刻本。

［44］ 张琨：《明清以来苏州义庄浅析》，《苏州教育学院学报》（哲学社会科学版）2013年第6期。

［45］ 陈勇、李学如：《近代苏南义庄的家族教育》，《历史研究》2011年第5期。

［46］ 冯尔康等：《中国宗族史》，上海人民出版社2009年，第261页。

［47］ 陈勇、李学如：《近代苏南义庄的家族教育》，《历史研究》2011年第5期。

不可移动文物数字化保护的研究与思考

——以苏州市吴江区为例

周春华（苏州市吴江区文物保护管理所）

内容摘要：文物是人类社会发展的"记录簿"和"档案柜"，是民族文化的重要载体。通过"数字化"赋能，不仅可以让不可移动文物"活"起来，也能够进一步推动中华文明传承，增强文化自信。吴江区坚持保护第一的理念，综合运用多种先进科学技术，不断提高文物保护水平，取得了一系列成果。本文通过分析研究思考吴江区不可移动文物数字化保护方式，从而为数字文保工作的探索研究指明方向、找准路径。

关键词：不可移动文物　数字化　保护　研究

文物和文化遗产承载着中华民族的基因和血脉，是不可再生、不可替代的中华优秀文明资源。坚持"保护第一、加强管理、挖掘价值、有效利用、让文物活起来"的新时代文物工作方针，主动拥抱数字化浪潮，研究建成"数字文物"集成平台，将"数字化"手段运用于不可移动文物保护全流程，推动数字文保新突破，探索形成"全数字化不可移动文物保护"新模式。

一　不可移动文物数字化保护研究背景

在时间的长河里，文物本体受人为和自然因素的影响，不可避免会出现破损甚至消亡，再加上资源环境承载能力下降、灾害持续性高等原因，不可移动文物保护面临的挑战也持续增多[1]。采取数字化的"科技利器"对文物进行保护，能够发挥"双重"作用：首先，通过数字化保护，能够完整、准确、真实地永久保存不可移动文物单位信息，形成数字化档案，使其"生命"得以延续并焕发新的活力，仿佛给文物单位施了一场时间的"魔法"；另一方面，建设数字化管理系统集成不可移动文物保护工作所形成的海量成果，拉起文物保护智慧信息网，数字化赋能不可移动文物保护工作所形成的海量成果，经过深度挖掘和加工后，可以更好地为文物单位的守护、传承和展示提供有力支撑。

吴江区历史文化底蕴深厚，现有各级不可移动文物保护单位134处，其中，全国重点文物保护单位10处，江苏省文物保护单位18处，苏州市文物保护单位106处。此外，还有苏州市控制保护建筑145处，未定级不可移动文物单位231处。这510处文物单位分布广泛、发展脉络清晰、体系完整，具有较高的历史文化研究与艺术鉴赏价值。文物是人类社会发展的"记录簿"和"档案柜"，也是民族文化的重要载体。近年来，笔者组织团队积极研究文物资源的数字化保护，在保护的基础上探索活态传承，推动中华文明创造性转化和创新性发展，取得了一定研究成果。

二　不可移动文物数字化保护研究维度

总体看来，吴江区数字文物保护工作主要分两个步骤、从两大维度开展：不可移动文物的数字化和数字化保护不可移动文物。首先是不可移动文物的"数字化"建设与管理，利用"数字文物"集成平台，在不损伤文物单位本体建筑的前提下采集数据，为文物建筑建立永久、真实、完整的三维数字模型档案，文物三维数字化技术突破了传统方法的诸多缺点，记录真实、系统和全面的不可移动文物现状信息[2]。在此基础上，再对不可移动文物的价值进行可视化解读、对文物内容进行网络化传播，让不可再生的文物资源倍增为可长期流传的数据资源，让珍贵脆弱的文物本体转化为可深度利用的数据生产要素，实现不可移动文物物质形态与数字形态的融合融通。

通过不可移动文物信息的"数字化"，吴江区体系完整、内容全面的文物数据资料库得以确立，也为数字文物保护工作的顺利开展奠定了坚实基础。第二步，就是利用数字化手段，给予不可移动文物更加科学精准的保护，为文物单位筑起坚固的数字化堡垒；同时，随着数字媒体时代的到来，采取视觉和听觉相结合的方式进行信息传播才能更有效地吸引人们的关注[3]。让不可移动文物突破时空限制，"活起来""动起来"，挖掘不可移动文物的价值，并加以有效利用。

三　不可移动文物数字化保护研究实践

通过"数字"赋能，当前吴江区不可移动文物单位保存状况持续改善，不可移动文物数字化保护机制得以建立，基本实现了从"抢救性保护"到"预防性保护"的转变，为不可移动文物的保护与传承提供了可资借鉴的新路径，文物资源利用率大大提升，全民文保意识不断增强。

（一）毫米级高精度数字还原，让不可移动文物有了"健康"档案

嘉荫堂位于苏州吴江同里镇竹行街125号，始建于民国十一年（1922年），主建筑系仿明结构，四进三十二间，环境静谧，建筑精巧，厅内雕刻颇多，肃穆庄重、极其精细，有较高的艺术价值，2011年12月被列为江苏省文物保护单位。

在实地考察调研中，工作人员发现该项目建筑结构极其复杂，给扫描、航拍等工作带来了一定的挑战，此外，该建筑在点云拼接、图片处理等方面也具有一定的难度。通过大量的调查研究、观摩学习和反复调试，如今，嘉荫堂三维数字化项目顺利落地，并形成三维实景模型、矢量模型、全景点云、全景影像、CAD共5项成果，为全区不可移动文物的数字化保护提供了新样板。

目前，三维数字化扫描作为不可移动文物保护的方式成本较高，短时间内难以覆盖所有文物单位，将在条件允许的情况下逐步推广，因此为充分掌握

全区文物保存情况，吴江区开展了不可移动文物完好率测评，对510处文物点进行了专业、科学的测评，建立了细致完整的"一点一档"。通过建设数字文保系统存储全面、完整的文物信息，当前已经整合导入了510处不可移动文物档案数据和三维数字化成果，并辅以实地拍摄的影像。一方面建立了集巡查、督办、信息共享一体化的内部不可移动文物信息管理机制，结合WEB端与"智慧吴江app"移动端，生成"智慧大脑"与"灵活躯干"；另一方面很大程度提升了不可移动文物信息的可共享性，特别是便于相关职能部门进行有效信息的调阅，相关部门之间可随时调阅档案、输出成果，实现数据联网、资源共享、协调管理，促使不可移动文物资源更好地发挥作用。同时，全国重点文物保护单位先蚕祠和江苏省文物保护单位周宫傅祠、陈去病故居、嘉荫堂4个文物单位的三维数字化成果可以在数字化平台呈现，为文物建筑研究提供丰富且清晰的素材，也更利于文物建筑的生动展现。

（二）建立常态化巡查系统，打通不可移动文物保护"最后一公里"

以往，不可移动文物的巡查工作主要存在三点不足：记录方式落后，时效性较差，可控性有限[4]。为了对文保单位开展定期巡查、及时解除安全隐患，吴江区建立了一支业余文保员队伍，通过纸质巡查手册的填写来记录文保单位的情况，存在依赖主观判断、书写形式不一、缺少直观的影像等问题，并且以年度为单位对巡查手册进行管理储存也存在一定难度，无法实时调阅相关记录。在使用纸质记录的情况下，交还、反馈耗时耗力，限制了掌握不可移动文物信息的及时性。此外，由于纸质记录的检查频次较为固定，在巡查信任机制下，单以检查记录作为监督方式缺乏效力，且文物建筑保存状况不一，其巡查频次应根据实际调整，巡查质量和监督效果的可控性有待提升。

在优化巡查模式的需求下，数字化系统的使用，可以使不可移动文物常态化巡查精准化、高效化、实景化。在已经上线的移动端文物信息管理系

统（智慧吴江app支应用）中，设置了区镇、街道网格管理、巡查员管理、巡查信息管理、账号权限管理等功能模块。其中，巡查信息管理模块分为业余文保员巡查和测评巡查，前者为常态化的定期巡查，后者则为专业机构的科学测评，都包含基本的巡查信息，如不可移动文物的名称、地区、所属街道、类别、巡查人、巡查时间等信息，便于查看、搜索查询、删除和导出，文物数据得以实时更新，不仅更加方便巡查人员进行查询和分享，也大大提升了巡查工作的效率和精准度。此外，移动端不可移动文物信息管理系统中的巡查员管理模块，可查询区内所有街道/镇巡查员的姓名、所属街道、状态等信息，便于对巡查员进行监管，从而进一步强化巡查员的责任意识，更好地推动工作落细落实。

移动端不可移动文物信息管理系统重中之重的功能为巡查上报功能，畅通的渠道使区镇、街道巡查员可以通过移动端实时上传文物单位的照片、视频、时间、地点以及巡查人等信息。在动态监控模块中，实时展示着吴江区文物单位的分布情况，便于进行文物单位的位置查询、展示、筛选和测量距离等。与此功能匹配的是WEB端的后台管理功能，业余文保员上报的问题第一时间显示在属地文物部门的管理界面，便于属地及时了解辖区范围内所有不可移动文物的情况、及时消除隐患。区级文物行政管理部门可掌握不同区镇、街道的隐患整改情况，通过严格审批突出隐患的整改措施，电子化区级文物建筑巡查记录，实现高质量全域监督指导。

（三）给不可移动文物嵌入"感应器官"，开启自动化防御监测机制

在对省级文保单位嘉荫堂项目手动建模时，相关部门创新采用了对建筑内部柱子、横梁、屋脊、屋顶、斗拱分开建模的操作，因此，最终成型的建筑模型不仅可以进行整体展示，也可局部分解，便于使用者更加直观系统地了解该文物的详细构造，从而更有针对性地对不可移动文物进行保护与管理。通过嘉荫堂项目模型生成的动画可以看出，通过手动构建模型，项目的还原度达到了95%以上，内部空间架构、外部装饰造型一目了然。

除了手动构建模型之外，在重点文物建筑的不同部位安装了专业的监测和感应设备，这样一来，不可移动文物仿佛拥有了"感应器官"，一旦某些部位出现"不适"，设备就可以及时将信息反馈到系统中。系统接收到信息，再精准定位到负责该文物单位的巡查员，从而实现不可移动文物的"实时问诊"。

为了使预防性保护的愿景真正得以实现，吴江区文保所还大力推进文保巡查与信息管理系统平台相结合，通过实地勘探与数字化系统相结合的方式，开展安全监测工程，对510处文物进行综合性测评，动态更新相关数据信息，实现文物条线信息对称，便于纵向抓实区内各板块的不可移动文物保护工作，配合使用好业余文保员安全巡查功能，进一步强化不可移动文物的数字化监管，掌握翔实数据、迅速通告险情，精准指导属地推进预防保护和隐患整改工作。

四　不可移动文物数字化保护研究探索

吴江区在不可移动文物数字化保护和开发研究实践的基础上，研究建成"数字文物"集成平台，建立不可移动文物数字化档案，使不可移动文物保护更加智慧化。深入探索思考不可移动文物数字化保护工作，以"数字文物"集成平台二期建设为核心，进一步夯实不可移动文物的数字化保护底座，用活用好文物单位数字化成果，让文物保护的数字化成色更浓，让不可再生的文物资源焕发全新活力。

（一）做好不可移动文物数字化保护监控预警

在二期项目的建设过程中，将针对前期建立档案过程中发现的一系列问题，设置相应的监测、检查和预警模块，通过物联网技术，对重点文物保护单位进行24小时监控和预警，让隐患消灭在萌芽状态，推动问题得到精准化解决。

（二）做好不可移动文物数字化档案动态更新

进一步摸清吴江区现有不可移动文物底数，大力完善区内文物数字基础档案，对全区不可移动文物的数量、位置、影像资料实行数字化管理，优化文物档案本底资料，并结合实际情况，进行动态更新。

（三）完善不可移动文物保护数字化工作机制

完善体制机制，推动各部门密切协作，在信息化不可移动文物保护"一张网"的基础上，有效构建起"党政领导、文物主管、部门联动、社会参与"的齐抓共管的文物保护工作格局，及时协调解决区镇、街道在不可移动文物保护工作中遇到的困难和问题。

（四）借助数字化手段讲好不可移动文物保护故事

进一步探索完善吴江区不可移动文物资源知识库和全息影像库，借助数字化手段，开展不可移动文物三维数字展览活动，让不可移动文物真正"活"起来，更全面地挖掘并展示文物价值，身临其境地感受文物的魅力。

五　结语

吴江区深入不可移动文物数字化保护的研究与思考，通过探索"数字文物"集成平台建设，把不可移动文物数字化和数字化保护不可移动文物有机结合起来，形成了文物数字档案的建立、保护和监控、数字文物的利用全过程管理链，夯实了不可移动文物信息数字化的基础，提升了不可移动文物管理信息化的效能，为数字文物深度开发和保护提供了思路，推动开拓不可移动文物保护利用开发的边界，以数字互联为牵引，在新时代下进一步盘活区内不可移动文物资源，让文物更鲜活，成为民族认同、文化认同、国家认同的重要精神桥梁，为推进中国式现代化贡献文保力量。

注释：

［1］ 张彦君：《对文物建筑数字化保护的思考》，《文物鉴定与鉴赏》2022年第5期。

［2］ 邢月、彭悦：《三维数字化技术在不可移动文物保护领域的实践与思考》，《文物鉴定与鉴赏》2022年第13期。

［3］ 江瀚：《动画与实拍在普法宣传教育中的优劣对比分析》，《流行色》2020年第7期。

［4］ 莫骄：《浅析"互联网+"背景下智能手机应用对不可移动文物巡查工作的革新——以重庆市北碚区博物馆智能巡查APP为例》，《中国文物报》2017年11月17日第3版。

征稿启事

　　本论丛由苏州博物馆编辑，立足苏州，面向国内外，宗旨为：以历史唯物主义为指导，积极宣传党和国家的文物法规与相关政策，及时反映苏州考古、文物和博物馆工作的新发现和新成果，推动活跃文博科学研究。坚持学术性、知识性、资料性兼顾，关注学术热点，开展学术讨论，交流文博专业信息，传播文物知识。以文博工作者和爱好者为主要阅读对象，努力为促进文博事业的发展和提高专业队伍的素质做贡献。

　　本论丛由文物出版社出版发行，欢迎广大业内外人士热心支持，不吝赐稿。本论丛一年一辑，征稿截止时间为当年6月30日。提供电子稿的同时，请另附插图文件（图片不小于300dpi）。稿件格式（包括题目、作者、作者单位、内容摘要、关键词、正文和注释样式等）请参考最近一期《苏州文博论丛》，文末请附上作者的详细联系方式，包括固定电话、手机和电子邮箱等信息，以便编辑人员和您沟通。本论丛采用匿名审稿制度，稿件一经采用，本编辑部会立即通知作者本人，如在当年10月31日前尚未收到编辑部用稿通知，稿件可自行处理。因编辑人员有限，本刊不退还稿件，请作者自留底稿。

《苏州文博论丛》设置以下主要栏目：
考古与文物研究
文献与历史研究 传统工艺研究
博物馆学研究
江南文化研究
书画研究

地址：苏州市东北街204号苏州博物馆
邮编：215001
电话：0512–67546052
联系人：刘彬彬
E–mail：suzhouwenbo@126.com